पं. जवाहरल

व्यक्तित्व और कृतित्व

डॉ. संदीप कुमार शर्मा

डायमंड बुक्स

www.diamondbooks.in

प्रकाशक : डायमंड पॉकेट बुक्स (प्रा.) लि.
X-30 ओखला इंडस्ट्रियल एरिया, फेस-II
नई दिल्ली-110020
फोन : 011-40712200
ई-मेल : wecare@diamondbooks.in
वेबसाइट : www.diamondbooks.in
संस्करण : 2025

Pt. Jawaharlal Nehru : Vyaktitva aur Krititva

by : *Dr. Sandeep Kumar Sharma*

समर्पण

आधुनिक भारत

के

निर्माता को सादर

प्राक्कथन

युग पुरुष पंडित जवाहरलाल नेहरू बीसवीं सदी के उस दौर का एक ऐसा व्यक्ति जिसे तत्कालीन दुनिया के सभी राष्ट्राध्यक्षों एवं राष्ट्र प्रमुखों ने न केवल सलाम किया बल्कि मुक्त कंठ से पंडित जवाहरलाल नेहरू की नीतियों की सराहना की। यह वह दौर था जब हिंदुस्तान अपनी आजादी की जंग महात्मा मोहनदास करमचंद गांधी के नेतृत्व में लड़ रहा था। उस समय पंडित जवाहरलाल नेहरू ने संपूर्ण विश्व में अपनी एक अलग पहचान बनाई। पंडित नेहरू ने वैश्विक दृष्टिकोण को एक नया दृष्टिकोण दिया। यह उनकी विदेश नीति का एक छोटा-सा प्रयास था जिसने हिंदुस्तान की अहमियत सारी दुनिया को बताई। विकास नीति के कारण उन्हें 'आधुनिक भारत का निर्माता' कहा जाता है। उनकी वैज्ञानिक सोच का परिणाम आज सारी दुनिया के सामने है। बच्चों से विशेष प्रेम होने के कारण उन्हें 'चाचा नेहरू' भी कहा जाता है। उनकी अचकन पर सुशोभित लाल गुलाब की महक आज भी सारी दुनिया महसूस कर रही है। विदेश दौरे के समय केवल प्रवासी भारतीय ही नहीं बल्कि उस देश के नागरिक भी उनकी एक झलक पाने को लालायित रहते थे और अपार जनसमूह स्वत: ही उमड़ पड़ता था। किसी को विशेष रूप से बुलाने की आवश्यकता नहीं पड़ती थी। ऐसा था पंडित जवाहरलाल नेहरू का व्यक्तित्व।

आखिर कौन इस तरह भारत माता को परिभाषित करते हुए जय बोल रहा है। यह कथन आज़ादी के एक ऐसे महानायक का है जिसके बारे में असंख्य अप्रमाणित सकारात्मक और नकारात्मक दंतकथाएं भारतीय लोक जीवन में प्रचलित हैं। यह एक ऐसे सहिष्णु राजनेता का कथन है जो विध्वंसक दौर में भी रचनात्मक कार्यों में संलग्न रहा। यह था पंडित जवाहरलाल नेहरू का कृतित्व और आज भारतीय जनमानस को गुमराह करके उनके कार्यों को लेकर स्मृति लोप का शिकार बनाया जा है।

व्यक्तित्व और कृतित्व का विश्लेषण किये बिना इस निष्कर्ष पर तुरंत पहुंच जाना कि नेहरू आधुनिक भारत के निर्माता हैं थोड़ी जल्दबाजी लगती है। लेकिन जैसे ही आप नेहरू की रचनाओं से गुजरते हुए उनके निजी और सार्वजनिक जीवन की निष्पक्ष पड़ताल करते

हैं तो अनायास ही ये शब्द फूट पड़ते हैं कि हाँ, नेहरू आधुनिक भारत के निर्माता हैं। पंडित जवाहरलाल नेहरू के फैसले के बारे में जिन्होंने भारत की नई तस्वीर बनाई।

नेहरू ने भारत को दिए 'नवीन मंदिर'

पंडित जवाहरलाल नेहरू ने देश को आधुनिक बनाने के लिए जो काम किए उन्हें भुलाया नहीं जा सकता है। और यही कारण है कि उन्हें 'आधुनिक भारत का निर्माता' कहा जाता है। उन्होंने शिक्षा से लेकर उद्योग जगत को बेहतर बनाने के लिए कई काम किए। उन्होंने आईआईटी, आईआईएम और विश्वविद्यालयों की स्थापना की। साथ ही उद्योग धंधों की भी शुरूआत की। उन्होंने भाखड़ा नांगल बांध, रिहंद बांध और बोकारो इस्पात कारख़ाना की स्थापना की थी। वह इन उद्योगों को देश के आधुनिक मंदिर मानते थे।

पंचवर्षीय योजनाएं

जवाहरलाल नेहरू ने अपनी दूरदृष्टि और समझ से जो पंचवर्षीय योजनाएं बनाईं उनसे देश को आज भी लाभ मिल रहा है। पहली पंचवर्षीय योजना 1951-56 तक लागू हुई। शुरुआत में लोगों के मन में इस योजना के सफल होने को लेकर संदेह था। लेकिन 1956 में पहली पंचवर्षीय योजना के नतीजों ने इस पर आशंकाएं कम कर दीं। इस योजना के दौरान विकास दर 3.6 फीसदी दर्ज की गई। इसके अलावा प्रति व्यक्ति आय सहित अन्य क्षेत्रों में भी बढ़ोतरी हुई। पहली पंचवर्षीय योजना कृषि क्षेत्र को ध्यान में रखकर बनाई गई तो दूसरी (1956-61) में औद्योगिक क्षेत्रों पर ध्यान दिया गया।

अनुच्छेद – 6 मजबूत लोकतंत्र में नेहरू की आस्था

सन् 1952 में देश में पहली बार आम चुनाव हुए थे। नेहरू लोकतंत्र में आस्था रखते थे। आम चुनाव सन् 1957, और सन् 1962 में लगातार जीत के बाद भी उन्होंने विपक्ष को पूरा सम्मान दिया। संसद में नेहरू विपक्षी नेताओं की बात ध्यान से सुनते थे। सन् 1963 में अपनी पार्टी के सदस्यों के विरोध के बावजूद भी उन्होंने अपनी सरकार के खिलाफ विपक्ष की ओर से लाए गए अविश्वास प्रस्ताव पर चर्चा कराना मंजूर किया। अटल जी ने पंडित नेहरू से कहा था कि उनके अंदर चर्चिल भी है और चैंबरलिन भी है। लेकिन नेहरू उनकी बात का बुरा नहीं माने। उसी दिन शाम को दोनों की मुलाकात हुई तो नेहरू ने अटल की तारीफ की और कहा कि आज का भाषण बड़ा जबरदस्त रहा। नेहरू विपक्ष के नेताओं द्वारा की गई आलोचना का बुरा नहीं मानते थे और उनका सम्मान करते थे।

भारत को बना दिया हमेशा के लिए अखंड

जब दक्षिण भारत में अलग देश की मांग उठी तब नेहरू ने जो फैसला लिया उसने देश की एकता और अखंडता को और भी मजबूत कर दिया। 'द्रविड़ कड़गम' पहली गैर राजनीतिक पार्टी थी जिसने द्रविड़नाडु (द्रविड़ों का देश) बनाने की मांग रखी। द्रविड़नाडु के लिए आंदोलन शुरू हुआ। लेकिन नेहरू ने देश की अंखडता को बनाए रखने के लिए एक बड़ा कदम उठाया। नेहरू की अगुवाई में कैबिनेट ने 5 अक्टूबर 1963 को संविधान का 16वां संशोधन पेश कर दिया। और इसी के साथ अलगावादियों की कमर टूट गई। इस संशोधन के माध्यम से देश की संप्रभुता एवं अखंडता के हित में मूल अधिकारों पर कुछ प्रतिबंध लगाने के प्रावधान रखे गए साथ ही तीसरी अनुसूची में भी परिवर्तन कर शपथ ग्रहण के अंतर्गत 'मैं भारत की स्वतंत्रता एवं अखंडता को बनाए रखूंगा' जोड़ा गया। संविधान के इस संशोधन के बाद द्रविड़ कड़गम को द्रविड़नाडु की मांग को हमेशा के लिए भूलना पड़ा।

आज भी कायम है नेहरू की विदेश नीति

नेहरू चाहते थे कि भारत किसी भी देश के दबाव में न आए और विश्व में उसकी स्वतंत्र पहचान हो। जवाहरलाल नेहरू की विदेश नीति का महत्वपूर्ण हिस्सा था उनका पंचशील का सिद्धांत जिसमें राष्ट्रीय संप्रभुता बनाए रखना और दूसरे राष्ट्र के मामलों में दखल न देने जैसे पांच महत्वपूर्ण शांति-सिद्धांत शामिल थे। नेहरू ने गुटनिरपेक्षता को बढ़ावा दिया। गुटनिरपेक्षता का मतलब यह है कि भारत किसी भी गुट की नीतियों का समर्थन नहीं करेगा और अपनी स्वतंत्र विदेश नीति बरकरार रखेगा।

यह पुस्तक सकारात्मक ऊर्जा से परिपूर्ण है। सभी पूर्वग्रहों से मुक्त होकर ही पढ़ने से ज्ञानवर्धन होगा। अन्यथा अनर्गल बातों से तो तमाम पुस्तकें भरी हुई है। सोशल मीडिया तथ्यहीन प्रसंग परोस रहा है। ऐसा करने से पंडित जवाहरलाल नेहरू के कृतित्व न तो धूमिल होंगे और न मिटाए जा सकेंगे।

डॉ. संदीप कुमार शर्मा

विषय सूची

अध्याय-1

पूर्व इतिहास

"स्वयं फर्रुखसियर ने उनके पुरखों को सन् सत्रह सौ सोलह के आसपास दिल्ली लाकर बसाया था।...वह कश्मीरी हैं और उनके पूर्वज 18वीं सदी की शुरुआत में धन और यश कमाने के लिए कश्मीर की तराइयों से नीचे के उपजाऊ मैदान में आए थे। 18वीं सदी की शुरुआत में मुगल साम्राज्य के अंत की भी शुरुआत लगभग होने लगी थी।"

-पंडित जवाहरलाल नेहरू

अनेक साक्ष्यों के आधार पर यह सिद्ध होता है कि पंडित जवाहरलाल नेहरू के पूर्वजों का इतिहास बेदाग छवि वाला था। वह पूर्णतया कश्मीरी पंडित परिवार था। मुट्ठी भर लोग हैं जो अपने का अस्तित्व को बचाए रखने के लिए पंडित जवाहरलाल नेहरू और उनके पूर्वजों को लेकर भ्रम फैलाने का असफल प्रयास करते रहते हैं। किसी देश और किसी भी व्यक्ति को लेकर नकारात्मक एवं सकारात्मक इतिहास लेखन किया जा सकता है। आज नेहरू परिवार को लेकर भ्रम पैदा किया जा रहा है तो भविष्य में आलोचना करने वाले लोगों में से किसी एक को भी कोई लेखक चुन सकता है। समालोचनात्मक विश्लेषण होने चाहिए केवल आलोचना नहीं। आलोचना भी तथ्यात्मक होनी चाहिए। अन्यथा ऐसे लोगों को इतिहास कभी माफ नहीं करेगा।

इतिहासकारों का एक वर्ग मानता है कि पंडित जवाहरलाल नेहरू के पूर्वज राज नारायण कौल दिल्ली में आकर बसे थे। उस समय मुगल साम्राज्य था। फर्रुखसियर मुगल बादशाह था। बादशाह फार्रुखसियर योग्यताओं का सम्मान करता था। वह विभिन्न क्षेत्रों के योग्य लोगों को अपने दरबार में स्थान दिया करता था।

पंडित जवाहरलाल नेहरू के पूर्वजों का सम्बन्ध मूलत: कश्मीर से है। पंडित

जवाहरलाल नेहरू ने अपनी आत्मकथा मेरी कहानी में इस बात का उल्लेख किया है-

"स्वयं फर्रुखसियर ने उनके पुरखों को सन् सत्रह सौ सोलह के आसपास दिल्ली लाकर बसाया था।...वह कश्मीरी हैं और उनके पूर्वज 18वीं सदी की शुरुआत में धन और यश कमाने के लिए कश्मीर की तराइयों से नीचे के उपजाऊ मैदान में आए थे। 18 वीं सदी की शुरुआत में मुगल साम्राज्य के अंत की भी शुरुआत लगभग होने लगी थी।"

पंडित जवाहरलाल नेहरू ने अपनी आत्मकथा जून 1934 से फरवरी 1935 के समय जेल में लिखी थी।

बी आर नन्दा की पुस्तक 'द नेहरूज' में जवाहर लाल नेहरू की वंशावली का जिक्र गया है। इसमें पंडित जवाहर लाल नेहरू के पूर्वजों का मूल उपनाम 'कौल' था।

राज नारायण कौल

कश्मीर के संस्कृत और फारसी के विद्वान राज नारायण कौल ने सन् 1710 में कश्मीर के इतिहास पर एक किताब लिखी-'तारीख़ी कश्मीर'। तत्कालीन दौर में इस किताब की चर्चा दिल्ली तक पहुंची। पंडित राज नारायण कौल द्वारा लिखित इस पुस्तक के विषय में मुगल बादशाह को जानकारी दी गई। यह सन् 1716 की बात है। तब मुगल बादशाह पढ़े-लिखे लोगों को अपने दरबार में जगह देते थे। मुगल बादशाह फार्रुखसियर भी राज नारायण के काम से प्रभावित हुए थे। ऐसा माना जाता है कि मुगल बादशाह फार्रुखसियर राज नारायण कौल को दिल्ली आने और यहीं बस जाने का न्योता दिया। मुगल बादशाह का न्योते पर राज नारायण कौल कश्मीर छोड़कर दिल्ली आ गए। राज नारायण कौल के दिल्ली आगमन के बाद बादशाह फर्रुखसियर ने उन्हें थोड़ी-सी जागीर दी। रहने के लिए चांदनी चौक में एक हवेली दे दी। इसके लगभग दो साल बाद मुगल फर्रुखसियर मारा गया।

बादशाह फार्रुखसियर के बाद कत्ल हो जाने के बाद भी राज नारायण कौल को मिली हवेली सलामत रही। इतिहासकारों के अनुसार-**"चांदनी चौक की उस हवेली में छुपा है 'नेहरू' शब्द का रहस्य।"** ऐसा माना जाता है कि तत्कालीन समय में इस हवेली के पास एक नहर बहती थी। लोक मान्यताओं में है कि हवेली या घर के आस-पास पहचान चिन्ह के अनुसार उस परिवार का नाम प्रसिद्ध हो जाता है। जैसे कुंआ वाले, पीपल वाले, बावड़ी वाले, नुक्कड़ वाले इत्यादि। यह एक सार्थक पहचान हुआ करती थी और आज भी है। हमारे क्षेत्र में आज वसंतकुंज से महरौली-किशनगढ़ के रास्ते एक पीपल चौक प्रसिद्ध है। जहां से एक मार्ग महरौली और दूसरा मार्ग किशनगढ़ की ओर जाता है। इस चौराहे पर एक

पीपल का वृक्ष है। चांदनी चौक में राज नारायण कौल की हवेली के समीप अनेक कश्मीरी परिवार रहते थे। राज नारायण कौल की हवेली नहर के किनारे होने के कारण वह लोग राज नारायण कौल के परिवार को 'कौल नेहरू' कहकर पुकारने लगे। नहर के कनेक्शन की वजह से नेहरू नाम आया। परिवार का उपनाम कौल है यह सभी जानते थे। कालांतर में कौल शब्द गौण हो गया और नेहरू शब्द चलन में आ गया। राज नारायण कौल अब राज नारायण नेहरू के नाम से प्रसिद्ध हो गए। यह सभी जानते हैं कि मुगल काल में चांदनी चौक में यमुना नदी की एक जलधारा बहती थी। इसी दरिया के किनारे एक आवासीय बस्ती का नाम दरियागंज कहलाता था। आज वर्तमान में दरियागंज तो है लेकिन यमुना नदी की जलधारा लोप हो गई है।

पंडित जवाहरलाल नेहरू ने अपनी आत्मकथा में इस घटना का उल्लेख करते हुए लिखते हैं

"फर्रुखसियर जब कश्मीर गया तब उसकी मुलाकात राज कौल से हुई।... शायद मुगल बादशाह के कहने पर ही राजकौल का परिवार कश्मीर से दिल्ली आया। दिल्ली आने के बाद राजकौल को कुछ जागीर और एक मकान दिया गया। मकान नहर के किनारे था। इसी के कारण उनके कौटुम्बिक नाम कौल के साथ नेहरू जुड़ गया। जिसके बाद वह कौल-नेहरू हो गए। आगे चलकर कौल तो गायब हो गया और महज नेहरू रह गया।"

मतभेद

बादशाह फर्रुखसियर के दिल्ली बुलाने और नहर के पास रहने के कारण नेहरू कहलाने पर इतिहासकारों के एक वर्ग की कुछ आपत्तियां भी हैं। इतिहासविद अशोक कुमार पाण्डेय ने अपनी पुस्तक 'कश्मीरनामा' में उल्लेख किया है-"नेहरू परिवार के पारिवारिक नाम 'कौल' से 'नेहरू' में बदलने को लेकर बी आर नन्दा सहित जवाहरलाल नेहरू के अधिकतर जीवनीकारों ने वही दिल्ली में नहर के किनारे बसने की बात लिखी है।" अशोक कुमार पाण्डेय का मानना है कि नेहरू उपनाम कश्मीर की ही पैदाइश है। जहां उत्तर भारत में दीर्घ ई से उपनाम बनते हैं। वहीं कश्मीर में ऊ से सप्रू, काठ से काटजू, कुंज़र से कुंज़रू आदि बनते हैं। कश्मीर में चूंकि नहर के लिए कुल या नद इस्तेमाल होता है तो नेहरू उपनाम का नहर से कोई रिश्ता नहीं मालूम पड़ता। टैंग का मानना है कि नेहरू परिवार श्रीनगर एयरपोर्ट के पास के नौर या फिर त्राल के पास के नुहर गांव का रहने वाला था और शायद इसकी ही वजह से 'नेहरू' उनका उपनाम बन गया।

जम्मू-कश्मीर के जाने-माने इतिहासकार शेख़ अब्दुल्ला की जीवनी 'आतिश-ए-चिनार' के संपादक और जम्मू-कश्मीर की कला, संस्कृति एवं भाषा अकादमी के पूर्व सचिव मोहम्मद यूसुफ़ टैंग इस तथ्य से सहमत नहीं हैं। उनकी पहली आपत्ति तो यह है कि मुग़ल बादशाह फर्रुखसियर कभी कश्मीर गया ही नहीं। इसलिए नेहरू का यह दावा कि राज कौल पर बादशाह की नज़र पड़ी और उनके आमंत्रण पर राज कौल दिल्ली आए यह सही नहीं लगता।

यूसुफ़ टैंग का यह भी कहना है-"राज कौल का उल्लेख उस दौर के कश्मीरी इतिहासकारों के यहां नहीं मिलता। वह बहुत प्रतिष्ठित विद्वान हों, इसकी संभावना नहीं लगती।"

विद्वानों एवं इतिहासकारों के एक अन्य वर्ग के अनुसार-"संभव तो यह भी है कि दिल्ली की नहर से ही कश्मीरी परंपरा में नेहरू नाम आया हो।"

दिल्ली के जानकार और इतिहास के विद्वान सोहैल हाशमी के अनुसार-**"उस दौर में ढेरों कश्मीरी पंडित परिवार चांदनी चौक के उस इलाके में, जहां राज कौल सपरिवार रहने आए थे, रहते थे। शायद उन्हीं में से एक ने इस परिवार को नेहरू नाम से पुकारना शुरू किया हो। यह परिवार पहले खुद को 'कौल नेहरू' लिखा करता था।"**

ऐसा माना जाता है कि मोतीलाल नेहरू ने अपने नाम से 'कौल' हटा दिया और वह बस 'नेहरू' उपनाम ही रखने लगे। उनके बेटे जवाहरलाल ने भी पिता की ही तरह अपने नाम में बस नेहरू ही लगाया। उसी दौर से यह परिवार नेहरू उपनाम से जाना जाने लगा।

बी आर नंदा की पुस्तक 'द नेहरूज़, मोतीलाल ऐंड जवाहरलाल' के अनुसार जैसे-जैसे मुगलों की बादशाहत फीकी पड़ रही थी, वैसे-वैसे राज कौल को मिली जागीर भी घटती गई। फिर यह बस कुछ जमीन के टुकड़ों के जमींदारी अधिकार पर सिमट गई। इन अधिकारों का फायदा पाने वाले आखिरी शख्स थे मौसा राम कौल और साहेब राम कौल। यह दोनों राज नारायण कौल के पोते थे। इन्हीं मौसा राम के बेटे थे लक्ष्मी नारायण कौल नेहरू।

ईस्ट इंडिया कंपनी में वकील

लक्ष्मी नारायण को ईस्ट इंडिया कंपनी ने मुगल दरबार में अपना वकील बनाया।

लक्ष्मी नारायण ईस्ट इंडिया कंपनी के हिंदुस्तान में पहले वकील थे। इसके बाद से कौल नेहरू परिवार ने पीछे मुड़कर नहीं देखा। लक्ष्मी नारायण के बेटे थे गंगाधर नेहरू।

दिल्ली कोतवाल

सन् 1857 के गदर के समय गंगाधर दिल्ली के कोतवाल थे। इस समय तक कौल नेहरू परिवार को दिल्ली में बसे लगभग डेढ़ सदी का वक्त बीत गया था। गंगाधर नेहरू और उनकी कोतवाली के बारे में एक दिलचस्प जानकारी हमें दिल्ली पुलिस की वेबसाइट पर मिली। वहां लिखा है-

"सन् 1857 का गदर कुचलने के बाद अंग्रेजों ने कोतवाल का पद खत्म कर दिया। सन् 1857 में भारत की आजादी का पहला संग्राम शुरू होने से ठीक पहले गंगाधर नेहरू को दिल्ली का कोतवाल नियुक्त किया गया था। उनके बाद यह पद ही खत्म कर दिया गया। वह दिल्ली के आखिरी कोतवाल थे। गंगाधर नेहरू पंडित मोतीलाल नेहरू के पिता और पंडित जवाहरलाल नेहरू के दादा थे।"

लक्ष्मी नारायण

ईस्ट इंडिया कंपनी ने हिंदुस्तान की राजनीति में बदलाव किया। दिल्ली की सत्ता ईस्ट इंडिया कंपनी के हाथों में आ गई। पंडित जवाहरलाल नेहरू के अनुसार-"इसी दरमियान उनके कुटुम्ब के वैभव का अंत हो गया और जागीर भी तहस नहस हो गई।"

गंगाधर नेहरू

सन् 1827 ईस्वी में जन्मे गंगाधर नेहरू 1857 ईस्वी से कुछ समय पहले दिल्ली के कोतवाल नियुक्त हुए थे। वह दिल्ली के अन्तिम कोतवाल थे। सन् 1857 के विद्रोह के बाद अंग्रेज पुलिस ने दिल्ली नगर को कब्जे में करके कत्लेआम आरम्भ किया तो गंगाधर अपनी पत्नी इंद्राणी और पांचों बच्चों को लेकर आगरा चले गये। उनके दो बेटियां-पटरानी और महारानी और तीन बेटे-बंसीधर, नंदलाल और मोतीलाल थे। इसके चार वर्षों बाद आगरा में ही 4 फरवरी,1861 को 34 वर्ष की अवस्था में उनकी मृत्यु हुई। अपने दादा गंगाधर की एक छोटी-सी तस्वीर का जिक्र करते हुए नेहरू ने लिखा है-"वे मुगलिया लिबास पहने किसी मुगल सरदार जैसे लगते थे।"

अपने दादा गंगाधर के विषय में नेहरू ने लिखा है-

"वे अठारह सौ सत्तावन के गदर के कुछ पहले दिल्ली के कोतवाल थे।

गदर में हुई भयंकर मारकाट की वजह से उनका परिवार पूरी तरह बर्बाद हो गया और खानदान के तमाम कागज़-पत्र और दस्तावेज़ तहस-नहस हो गये। इस तरह अपना सब कुछ खो चुकने के बाद उनका परिवार दिल्ली छोड़ने वाले और कई लोगों के साथ वहाँ से चल पड़ा और आगरा जाकर बस गया।"

सबसे छोटे बेटे मोतीलाल का जन्म पिता गंगाधर की मृत्यु के तीन महीने बाद हुआ था। पंडित जवाहरलाल नेहरू के अनुसार-

"उनके दादा की मौत के तीन महीने बाद सन् 1861 में उनके पिता मोतीलाल नेहरू का जन्म आगरा में हुआ। उनके पिता सहित पूरे परिवार की परवरिश उनके चाचा ताऊओं ने की।"

बंशीधर नेहरू

गंगाधर के सबसे बड़े पुत्र बंशीधर नेहरू भारत में विक्टोरिया का शासन स्थापित होने के बाद तत्कालीन न्याय विभाग में काम करने लगे। उनका स्थानांतरण देश के विभिन्न स्थानों पर होता था जिस वजह से वह परिवार से थोड़ा दूर रहे। वह आगरा की सदर दीवानी अदालत में जज के सुनाये फैसलों को लिखने का काम करते थे। आगे चलकर वो खुद सबऑर्डिनेट जज बने।

नन्दलाल नेहरू

बंशीधर से छोटे पुत्र नंदलाल पहले स्कूल में अध्यापक नियुक्त हुए। कुछ समय उपरांत वह आगरा की छोटी-सी रियासत खेतड़ी में नौकरी की। यहां के राजा थे फतेह सिंह। नंदलाल को मौका मिला और वह राजा फतेह सिंह के दीवान बन गए। आगे चलकर राजा ने उन्हें अपना दीवान बना दिया। नंदलाल राजा के वफादार थे। राजा का कोई बेटा नहीं था। वह एक नौ साल के बच्चे अजीत सिंह को गोद लेना चाहते थे। उनकी ख़्वाहिश थी कि वही बच्चा उनके बाद उनकी गद्दी पर बैठे। राजा की मौत के बाद नंदलाल और कुछ और वफादारों ने बड़ी चालाकी से राजा की आखिरी इच्छा पूरी करने की कोशिश की। इस चक्कर में नंदलाल की नौकरी चली गई।

नन्दलाल नौकरी चले जाने के बाद आगरा लौट आए। आगरा में उन्होंने कानून की शिक्षा प्राप्त की और फिर वहीं वकालत करने लगे। उनकी गणना आगरा के सफल वकीलों में की जाती थी। दादा लक्ष्मी नारायण कौल नेहरू के बाद अब उनके दोनों पोते-बंसीधर

और नंदलाल वकील बन चुके थे। नंदलाल भी आगरा कोर्ट में वकालत करने लगे। बाद में इलाहाबाद उच्च न्यायालय बन जाने के कारण उन्हें मुकदमों के सिलसिले में अपना अधिकांश समय वहीं बिताना पड़ता था इसलिए वह अपने परिवार को लेकर स्थायी रूप से इलाहाबाद आ गये और वहीं रहने लगे। वह इलाहाबाद व कानपुर दोनों जगह वकालत करते थे।

मोतीलाल नेहरू

गंगाधर के तीसरे पुत्र मोतीलाल नेहरू थे। पिता गंगाधर की सन् 1861 में मृत्यु के तीन महीने बाद 6 मई,1861 को मोतीलाल नेहरू का जन्म हुआ। पिता की मौत के बाद परिवार को संभाला बड़े बेटे बंसीधर ने। दोनों बड़े भाइयों ने मोतीलाल को पढ़ाने-लिखाने में कोई कसर नहीं छोड़ी। मोतीलाल छुटपन में मंझले भाई नंदलाल के साथ रहते थे। कुछ दिन उनकी पढ़ाई खेतड़ी में हुई। कॉलेज की पढ़ाई के लिए इलाहाबाद के मुनीर सेंट्रल कॉलेज में दाखिला करवाया गया।

जिस समय मोतीलाल नेहरू कानपुर और इलाहाबाद के कॉलेज में शिक्षा ग्रहण कर रहे थे तब तक उनके भाई इलाहाबाद के नामी वकीलों में पहचाने जाने लगे थे। कॉलेज से गोल्ड मेडल हासिल करने के बाद मोतीलाल नेहरू भी कानपुर की जिला अदालतों में वकालत करने लगे थे।

कॉलेज के बाद मोतीलाल ने भी वकालत की पढ़ाई करने का फैसला किया। इसके लिए उनको कैम्ब्रिज भेजा गया। सन् 1883 में मोतीलाल कानून की डिग्री लेकर भारत लौट आए। मंझले भाई नंदलाल के साथ मिलकर वह बतौर वकील प्रैक्टिस करने लगे। उन पर अपने बड़े भाई नन्दलाल नेहरू का गहरा प्रभाव पड़ा था। नन्दलाल नेहरू कानपुर के प्रसिद्ध वकील थे। मोतीलाल नेहरू ने अपनी वकालत उनके सहायक के रूप में कानपुर में ही आरम्भ की। मोतीलाल बाद में प्रसिद्ध वकील बने। उनके पुत्र और गंगाधर के पौत्र जवाहर लाल भारत के प्रथम प्रधानमन्त्री बने।

मोतीलाल की दो शादियां हुई थीं। पहली शादी नाबालिग रहते हुए ही हो गई थी। मगर उनकी पत्नी बच्चे को जन्म देते समय गुजर गई। 25 बरस की उम्र में मोतीलाल ने दूसरी शादी की। पत्नी का नाम था स्वरूप रानी। शादी के वक्त स्वरूप की उम्र थी 14 साल। मोतीलाल और स्वरूप रानी के आंगन में एक पुष्प खिला। इलाहाबाद में 14 नवंबर, 1889 को दोनों के यहां एक बेटे का जन्म हुआ। जिसका नाम रखा गया-जवाहरलाल। मोतीलाल

नेहरू के मुंशी मुबारक अली बचपन में बालक जवाहर को पुराने जमाने की कहानियाँ सुनाया करते थे कि किस प्रकार उसके दादा को बागियों ने अठारह सौ सत्तावन के गदर में तबाह कर दिया। अगर मुसलमानों ने उनकी हिफ़ाजत न की होती तो नेहरू खानदान का कहीं नामोनिशान तक न होता।

जवाहरलाल नेहरू का इलाहाबाद प्रवास

मोतीलाल कानपुर की जिला अदालत में वकालत करते थे। काम भी अच्छा चल रहा था। मोतीलाल आगे बढ़ने की चाहत में इलाहाबाद चले गए। तीन साल कानपुर में वकालत करने के बाद मोतीलाल नेहरू इलाहाबाद आ गए। इलाहाबाद में उच्च न्यायालय था। यहां पर पर आगे बढ़ने और नाम एवं दाम कमाने का सुनहरा अवसर था। मंझले भाई नंदलाल पहले ही इलाहाबाद में वकालत कर रहे थे। उनके बड़े भाई नन्दलाल नेहरू की मृत्यु हो गयी जिससे उनके सारे मुवक्किल मोतीलाल को मिल गये और उनकी वकालत में पैसा पानी की तरह बरसा।

आनंद भवन

इलाहाबाद में मौकों की कमी नहीं थी। मोतीलाल की वकालत चमक गई। बहुत तेजी से तरक्की की उन्होंने। मोतीलाल दीवानी वकील थे। जमींदारों और तालुकेदारों के भी खूब केस लड़ते थे। मोटा पैसा मिलता था। शुरुआत में वह इलाहाबाद में 9, ऐल्गिन रोड पर रहे। फिर सन् 1900 में उन्होंने 1 चर्च रोड पर एक घर खरीदा। घर क्या था, महल ही था। मोतीलाल और स्वरूप रानी ने अपने इस घर का नाम रखा-आनंद भवन।

नया आनंद भवन और स्वराज भवन

आगे चलकर इस घर के पास एक और घर बनाया गया। पुराने वाले 'आनंद भवन' को 'स्वराज भवन' का नाम दे दिया गया। नया घर 'आनंद भवन' कहलाने लगा। मोतीलाल ने अपना 'स्वराज भवन' देश के नाम कर दिया। इस परिवार में मोतीलाल नेहरू से पहले तक के लोग अपने नाम के साथ 'कौल नेहरू' लगाते थे। मोतीलाल ने 'कौल' हटाकर बस नेहरू लिखना शुरू किया। उनकी शुरू की हुई यह रवायत उनके बेटे जवाहर लाल ने भी जारी रखी। इस तरह आमतौर पर सभी को बस नेहरू ही मालूम रह गया। कौल वाली बात इतिहास की किताबों में छूट गई।

जवाहरलाल नेहरू

इलाहाबाद उच्च न्यायालय के प्रसिद्ध वकील मोतीलाल नेहरू के यहां 14 नवंबर,

1889 को एक बालक का जन्म हुआ। उसका नाम रखा गया जवाहरलाल। बंशीधर पंडित जवाहरलाल नेहरू को बड़े चाचा कहते थे और दूसरे चाचा नंदलाल को छोटे चाचा। जबकि यह दोनों रिश्ते में ताऊ थे। परिवार के अन्य बच्चों की देखा-देखी पंडित जवाहरलाल नेहरू भी बालपन में बड़े चाचा और छोटे चाचा कहने लगे थे। नेहरू के कोई पुत्र न था। उनकी एक पुत्री इंदिरा गांधी थी। जिनका विवाह फिरोज गांधी से हुआ और इसी पीढ़ी से यह वंश चल रहा है।

❐

अध्याय-2

बचपन से पचपन

"जो बात जानना सबसे जरूरी है वह यह कि इस विशाल भूमि में फैले भारतवासी सबसे ज्यादा मायने रखते हैं। भारत माता यही करोड़ों-करोड़ जनता है और भारत माता की जय उसकी भूमि पर रहने वाले इन सबकी जय है।"

-पंडित जवाहरलाल नेहरू

आधुनिक भारत के निर्माता तथा बहु-आयामी व्यक्तित्व के धनी पंडित जवाहर लाल नेहरू का जन्म 14 नवम्बर, 1889 को इलाहाबाद में हुआ था। उनके पिता मोतीलाल नेहरू इलाहाबाद के एक नामी वकील थे। माता स्वरूप रानी सुघड़ गृहणी थी और उन्हें ने बालक नेहरू को भारतीय संस्कृति और परम्परा के मूल्यों का पाठ पढ़ाया। जवाहरलाल की मां स्वरूप रानी लाहौर में बसे एक प्रसिद्ध कश्मीरी ब्राह्मण परिवार से थी।। मोतीलाल की दूसरी पत्नी थीं। उनकी पहली पत्नी की प्रसव के दौरान मृत्यु हो गई थी। जवाहरलाल तीन बच्चों में सबसे बड़े थे। उनकी दो बहनों में से बड़ी, विजया लक्ष्मी थी और छोटी बहन का नाम था कृष्णा। कालांतर में विजय लक्ष्मी संयुक्त राष्ट्र महासभा की पहली महिला अध्यक्ष बनीं। कृष्णा एक प्रसिद्ध लेखिका बनीं और उन्होंने अपने भाई पर अनेक पुस्तकें लिखीं।

प्रारंभिक जीवन

बालक जवाहरलाल ने प्रारंभिक शिक्षा घर पर निजी शिक्षकों से प्राप्त की। पंद्रह साल की उम्र में वह इंग्लैंड चले गए। हैरो में दो साल रहने के बाद उन्होंने कैम्ब्रिज विश्वविद्यालय में प्रवेश लिया जहां से उन्होंने प्राकृतिक विज्ञान में स्नातक की डिग्री प्राप्त की। सन् 1912 में भारत लौटने के बाद वह सीधे राजनीति से जुड़ गए। यहां तक कि छात्र जीवन के दौरान भी

वह विदेशी हुकूमत के अधीन देशों के स्वतंत्रता संघर्ष में रुचि रखते थे। उन्होंने आयरलैंड में हुए सिनफेन आंदोलन में गहरी रुचि ली थी। उन्हें भारत के स्वतंत्रता संग्राम में अनिवार्य रूप से शामिल होना पड़ा। पंडित जवाहरलाल नेहरू सन् 1912 में भारत लौट आये और वकालत की शुरूआत की।

बचपन

बालक जवाहरलाल नेहरू धनी परिवार के वातावरण में पले-बढ़े। बालक जवाहरलाल की प्राथमिक शिक्षा घर पर हुई। शिक्षक घर पर आकर पढ़ाया करते थे। आयरिश थियोसोफिस्ट फर्डिनेंड टी। ब्रूक्स की शिक्षा से प्रभावित होकर, नेहरू विज्ञान और थियोसोफी में रुचि रखने लगे। एक पारिवारिक मित्र, एनी बेसेंट ने बाद में उन्हें तेरह साल की उम्र में थियोसोफिकल सोसाइटी में शामिल किया। हालाँकि, थियोसोफी में उनकी रुचि स्थायी साबित नहीं हुई, और ब्रूक्स के उनके शिक्षक के रूप में चले जाने के तुरंत बाद उन्होंने सोसाइटी छोड़ दी। उन्होंने लिखा-

"लगभग तीन साल तक [ब्रूक्स] मेरे साथ थे और कई मायनों में, उन्होंने मुझे बहुत प्रभावित किया।"

पंडित जवाहरलाल नेहरू की थियोसोफिकल रुचियों ने उन्हें बौद्ध और हिंदू धर्मग्रंथों का अध्ययन करने के लिए प्रेरित किया। बीआर नंदा के अनुसार-**"यह शास्त्र नेहरू का भारत की धार्मिक और सांस्कृतिक विरासत से पहला परिचय थे... [उन्होंने] पंडित जवाहरलाल नेहरू को उनकी लंबी बौद्धिक खोज के लिए प्रारंभिक प्रेरणा प्रदान की, जिसकी परिणति...भारत की खोज में हुई।"**

युवा

पंडित जवाहरलाल नेहरू अपनी युवावस्था में ही एक कट्टर राष्ट्रवादी बन गए थे। द्वितीय बोअर युद्ध और रूस-जापान युद्ध ने उनकी भावनाओं को और तीव्र कर दिया। बाद के बारे में उन्होंने लिखा-**"[जापानी] जीत ने मेरे उत्साह को जगा दिया था। ... राष्ट्रवादी विचारों ने मेरे मन को भर दिया। ... मैंने भारतीय स्वतंत्रता और यूरोप की दासता से एशियाई स्वतंत्रता के बारे में सोचा।"** बाद में सन् 1905 में, जब उन्होंने इंग्लैंड के एक प्रमुख स्कूल हैरो में अपनी संस्थागत स्कूली शिक्षा शुरू की। जहाँ उन्हें "जो" उपनाम दिया गया था। जी एम ट्रेवेलियन की गैरीबाल्डी पुस्तकों ने जो उन्हें अकादमिक योग्यता के लिए पुरस्कार के रूप में मिली थीं। उन्हें बहुत प्रभावित किया। उन्होंने गैरीबाल्डी

को एक क्रांतिकारी नायक के रूप में देखा। उन्होंने लिखा-**"भारत में इसी तरह के कार्यों के दर्शन पहले हुए, [भारतीय] स्वतंत्रता के लिए [मेरी] वीरतापूर्ण लड़ाई और मेरे दिमाग में, भारत और इटली अजीब तरह से एक साथ मिल गए।"**

पंडित जवाहरलाल नेहरू अक्टूबर 1907 में कैम्ब्रिज के ट्रिनिटी कॉलेज गए और सन् 1910 में प्राकृतिक विज्ञान में ऑनर्स की डिग्री के साथ स्नातक हुए। इस अवधि के दौरान उन्होंने राजनीति, अर्थशास्त्र, इतिहास और साहित्य का रुचि के साथ अध्ययन किया। बर्नार्ड शॉ, एचजी वेल्स, जॉन मेनार्ड कीन्स, बर्ट्रेंड रसेल, लोव्स डिकिंसन और मेरेडिथ टाउनसेंड के लेखन ने उनकी राजनीतिक और आर्थिक सोच को काफी प्रभावित किया।

सन् 1910 में अपनी डिग्री पूरी करने के बाद पंडित जवाहरलाल नेहरू लंदन चले गए और इनर टेम्पल (चार इन्स ऑफ़ कोर्ट में से एक, जहाँ अंग्रेजी बैरिस्टर का होना ज़रूरी है) में कानून की पढ़ाई की। इस दौरान उन्होंने बीट्राइस वेब सहित फैबियन सोसाइटी के विद्वानों का अध्ययन जारी रखा। उन्हें सन् 1912 में बार में बुलाया गया।

विवाह

कमला कौल पुरानी दिल्ली के चांदनी चौक इलाके में सीताराम बाजार में हक्सर हवेली में रहने वाले प्रमुख व्यापारी पंड़ित जवाहरलालमल और राजपति कौल की बेटी थीं। एक भारतीय परंपरागत कश्मीरी ब्राह्मण परिवार में कमला का जन्म 1अगस्त,1899 को दिल्ली में हुआ था। कमला कौल के दो छोटे भाई चंदबहादुर कौल, कैलाशनाथ कौल और एक छोटी बहन स्वरूप काट्जू थी। कमला कौल का सत्रह साल की छोटी उम्र में 8 फरवरी, 1916 को पंडित जवाहरलाल नेहरू से विवाह हुआ। विवाह के बाद वह कमला कौल नेहरू कहलाईं।

वकालत का अभ्यास

पंडित जवाहरलाल नेहरू ने लाहौर अधिवेशन के दौरान कांग्रेस पार्टी की अध्यक्षता संभाली और पूर्ण स्वतंत्रता का आह्वान करते हुए एक सफल प्रस्ताव पेश किया। पंडित जवाहरलाल नेहरू ने भारतीय स्वतंत्रता की घोषणा का मसौदा तैयार किया। जिसमें कहा गया था-

"हमारा मानना है कि किसी भी अन्य लोगों की तरह भारतीय लोगों का भी यह अविभाज्य अधिकार है कि उन्हें स्वतंत्रता मिले और वे अपने परिश्रम का फल भोग सकें तथा जीवन की आवश्यकताएं पूरी कर सकें, ताकि उन्हें

विकास के पूर्ण अवसर मिल सकें। हमारा यह भी मानना है कि यदि कोई सरकार लोगों को इन अधिकारों से वंचित करती है तथा उन पर अत्याचार करती है, तो लोगों को इसे बदलने या समाप्त करने का और भी अधिकार है। भारत में ब्रिटिश सरकार ने न केवल भारतीय लोगों को उनकी स्वतंत्रता से वंचित

किया है, बल्कि खुद को जनता के शोषण पर आधारित किया है, तथा भारत को आर्थिक, राजनीतिक, सांस्कृतिक और आध्यात्मिक रूप से बर्बाद कर दिया है। इसलिए, हमारा मानना है कि भारत को ब्रिटिश संबंध तोड़ देना चाहिए तथा पूर्ण स्वराज या पूर्ण स्वतंत्रता प्राप्त करनी चाहिए।"

प्रारंभिक जीवन और करियर

सन् 1919 और सन् 1928 के बीच पंडित जवाहरलाल नेहरू भारतीय स्वतंत्रता संग्राम में एक प्रमुख नेता के रूप में उभरे। इस दौरान उन्होंने कांग्रेस पार्टी में सक्रिय भूमिका निभाई। किसानों के लिए काम किया और दो बार जेल भी गए।

सन् 1919 में पंडित जवाहरलाल नेहरू भारतीय राष्ट्रीय कांग्रेस में शामिल हुए और मोहनदास करमचंद गांधी से प्रभावित हुए। उन्होंने सन् 1919 में इलाहाबाद होम रूल लीग के सचिव के रूप में कार्य किया। अपने पिता मोतीलाल नेहरू के साथ मिलकर पंडित जवाहरलाल नेहरू ने 'इंडिपेंडेंट' अखबार शुरू किया।

सन् 1920 में, उन्होंने उत्तर प्रदेश के प्रतापगढ़ जिले में पहला किसान मार्च आयोजित किया। सन् 1920-22 के असहयोग आंदोलन के दौरान, नेहरू को दो बार जेल जाना पड़ा।

सन् 1923 में वह अखिल भारतीय कांग्रेस कमेटी के महासचिव बने। सन् 1926 में उन्होंने यूरोप और सोवियत संघ का दौरा किया, जिससे उनके समाजवादी विचारों को और बल मिला। सन् 1928 में साइमन कमीशन के विरोध के दौरान लखनऊ में उन पर लाठीचार्ज हुआ। सन् 1929 में उन्हें भारतीय राष्ट्रीय कांग्रेस का अध्यक्ष चुना गया। इस अवधि के दौरान पंडित जवाहरलाल नेहरू का राजनीतिक करियर तेजी से आगे बढ़ा। उन्होंने गांधीजी के साथ मिलकर ब्रिटिश शासन के खिलाफ संघर्ष किया और भारत की स्वतंत्रता के लिए काम किया।

❐

अध्याय-3

गदर

"असफलता तभी आती है जब हम अपने आदर्शों, उद्देश्यों और सिद्धांतों को भूल जाते हैं।"

-पंडित जवाहरलाल नेहरू

पंडित जवाहरलाल नेहरू ने सन् 1857 के विद्रोह के बाद से ब्रिटिश नीति की भूमिका का पता लगाया... हिंदू और मुस्लिम को एक साथ काम करने से रोकने और एक समुदाय को दूसरे के खिलाफ खड़ा करने की। वह लिखते हैं-

"1857 के विद्रोह के बाद अंग्रेजों द्वारा मुसलमानों के साथ शुरू में भारी भेदभाव, उन्हें ज़्यादा ख़तरनाक समझना, आधुनिक शिक्षा, सामाजिक सुधार, आधुनिक बुद्धिजीवियों और मुस्लिम बुर्जुआ वर्ग के विकास में मुसलमानों का (हिंदुओं की तुलना में) पिछड़ना और विशेष रूप से सरकारी नौकरियों में पिछड़ना जैसे कई कारकों ने एक ख़ास तरह की मुस्लिम राजनीति के विकास के लिए उपजाऊ ज़मीन तैयार की।"

एक ऐसी राजनीति, जिसे औपनिवेशिक सरकार से काफ़ी मदद मिली। जिसमें सैयद अहमद ख़ान, आगा ख़ान आदि के नेतृत्व में मुसलमानों का एक कुलीन, राजसी, ज़मीनी तबका औपनिवेशिक सरकार के प्रति वफ़ादारी और औपनिवेशिक सरकार के ख़िलाफ़ उभरते भारतीय राष्ट्रीय आंदोलन की लोकतांत्रिक इच्छाओं का विरोध करता था। बदले में औपनिवेशिक सरकार ने एक समुदाय के रूप में 'मुसलमानों' को 'एहसान' दिए। ब्रिटिश मिलीभगत से बोए गए सांप्रदायिकता के यह बीज समय के साथ दूसरे समुदायों में भी पनपने वाले थे। सांप्रदायिकतावादी चाहे हिंदू हो या मुस्लिम, समुदाय के नाम पर बोलते हैं, लेकिन वास्तव में वह किसी भी समुदाय के जनसमूह का प्रतिनिधित्व नहीं करते, बल्कि

निहित स्वार्थों, सामंती अभिजात वर्ग, जमींदारों, राजकुमारों और साहूकारों द्वारा समर्थित होते हैं, जो भारतीय राष्ट्रवाद द्वारा लाए गए राजनीतिक परिवर्तनों से डरते हैं और सरकार का समर्थन करते हैं। उन क्षेत्रों में जहाँ विभिन्न आर्थिक श्रेणियाँ या वर्ग अलग-अलग धर्मों से संबंधित थे। आर्थिक संघर्ष को "सांप्रदायिक रंग दिया गया"।

आजादी के बाद 1952 में पंडित जवाहरलाल नेहरू ने सांप्रदायिक संरचनाओं का समर्थन करने वाले निहित स्वार्थों में पूंजीपतियों को भी शामिल कर लिया। उन्होंने कहा-

"धर्म के मुखौटे के पीछे निहित स्वार्थ, खास तौर पर जमींदार और पूंजीपति, कांग्रेस की आर्थिक नीतियों के खिलाफ लड़ रहे थे।"

आजादी तक पूंजीपति, मोटे तौर पर, राष्ट्रीय आंदोलन के साथ जुड़े हुए थे। सांप्रदायिक वफादारों के साथ नहीं। स्वतंत्रता उपरांत पंडित जवाहरलाल नेहरू द्वारा जोरदार तरीके से भूमि सुधारों को आगे बढ़ाने के साथ ही जमींदारी ताकतों की कमर टूट गई। जैसा कि नेहरू ने अक्टूबर 1951 में कहा था-

"जागीरदारी और जमींदारी प्रथा भारत से खत्म होनी चाहिए... हिंदू महासभा, राष्ट्रीय स्वयंसेवक संघ या जनसंघ उनसे मिलने वाले फंड पर फल-फूल सकते हैं, लेकिन दुनिया में ऐसी कोई ताकत नहीं है जो इस व्यवस्था को कायम रख सके।"

आज हम देखते हैं कि क्रोनी कैपिटलिस्ट फंड और मीडिया पर नियंत्रण के जरिए सांप्रदायिक ताकतों का समर्थन करने की भूमिका बहुत बड़े पैमाने पर निभा रहे हैं। नेहरू ने समझदारी से तर्क दिया कि सांप्रदायिकतावादियों का धर्म या संस्कृति से कोई लेना-देना नहीं है और वह "पूरी तरह से नैतिकता और नैतिकता से रहित हैं।" पंडित जवाहरलाल नेहरू हमेशा "अतीत की संस्कृति की बहादुरी से बात करते हैं।" उन्होंने यह भी कहा कि हालांकि सांप्रदायिकतावादी "खुद को गैर-राजनीतिक कहते हैं", लेकिन वह "वास्तव में राजनीतिक रूप से काम करते हैं और उनकी मांगें राजनीतिक हैं"

केवल उनकी राजनीति प्रतिक्रियावादी और राष्ट्र-विरोधी थी। पंडित जवाहरलाल नेहरू को बहुत पहले ही यह अहसास हो गया था कि अंग्रेजों के चले जाने के बाद सांप्रदायिकता खत्म हो जाएगी। यह उनकी उम्मीद निराधार साबित हुई। सन् 1930 के दशक में उन्होंने तर्क दिया था-

"सांप्रदायिकता मूलतः किसी तीसरे पक्ष, विदेशी शक्ति से अनुग्रह

प्राप्त करने का प्रयास है... विदेशी शक्ति को हटा दें और सांप्रदायिक तर्क और मांगें धराशायी हो जाएँगी।"

महात्मा गांधी की हत्या के बाद राष्ट्रीय स्वयंसेवक संघ पर प्रतिबंध लगा दिया गया और लगभग 25,000 राष्ट्रीय स्वयंसेवक संघ कार्यकर्ताओं को जेल में डाल दिया गया। हालांकि, लगभग डेढ़ साल बाद जुलाई 1949 में प्रतिबंध हटाए जाने और कैदियों को रिहा किए जाने के बाद राष्ट्रीय स्वयंसेवक संघ ने अपना वैचारिक आक्रमण फिर से शुरू कर दिया। पंडित जवाहरलाल नेहरू ने इसके खतरनाक निहितार्थों के प्रति बार-बार चेतावनी दी। उन्होंने प्रांतों के मुख्यमंत्रियों को लिखे अपने पत्रों में कहा-

"राष्ट्रीय स्वयंसेवक संघ की पूरी मानसिकता एक फासीवादी मानसिकता है। इसलिए उनकी गतिविधियों पर कड़ी नज़र रखी जानी चाहिए।"

वह बहुत स्पष्ट थे और बार-बार कहते थे कि पहले आम चुनाव में सांप्रदायिक ताकतों की शानदार हार के बाद आत्मसंतुष्टि के लिए कोई जगह नहीं है। प्रांतीय कांग्रेस समितियों के अध्यक्षों को लिखते हुए उन्होंने सन् 1952 में कहा-

"इन चुनावों से एक अच्छी बात यह उभर कर आई है कि सांप्रदायिकता के खिलाफ हमारी सीधी लड़ाई और सफलता है। यह सफलता महत्वपूर्ण और उत्साहवर्धक है। लेकिन यह किसी भी तरह से पूरी तरह सफल नहीं है और हमें इस बारे में सावधान रहना होगा।"

नेहरू का मानना था कि पहले चुनाव ने एक और महत्वपूर्ण सबक सिखाया कि सांप्रदायिकता से समझौता करने में कोई फ़ायदा नहीं है। आज के भारत के संदर्भ में यह एक बहुत ही महत्वपूर्ण सबक है। उन्होंने कहा-

"हमने आखिरकार देखा है कि हमें सांप्रदायिकता से डरने की ज़रूरत नहीं है और हमें इसके साथ समझौता करने की ज़रूरत नहीं है जैसा कि कई कांग्रेसियों ने परिणामों के डर से किया था। जहाँ हम इसके साथ सीधे और ईमानदार तरीके से लड़ते हैं, हम जीतते हैं। जहाँ हम इसके साथ समझौता करते हैं, हम हार जाते हैं।"

सन् 1930 के दशक की शुरुआत में ही नेहरू ने अपने मित्रों की इस चेतावनी को खारिज कर दिया था कि सांप्रदायिक संगठनों के प्रति उनके अत्यधिक आलोचनात्मक रवैये के कारण कई लोग उनके खिलाफ हो जाएंगे। उन्होंने कहा-

"राजनीति में लोग बहुत सावधान रहते हैं कि वह क्या कहते हैं और क्या नहीं कहते हैं, कहीं ऐसा न हो कि वह किसी समूह या व्यक्ति को नाराज कर दें और समर्थन खो दें लेकिन तब उन्हें "राजनेताओं के तौर-तरीके सीखने थे।"

जब राष्ट्र खतरे में था तो "वह मूकदर्शक बने रहे", इसलिए उन्होंने समझौता करने से इनकार कर दिया और सांप्रदायिक संगठनों की खुलकर निंदा की। मार्च 1952 में उनके द्वारा तैयार किए गए अखिल भारतीय कांग्रेस कमेटी प्रस्ताव में कहा गया था-

"कांग्रेस की सांप्रदायिकता का विरोध करने की नीति के प्रति मतदाताओं की भारी प्रतिक्रिया पर अखिल भारतीय कांग्रेस कमेटी अपनी गहरी संतुष्टि व्यक्त करती है।"

इस प्रतिक्रिया से कांग्रेसियों को यह नहीं सोचना चाहिए कि सांप्रदायिक प्रवृत्तियों से खतरा पूरी तरह से खत्म हो गया है। सांप्रदायिक और अलगाववादी प्रवृत्तियाँ अभी भी मौजूद हैं...और उन पर लगातार नज़र रखनी होगी और उनका मुकाबला करना होगा, चाहे वह हिंदू हों, मुस्लिम हों, सिख हों या अन्य...अखिल भारतीय कांग्रेस कमेटी घोषणा करती है कि कांग्रेस और किसी भी ऐसे संगठन के बीच कोई गठबंधन, सहयोग या समझ, स्पष्ट या निहित, नहीं होनी चाहिए जो मूल रूप से सांप्रदायिक चरित्र या कामकाज में हो।

नेहरू के बाद के दशकों में दुर्भाग्य से यह सलाह भुला दी गई। पहले से ही काफी हद तक सांप्रदायिक हो चुके समाज में चुनावी राजनीति के तर्क ने सभी तरह की धर्मनिरपेक्ष पार्टियों को भी, अलग-अलग हद तक लोकप्रिय लामबंदी के लिए शॉर्टकट अपनाने के लिए प्रेरित किया। जिसमें मौजूदा सांप्रदायिक चेतना को अपील करने वाली पार्टियों से अपील करना या उनके साथ गठबंधन करना शामिल था। बजाय इसके कि उस चेतना को बदलने के अपेक्षाकृत कठिन और दीर्घकालिक कार्य का प्रयास किया जाए।

❐

अध्याय-4

स्वतंत्रता संग्राम

पंडित जवाहरलाल नेहरू का व्यक्तिगत जीवन बेहद गरिमापूर्ण था। सन् 1912 में पंडित जवाहरलाल नेहरू ने एक प्रतिनिधि के रूप में बांकीपुर सम्मेलन में भाग लिया। सन् 1919 में इलाहाबाद के होम रूल लीग के सचिव बने। सन् 1916 में वह महात्मा गांधी से पहली बार मिले जिनसे वह काफी प्रेरित हुए। उन्होंने सन् 1920 में उत्तर प्रदेश के प्रतापगढ़ जिले में पहले किसान मार्च का आयोजन किया। सन् 1920-22 के असहयोग आंदोलन के सिलसिले में उन्हें दो बार जेल भी जाना पड़ा।

पंडित जवाहरलाल नेहरू सितंबर,1923 में अखिल भारतीय कांग्रेस कमेटी के महासचिव बने। उन्होंने सन् 1926 में इटली, स्विट्जरलैंड, इंग्लैंड, बेल्जियम, जर्मनी एवं रूस का दौरा किया। बेल्जियम में उन्होंने भारतीय राष्ट्रीय कांग्रेस के एक आधिकारिक प्रतिनिधि के रूप में ब्रुसेल्स में दीन देशों के सम्मेलन में भाग लिया। उन्होंने सन् 1927 में मास्को में अक्तूबर समाजवादी क्रांति की दसवीं वर्षगांठ समारोह में भाग लिया। इससे पहले सन् 1926 में, मद्रास कांग्रेस में कांग्रेस को आजादी के लक्ष्य के लिए प्रतिबद्ध करने में नेहरू की एक महत्वपूर्ण भूमिका थी। सन् 1928 में लखनऊ में साइमन कमीशन के खिलाफ एक जुलूस का नेतृत्व करते हुए उन पर लाठी चार्ज किया गया था। 29 अगस्त,1928 को उन्होंने सर्वदलीय सम्मेलन में भाग लिया एवं वह उन लोगों में से एक थे जिन्होंने भारतीय संवैधानिक सुधार की नेहरू रिपोर्ट पर अपने हस्ताक्षर किये थे। इस रिपोर्ट का नाम उनके पिता मोतीलाल नेहरू के नाम पर रखा गया था। उसी वर्ष उन्होंने 'भारतीय स्वतंत्रता लीग' की स्थापना की एवं इसके महासचिव बने। इस लीग का मूल उद्देश्य भारत को ब्रिटिश साम्राज्य से पूर्णतः अलग करना था।

सन् 1929 में पंडित जवाहरलाल नेहरू भारतीय राष्ट्रीय सम्मेलन के लाहौर सत्र के अध्यक्ष चुने गए जिसका मुख्य लक्ष्य देश के लिए पूर्ण स्वतंत्रता प्राप्त करना था। उन्हें सन् 1930-35 के दौरान नमक सत्याग्रह एवं कांग्रेस के अन्य आंदोलनों के कारण कई

बार जेल जाना पड़ा। उन्होंने 14 फरवरी,1935 को अल्मोड़ा जेल में अपनी 'आत्मकथा' का लेखन कार्य पूर्ण किया। रिहाई के बाद वह अपनी बीमार पत्नी को देखने के लिए स्विट्जरलैंड गए एवं उन्होंने फरवरी-मार्च,1936 में लंदन का दौरा किया। उन्होंने जुलाई, 1938 में स्पेन का भी दौरा किया जब वहां गृह युद्ध चल रहा था। द्वितीय विश्व युद्ध शुरू होने से कुछ समय पहले वह चीन के दौरे पर भी गए।

पंडित जवाहरलाल नेहरू ने भारत को युद्ध में भाग लेने के लिए मजबूर करने का विरोध करते हुए व्यक्तिगत सत्याग्रह किया। जिसके कारण 31 अक्टूबर, 1940 को उन्हें गिरफ्तार कर लिया गया। उन्हें दिसंबर, 1941 में अन्य नेताओं के साथ जेल से मुक्त कर दिया गया। 7 अगस्त, 1942 को मुंबई में हुई अखिल भारतीय कांग्रेस कमेटी की बैठक में पंडित जवाहरलाल नेहरू ने ऐतिहासिक संकल्प 'भारत छोड़ो' को कार्यान्वित करने का लक्ष्य निर्धारित किया। 8 अगस्त, 1942 को उन्हें अन्य नेताओं के साथ गिरफ्तार कर अहमदनगर किला ले जाया गया। यह अंतिम मौका था जब उन्हें जेल जाना पड़ा एवं इसी बार उन्हें सबसे लंबे समय तक जेल में समय बिताना पड़ा। अपने पूर्ण जीवन में वह नौ बार जेल गए। जनवरी, 1945 में अपनी रिहाई के बाद उन्होंने राजद्रोह का आरोप झेल रहे आई एन ए के अधिकारियों एवं व्यक्तियों का कानूनी बचाव किया। मार्च, 1946 में पंडित जवाहरलाल नेहरू ने दक्षिण-पूर्व एशिया का दौरा किया। 6 जुलाई, 1946 को वह चौथी बार कांग्रेस के अध्यक्ष चुने गए एवं फिर सन् 1951 से 1954 तक तीन और बार वह इस पद के लिए चुने गए।

सन् 1929 के नए साल की पूर्व संध्या पर आधी रात को नेहरू ने लाहौर में रावी के तट पर भारत का तिरंगा झंडा फहराया। स्वतंत्रता की शपथ पढ़ी गई। जिसमें करों को वापस लेने की तत्परता शामिल थी। समारोह में उपस्थित जनता की भारी भीड़ से पूछा गया कि क्या वह इससे सहमत हैं, और अधिकांश लोगों को स्वीकृति में अपने हाथ उठाते हुए देखा गया। केंद्रीय और प्रांतीय विधानसभाओं के 172 भारतीय सदस्यों ने प्रस्ताव के समर्थन में और भारतीय जन भावना के अनुसार इस्तीफा दे दिया। कांग्रेस ने भारत के लोगों से 26 जनवरी को स्वतंत्रता दिवस के रूप में मनाने को कहा। कांग्रेस के स्वयंसेवकों, राष्ट्रवादियों और जनता ने पूरे भारत में सार्वजनिक रूप से भारत का झंडा फहराया। बड़े पैमाने पर सविनय अवज्ञा की योजनाएँ भी चल रही थीं।

सन् 1929 में कांग्रेस के लाहौर अधिवेशन के बाद नेहरू धीरे-धीरे भारतीय स्वतंत्रता आंदोलन के सर्वोच्च नेता के रूप में उभरे। गांधी ने एक बार फिर आध्यात्मिक भूमिका

अपनाई। हालाँकि गांधी ने 1942 तक नेहरू को अपना राजनीतिक उत्तराधिकारी घोषित नहीं किया था, लेकिन 1930 के दशक के मध्य में ही देश ने नेहरू को गांधी का स्वाभाविक उत्तराधिकारी मान लिया था।

नमक मार्च: 1930

पंडित जवाहरलाल नेहरू और कांग्रेस के अधिकांश नेता शुरू में गांधी की योजना के बारे में दुविधा में थे। जिसमें ब्रिटिश नमक कर के खिलाफ सत्याग्रह के साथ सविनय अवज्ञा शुरू करने की बात थी। विरोध के जोर पकड़ने के बाद, उन्हें एक प्रतीक के रूप में नमक की शक्ति का एहसास हुआ। पंडित जवाहरलाल नेहरू ने अभूतपूर्व लोकप्रिय प्रतिक्रिया के बारे में टिप्पणी की-

"ऐसा लग रहा था जैसे अचानक एक झरना बह निकला हो।"

उन्हें 14 अप्रैल 1930 को इलाहाबाद से रायपुर जाने वाली ट्रेन में गिरफ्तार किया गया था। इससे पहले एक विशाल बैठक को संबोधित करने और एक विशाल जुलूस का नेतृत्व करने के बाद, उन्होंने औपचारिक रूप से कुछ प्रतिबंधित नमक बनाया था। उन पर नमक कानून तोड़ने का आरोप लगाया गया और उन्हें सेंट्रल जेल में छह महीने की कैद की सजा सुनाई गई।

उन्होंने जेल में अपनी अनुपस्थिति के दौरान गांधी को कांग्रेस अध्यक्ष के रूप में अपना उत्तराधिकारी नामित किया लेकिन गांधी ने मना कर दिया और पंडित जवाहरलाल नेहरू ने अपने पिता को अपना उत्तराधिकारी नामित किया। पंडित जवाहरलाल नेहरू की गिरफ्तारी के साथ सविनय अवज्ञा ने एक नई गति प्राप्त कर ली और गिरफ्तारियाँ, भीड़ पर गोलीबारी और लाठीचार्ज सामान्य घटनाएँ बन गई।

नमक सत्याग्रह की सफलता

निष्क्रिय प्रतिरोध के माध्यम से सुधार के लिए दबाव बनाने के लिए नमक सत्याग्रह दुनिया का ध्यान आकर्षित करने में सफल रहा। भारतीय, ब्रिटिश और विश्व जनमत ने स्वतंत्रता के लिए कांग्रेस पार्टी के दावों की वैधता को तेजी से मान्यता दी। पंडित जवाहरलाल नेहरू ने नमक सत्याग्रह को गांधी के साथ अपने जुड़ाव का उच्चतम बिंदु माना और महसूस किया कि इसका स्थायी महत्व भारतीयों के दृष्टिकोण को बदलने में था। बेशक इन आंदोलनों ने ब्रिटिश सरकार पर जबरदस्त दबाव डाला और सरकारी तंत्र को हिलाकर रख दिया। वास्तविक महत्व हमारे अपने लोगों और विशेष रूप से ग्रामीण

जनता पर उनके प्रभाव में था।...असहयोग ने उन्हें दलदल से बाहर निकाला और उन्हें आत्म-सम्मान और आत्मनिर्भरता दी।... पंडित जवाहरलाल नेहरू ने साहसपूर्वक काम किया और अन्यायपूर्ण उत्पीड़न के आगे इतनी आसानी से झुके नहीं। उनका दृष्टिकोण व्यापक हुआ और वह पूरे भारत के बारे में थोड़ा सोचने लगे।...यह एक उल्लेखनीय परिवर्तन था और गांधी के नेतृत्व में कांग्रेस को इसका श्रेय दिया जाना चाहिए।

सन् 1933 तक नेहरू को एक बार फिर हिरासत में ले लिया गया। 22 दिसंबर 1933 को गृह सचिव ने भारत की सभी स्थानीय सरकारों को एक ज्ञापन भेजा-

> **"भारत सरकार उन्हें [पंडित जवाहरलाल नेहरू] भारत में अब तक का सबसे खतरनाक तत्व मानती है, और उनका विचार है कि जन आंदोलन को बढ़ावा देने के प्रयासों को रोकने के लिए प्रारंभिक चरण में कदम उठाने की उनकी सामान्य नीति के अनुसार उनके खिलाफ कार्रवाई करने का समय आ गया है।"**

यूरोप यात्रा

सन् 1936 में पंडित नेहरू की यूरोप यात्रा उनकी राजनीतिक और आर्थिक मानसिकता में एक महत्वपूर्ण मोड़ साबित हुई। इस यात्रा ने मार्क्सवाद और उनके समाजवादी विचार पैटर्न में उनकी रुचि जगाई। बाद में जेल में बिताए समय ने उन्हें मार्क्सवाद पर और अधिक गहराई से शोध करने में सक्षम बनाया। इसके विचारों से आकर्षित होने पर भी इसकी कुछ रणनीतियों से विमुख होने के कारण वह कभी भी कार्ल मार्क्स के विचारों से पूरी तरह सहमत नहीं हुए। उस समय से उनके आर्थिक दृष्टिकोण का मानक मार्क्सवादी रहा। जहाँ आवश्यक हो, भारतीय परिस्थितियों के अनुकूल।

पंडित जवाहरलाल नेहरू ने सन् 1936 के शुरुआती महीने स्विट्जरलैंड में बिताए और अपनी बीमार पत्नी से मिलने लौसाने गए। जहाँ मार्च में उनकी पत्नी की मृत्यु हो गई। यूरोप में रहते हुए वह एक और विश्व युद्ध की संभावना से बहुत चिंतित हो गए। उस समय उन्होंने इस बात पर जोर दिया कि युद्ध की स्थिति में भारत का स्थान लोकतंत्रों के साथ था। उन्होंने जोर देकर कहा- **"भारत केवल एक स्वतंत्र देश के रूप में ग्रेट ब्रिटेन और फ्रांस के समर्थन में लड़ सकता है।"**

सन् 1936 के लखनऊ अधिवेशन में पार्टी अध्यक्ष के रूप में नवनिर्वाचित पंडित जवाहरलाल नेहरू के विरोध के बावजूद कांग्रेस पार्टी भारत सरकार अधिनियम 1935

के तहत सन् 1937 में होने वाले प्रांतीय चुनाव लड़ने के लिए सहमत हो गई। चुनावों ने कांग्रेस पार्टी को अधिकांश प्रांतों में सत्ता में ला दिया। जिससे नेहरू की लोकप्रियता और शक्ति में वृद्धि हुई। मुहम्मद अली जिन्ना के नेतृत्व वाली मुस्लिम लीग ने चुनावों में खराब प्रदर्शन किया था। इसलिए पंडित जवाहरलाल नेहरू ने घोषणा की- **"भारत में केवल दो ही पार्टियाँ मायने रखती हैं। ब्रिटिश औपनिवेशिक अधिकारी और कांग्रेस।"**

जिन्ना के बयान कि मुस्लिम लीग भारतीय राजनीति में तीसरी और "बराबर की भागीदार" थी, को व्यापक रूप से खारिज कर दिया गया।

सन् 1930 के दशक में जयप्रकाश नारायण, नरेंद्र देव और अन्य के नेतृत्व में कांग्रेस के भीतर कांग्रेस सोशलिस्ट पार्टी समूह का गठन किया गया था। नेहरू कभी समूह में शामिल नहीं हुए लेकिन उन्होंने उनके और गांधी के बीच एक सेतु का काम किया। उन्हें वामपंथी कांग्रेसी मौलाना आज़ाद और सुभाष चंद्र बोस का समर्थन प्राप्त था। तीनों ने मिलकर 1936 में राजेंद्र प्रसाद को कांग्रेस अध्यक्ष के पद से हटा दिया। पंडित जवाहरलाल नेहरू उनके स्थान पर चुने गए और दो साल यानी 1936-37 तक अध्यक्ष रहे। उनके समाजवादी सहयोगी बोस (1938-39) और मौलाना आज़ाद (1940-46) उनके उत्तराधिकारी बने। कांग्रेस के महासचिव के रूप में पंडित जवाहरलाल नेहरू के दूसरे कार्यकाल के दौरान उन्होंने भारत की विदेश नीति के संबंध में कुछ प्रस्ताव रखे। नेहरू ने दुनिया भर के स्वतंत्र देशों की सरकारों के साथ अच्छे संबंध विकसित करने में बोस के साथ मिलकर काम किया।

पंडित जवाहरलाल नेहरू उन पहले राष्ट्रवादी नेताओं में से एक थे। जिन्होंने भारतीय राजाओं द्वारा शासित राज्यों में लोगों की पीड़ा को महसूस किया। राष्ट्रवादी आंदोलन सीधे ब्रिटिश शासन के अधीन क्षेत्रों तक ही सीमित था। उन्होंने रियासतों में लोगों के संघर्ष को स्वतंत्रता के लिए राष्ट्रवादी आंदोलन का हिस्सा बनाने में मदद की। पंडित जवाहरलाल नेहरू को भविष्य के भारत की अर्थव्यवस्था की योजना बनाने की जिम्मेदारी भी दी गई और ऐसी नीतियों को तैयार करने में मदद करने के लिए सन् 1938 में राष्ट्रीय योजना आयोग की नियुक्ति की गई। पंडित जवाहरलाल नेहरू और उनके सहयोगियों द्वारा बनाई गई कई योजनाएँ सन् 1947 में भारत के अप्रत्याशित विभाजन के साथ खत्म हो गईं।

सन् 1927 में ऑल इंडिया स्टेट्स पीपल्स कॉन्फ्रेंस का गठन किया गया और पंडित जवाहरलाल नेहरू, जिन्होंने कई वर्षों तक रियासतों के लोगों के हितों का समर्थन किया था, को सन् 1939 में संगठन का अध्यक्ष बनाया गया। उन्होंने राजनीतिक स्पेक्ट्रम के सभी

वर्गों से सदस्यता के लिए इसके रैंक खोले। ऑल इंडिया स्टेट्स पीपल्स कॉन्फ्रेंस को भारत के राजनीतिक एकीकरण के दौरान एक महत्वपूर्ण भूमिका निभानी थी। जिससे भारतीय नेताओं वल्लभभाई पटेल और वीपी मेनन, जिन्हें पंडित जवाहरलाल नेहरू ने रियासतों को भारत में एकीकृत करने का काम सौंपा था, को सैकड़ों राजकुमारों के साथ बातचीत करने में मदद मिली।

चरखा, किताबें और कसरत: नेहरू

6 दिसंबर को 1921 को जवाहरलाल नेहरू और उनके पिता मोतीलाल नेहरू को पुलिस ने गिरफ़्तार कर लिया था। सन् 1921 का साल खद्दर, चरखा, गाँधी टोपी और अंग्रेज़ सरकार से सीधे टकराव का साल था। नवंबर आते-आते नेहरू के बनाए वॉलंटियर दल ने एक के बाद एक कई शहरों में अंग्रेज़ सरकार के खिलाफ़ हड़ताल आयोजित की थी।

22 नवंबर, 1921 को वॉलंटियर दल को ग़ैरकानूनी घोषित कर दिया गया था और 6 दिसंबर को नेहरू और उनके पिता मोतीलाल को पुलिस ने गिरफ़्तार कर लिया था। एम जे अकबर पंडित जवाहरलाल नेहरू की जीवनी 'नेहरू द मेकिंग ऑफ इंडिया' में लिखते हैं-**"मोतीलाल नेहरू आनंद भवन में अपने दफ़्तर में कुछ कागज़ात पर नज़र दौड़ा रहे थे तभी एक नौकर ने आकर उन्हें बताया कि पुलिस आनंद भवन के गेट पर पहुंच चुकी है। पीछे आ रहे पुलिस अफ़सर ने बहुत तहज़ीब से मोतीलाल नेहरू को आदाब-अर्ज़ कहा और उन्हें भवन की तलाशी लेने का सर्च वॉरंट दिखाया।"**

मोतीलाल ने जवाब दिया-"वह अपने घर की तलाशी देने के लिए तो तैयार हैं लेकिन आपको ये तलाशी लेने में कम से कम छह महीने लग जाएंगे। पुलिस अफ़सर की समझ में नहीं आया कि वह मोतीलाल नेहरू के इस व्यंग्य का कैसे जवाब दें लेकिन वह किसी तरह मोतीलाल नेहरू को ये बताने में कामयाब हो गए कि उनके पास पिता और और पुत्र दोनों को गिरफ़्तार करने के वॉरंट भी है।"

पहली गिरफ्तारी

जवाहरलाल नेहरू को उसी रात गिरफ़्तार कर लखनऊ ले जाया गया। यह पंडित जवाहरलाल नेहरू की पहली गिरफ़्तारी थी। इसके बाद वह अपने सियासी जीवन में कुल मिलाकर 3259 दिनों तक जेल में रहे।

वहाँ चले मुक़दमे के बाद नेहरू को छह महीने की जेल और 100 रुपए जुर्माने की

सज़ा सुनाई गई। इस फ़ैसले में एक तकनीकी त्रुटि होने के कारण नेहरू को तीन महीने के अंदर रिहा कर दिया गया। छूटते ही नेहरू एक बार फिर रैलियों और सरकार के ख़िलाफ़ माहौल बनाने में लग गए।

नतीजा यह हुआ कि तीन महीनों के अंदर उन्हें एक बार फिर गिरफ़्तार कर लिया गया।

असहयोगात्मक रवैया अपनाते हुए उन्होंने अपना जुर्म मानने और अपने बचाव में कोई दलील देने से इंकार कर दिया। इस मौक़े पर उन्होंने एक वक्तव्य ज़रूर दिया। उन्होंने कहा-

"दरअसल जेल हमारे लिए स्वर्ग जैसी जगह हो गई है। जब से हमारे प्रिय और संत जैसे नेता (महात्मा गांधी) को सज़ा सुनाई गई है। यह हमारे लिए तीर्थस्थान जैसी जगह बन गई है। अपने देश की सेवा करना अपने-आप में बड़े सौभाग्य की बात है लेकिन महात्मा गाँधी के नेतृत्व में देश की सेवा करना उससे भी बड़े सौभाग्य की बात है।"

सूत कातना और किताबें पढ़ना

पंडित जवाहरलाल नेहरू उम्मीद कर रहे थे कि इस बार उन्हें लंबी सज़ा सुनाई जाएगी। उन्हें शायद यह बात पसंद नहीं आई थी कि पिछली बार उन्हें समय से पहले रिहा कर दिया गया था। ख़ासतौर से यह देखते हुए कि उनके पिता अभी भी जेल के अंदर थे।

सर्वपल्ली गोपाल पंडित जवाहरलाल नेहरू की जीवनी में लिखते हैं-"नेहरू ने एक बार कहा था वो जेल के बाहर रह कर अपने-आप को अकेला महसूस करते हैं। उनकी दिली इच्छा है कि वो जल्द से जल्द जेल में वापस लौटें। इस बार उन्हें निराशा नहीं हुई क्योंकि उन्हें 18 महीने की सज़ा सुनाई गई।"

पंडित जवाहरलाल नेहरू को लखनऊ जिला जेल में रखा गया। जेल में उनसे मिलने वालों के साथ दुर्व्यवहार किया जाता था, इसलिए पंडित जवाहरलाल नेहरू ने बाहरी लोगों से मिलना बिल्कुल बंद कर दिया। जेल में रहने से उनका आत्मसम्मान बढ़ गया। उन्होंने जेल में अपना समय चहलक़दमी करने और दौड़ने में लगाया। वह अपना अधिकतर समय सूत कातने और पढ़ने में बिताते थे। उनके प्रिय विषय थे इतिहास, यात्रा साहित्य और रोमांटिक काव्य।

इस बार भी उन्हें समय से पहले छोड़ दिया गया क्योंकि यूपी ने 21 जनवरी, 1923 को सभी राजनीतिक कैदियों को क्षमादान देने की घोषणा कर दी। जल्द ही पंडित जवाहरलाल तीसरी बार जेल के सलाखों के पीछे थे।

हथकड़ियाँ पहना कर तीसरे दर्जे के डिब्बे में चढ़ाया गया

पंडित जवाहरलाल नेहरू ने 21 सितंबर को पंजाब में नाभा में एक सिख जत्थे के साथ प्रवेश किया। वह उसी शाम ट्रेन से दिल्ली लौटने वाले थे। उनको स्थानीय प्रशासन ने आदेश दिया कि वह नाभा के अंदर न प्रवेश करें। प्रशासन ने कहा कि उनकी वजह से इलाके में शांति भंग हो सकती है। पंडित जवाहरलाल नेहरू ने इसका यह कहकर जवाब दिया-"आदेश मिलने से पहले ही वो नाभा की सीमा में प्रवेश कर चुके हैं और अब वो हवा में तो ग़ायब हो नहीं सकते। उनका और उनके साथियों का नाभा छोड़ने का कोई इरादा नहीं है।" इस घटना के बारे में जवाहरलाल नेहरू अपनी आत्मकथा में लिखते हैं-

"मुझे मेरे साथियों के साथ गिरफ्तार कर, हथकड़ियाँ और बेड़ियाँ लगा कर स्टेशन तक लाया गया और हमें रात की गाड़ी में एक तीसरे दर्जे के डिब्बे में बैठा दिया गया। 24 घंटे बाद हमारी हथकड़ियाँ और बेड़ियाँ हटाई गई। हमें नाभा जेल में रखा गया। इस जेल के हालात बहुत ही बुरे थे। हमें न तो पढ़ने के लिए कोई किताब और अख़बार मिला और न ही हमें दो दिन तक नहाने और कपड़े बदलने दिए गए। मुझे और मेरे साथियों को ढाई साल के सश्रम कारावास की सज़ा सुनाई गई। लेकिन इस सज़ा को स्थगित रखा गया। हमसे नाभा छोड़ने और वहाँ कभी न लौटने के लिए कहा गया। हमने उसी रात नाभा छोड़ दिया।"

जब नेहरू नाभा से इलाहाबाद लौटे तो उनका एक हीरो की तरह स्वागत किया गया। जेल में पंडित जवाहरलाल नेहरू ने नेवाड़ बुनी थी।

1930 में फिर गिरफ़्तारी

साल 1930 मे महात्मा गाँधी के नमक सत्याग्रह के दौरान नेहरू की एक बार फिर गिरफ़्तारी हुई। उनको खतरनाक अपराधियों के बैरक में एकांतवास में रखा गया। वहाँ पर जेल की दीवारों की ऊँचाई 15 फुट थी। इसकी वजह से दिन में आसमान और रात में तारों को देखना बहुत मुश्किल हो जाता था।

सर्वपल्ली गोपाल लिखते हैं-"जेल की नीरसता से बचने के लिए नेहरू ने कठिन दिनचर्या के साथ काम करना शुरू कर दिया। वो भोर होते ही उठते। जेल की दीवारों के साथ-साथ एक मील तक दौड़ लगाते और फिर कुछ दूरी तक तेज़ गति से चलते। वो अपना बाक़ी का दिन चरखे पर सूत कातने और पढ़ने में बिताते। शुरू में जब उन्हें चरखा रखने की भी अनुमति नहीं दी गई थी तो उन्होंने अपने-आप को व्यस्त रखने के लिए नेवाड़ बिनना

शुरू कर दिया था जिसे उन्होंने बाद में भी जारी रखा था। एक अनुशासित कांग्रेस कार्यकर्ता की तरह उनकी मुख्य रुचि चरखा कातने में थी। अपने छह महीने के जेल प्रवास में उन्होंने चरखे पर 30,000 गज और तकली पर 750 गज सूत काता था।"

ट्रेन रोक कर गिरफ़्तारी

26 दिसंबर, 1931 को पंडित जवाहरलाल नेहरू को एक बार फिर इलाहाबाद के पास इरादतगंज स्टेशन पर गिरफ़्तार कर लिया गया। उस समय महात्मा गांधी से मिलने के लिए बंबई जा रहे थे। उन पर इलाहाबाद शहर छोड़ने की मनाही थी। इसी आदेश की अवहेलना के लिए उन्हें गिरफ़्तार कर लिया गया।

पंडित जवाहरलाल नेहरू अपनी आत्मकथा में लिखते हैं-

"जब मैंने अपने डिब्बे की खिड़की से बाहर देखा तो रेलवे लाइन के पास पुलिस की एक गाड़ी खड़ी थी। कुछ क्षणों में कई पुलिस वाले मेरे डिब्बे में चढ़ गए। मुझे और मेरे साथ चल रहे तसद्दुक़ अहमद ख़ाँ शेरवानी को गिरफ़्तार कर लिया गया। हमें नैनी जेल ले जाया गया।"

पंडित जवाहरलाल नेहरू और तसद्दुक़ अहमद ख़ाँ शेरवानी पर यूपी इमरजेंसी पावर्स अध्यादेश के तहत मुक़दमा चलाया गया। तसद्दुक़ अहमद ख़ाँ शेरवानी को छह महीने की सज़ा दी गई जबकि पंडित जवाहरलाल नेहरू को दो साल और 500 रुपए जुर्माने की सज़ा सुनाई गई।

शेरवानी ने आदेश सुनते ही कहा-"क्या अदालती फ़ैसलों में भी धार्मिक भेदभाव बरता जा रहा है?"

वरिष्ठ पत्रकार फ्रैंक मोरेस पंडित जवाहरलाल नेहरू की जीवनी में लिखते हैं-"जेल में नेहरू के खानपान की आदतें बदल गईं। सभी कश्मीरी ब्राह्मणों की तरह वह बचपन से ही मांसाहारी थे। लेकिन जेल में वो पूरी तरह से शाकाहारी हो गए। गाँधी जी की सलाह पर पहले ही उन्होंने धूम्रपान करना छोड़ दिया था।"

माँ और पत्नी के अपमान से हुए नेहरू नाराज़

पंडित जवाहरलाल नेहरू से जेल में उनकी पत्नी कमला नेहरू मिलने आईं थी तो उनका जेलर ने अपमान किया था। पहली बार जेल की ज़िंदगी का असर नेहरू के स्वास्थ्य पर पड़ने लगा। उनके दांतों में दर्द रहने लगा। उनको पहले नैनी जेल में रखा गया और कुछ हफ़्तों बाद बरेली जेल में भेज दिया गया।

बरेली में नाभा के बाद पहली बार हुआ था कि उनकी कोठरी में रात में ताला लगाया जाता था। परिवार के लोगों से मुलाकात भी इस लिहाज़ से मुश्किल हो गई क्योंकि मुलाक़ात के दौरान जेलर और पुलिसवाले मौजूद रहने लगे और वो बातचीत को लिखने लगे।

सर्वपल्ली गोपाल लिखते हैं-"हालात उस समय और बिगड़ गए जब अप्रैल में लाठीचार्ज में उनकी माँ को पीटा गया और वह बुरी तरह से घायल हो गईं। जब वह और उनकी पत्नी कमला जेल में नेहरू से मिलने आईं तो जेलर ने उनका अपमान किया और तो और जेलर ने नेहरू के किसी से मिलने पर एक महीने का प्रतिबंध लगा दिया।"

पंडित जवाहरलाल नेहरू इससे इतने नाराज हुए कि उन्होंने घोषणा कर दी-

"वह एक महीने बाद भी किसी से नहीं मिलेंगे क्योंकि वह जेलर को अपनी माँ और पत्नी को अपमानित करने का एक और मौका नहीं देना चाहते थे। आठ महीने बाद गाँधी की सलाह पर उन्होंने लोगों से फिर मिलना शुरू किया।"

गिलहरियों और कुत्तों से प्रेम

जेल में पंडित जवाहरलाल नेहरू का प्रिय योगासन शीर्षासन हुआ करता था। शीर्षासन से उन्हें न सिर्फ शारीरिक स्फूर्ति मिलती थी बल्कि वह मनोवैज्ञानिक प्रेरणा का काम भी करता था। इस विषय पर फ्रैंक मोरेस लिखते हैं- "जेल में नेहरू का मुख्य शग़ल होता था गिलहरियों की अठखेलियों को देखना। देहरादून जेल में नेहरू ने दो कुत्तों को अपना लिया था। बाद में कुत्तों के बच्चे भी हुए। पंडित जवाहरलाल नेहरू ने उनका भी ध्यान रखना शुरू कर दिया। उनकी जेल की कोठरी में साँपों, बिच्छुओं और कनखजूरों का भी आना जाना लगा रहता था। कनखजूरों से नेहरू को ख़ास उलझन होती थी। एक रात उन्हें अपने पैरों पर कुछ चलता महसूस हुआ, उन्होंने तुरंत अपनी टॉर्च जलाई तो देखा एक कनखजूरा उनके पाँव पर चल रहा था। पंडित जवाहरलाल नेहरू कूद कर अपने बिस्तर से नीचे उतरे।"

ठुकराया बिरला का अनुरोध

कमला नेहरू की हालत बिगड़ने के बाद भी पंडित जवाहरलाल नेहरू ने बिरला परिवार की आर्थिक मदद लेने की पेशकश ठुकरा दी थी। अगस्त में जब बीमार कमला नेहरू की हालत बिगड़ गई तो संयुक्त प्रांत सरकार ने कुछ दिनों के लिए नेहरू को रिहा किया। 11 दिनों बाद जब कमला की हालत थोड़ी सुधरी तो नेहरू को वापस जेल भेज

दिया गया। जेल में ही जून, 1934 में उन्होंने अपनी आत्मकथा लिखनी शुरू की और 14 फ़रवरी, 1935 को उन्होंने ये काम पूरा कर लिया।

यह तय किया गया कि कमला को इलाज के लिए यूरोप ले जाया जाए। पहली बार पंडित जवाहरलाल नेहरू को पैसों की चिंता हुई। उनके पास आय का कोई साधन नहीं था। थोड़ा बहुत धन उनकी किताबों की रॉयल्टी से आता था। उसी के सहारे उन्हें आनंद भवन का पूरा खर्चा चलाना पड़ता था।

सर्वपल्ली गोपाल लिखते हैं- "इन्हीं दिनों नेहरू की आर्थिक कठिनाइयों के बारे में सुनकर बिरला परिवार के एक व्यक्ति ने उन्हें एक मासिक राशि देने की पेशकश की। बिरला परिवार कांग्रेस के कई प्रमुख नेताओं को इस तरह की राशि दिया करता था।"

जब नेहरू को इस पेशकश के बारे में पता चला तो उन्हें ये बात पसंद नहीं आई। उन्होंने इस पेशकश को ठुकरा दिया। अपनी छोटी-मोटी बचत के बल पर उन्होंने कमला, इंदिरा और उनके डॉक्टर के यूरोप जाने का इंतज़ाम किया।

सार्वजनिक रूप से रोना पसंद नहीं था नेहरू को

पंडित जवाहरलाल नेहरू अहमदनगर जेल में 9 अगस्त 1942 से लेकर 15 जून, 1945 तक रहे थे। जब पंडित जवाहरलाल नेहरू अलीगंज जेल में बंद थे, उनके चचेरे भाई बी.के नेहरू ने एक हंगेरियन महिला फ़ोरी से शादी की। नेहरू परिवार के मुखिया थे इसलिए फ़ोरी को नेहरू से मिलवाने कलकत्ता की अलीगंज जेल ले जाया गया। जब मुलाकात का समय समाप्त हुआ और जेल का दरवाज़ा बंद किया जाने लगा तो फ़ोरी अपने आँसू नहीं रोक पाई।

बी.के नेहरू अपनी आत्मकथा 'नाइस गाइज़ फ़िनिश सेकेंड' में लिखते हैं- "जवाहरलाल की नज़र से ये छिपा नहीं रह सका। अगले दिन उन्होंने फ़ोरी को पत्र लिख कर कहा-अब जब तुम नेहरू परिवार का सदस्य बनने जा रही हो, तुम्हें परिवार के क़ायदे क़ानून भी सीख लेने चाहिए। सबसे पहली चीज जिस पर तुम्हें ध्यान देना चाहिए वो ये है कि चाहे जितना बड़ा दुख हो, नेहरू कभी भी किसी के सामने नहीं रोते।"

अहमदनगर जेल में सबसे लंबा समय बिताया

पंडित जवाहरलाल नेहरू आख़िरी बार अहमदनगर जेल में रहे। एक बार में इतनी लंबी अवधि उन्होंने इससे पहले किसी जेल में नहीं बिताई थी। 9 अगस्त 1942 से लेकर 15 जून, 1945 तक यानी कुल मिलाकर 1040 दिन।

पहले उनको ट्रेन से पूना ले जाया गया। उन्हें पूना स्टेशन पर लोगों ने पहचान लिया।

मीरा बेन अपनी किताब 'द स्पिरिट्स पिलग्रिमेज' में लिखती हैं- "जब पुलिस ने जवाहरलाल नेहरू की तरफ़ भागते हुए लोगों को देखा तो उन्होंने उन पर लाठीचार्ज करना शुरू कर दिया। पंडित जवाहरलाल नेहरू फुर्ती से ट्रेन की खिड़की से प्लेटफ़ॉर्म पर कूद गए। उन पर चार पुलिस वालों ने मिल कर काबू पाया और बड़ी मुश्किल से दोबारा ट्रेन पर चढ़ाया। अहमदनगर पहुंच कर पुलिस अफ़सर ने पंडित जवाहरलाल नेहरू से जो कुछ भी हुआ था उसके लिए माफ़ी माँगी। उसने साफ किया कि वो सिर्फ़ आदेशों का पालन कर रहा था।"

जेल में बागवानी और बैडमिंटन

पंडित जवाहरलाल नेहरू ने अपने जीवन के 3259 दिन यानी करीब 9 वर्ष अंग्रेज़ों की जेलों में बिताए। अहमदनगर में कांग्रेस की पूरी कार्यसमिति बंद थी, बाहरी दुनिया से उनका किसी तरह का संपर्क नहीं था। समाचार पत्र और मुलाकातें तो दूर उन्हें पत्र लिखने तक इजाज़त नहीं थी। बाहरी दुनिया को यह तक नहीं पता था कि उन्हें कहाँ रखा गया है।

सर्वपल्ली गोपाल लिखते हैं- "बाद में उन्हें अखबार पढ़ने और हर सप्ताह परिवार वालों को दो पत्र लिखने की अनुमति दे दी गई लेकिन पंडित जवाहरलाल नेहरू को इसका कोई फ़ायदा नहीं हुआ, क्योंकि उनकी बेटी और बहन दोनों यूपी की जेलों में बंद थीं। वहाँ की सरकार ने उन्हें पंडित जवाहरलाल नेहरू के सेंसर से पारित पत्र प्राप्त करने और लिखने की अनुमति नहीं दी। बाद में पंडित जवाहरलाल नेहरू को कुछ किताबें बाहर से मंगवाने की इजाज़त मिल गई लेकिन इन किताबों को पंडित जवाहरलाल नेहरू को देने से पहले बाक़ायदा स्कैन कर देखा जाता था।"

दो साल बाद सरकार ने नेहरू समेत अहमदनगर के सभी राजनैतिक क़ैदियों को बाहर के लोगों से मिलने की इजाज़त दे दी लेकिन उन्होंने इस सुविधा को लेने से साफ़ इनकार कर दिया। उनका तर्क था कि इतने साल तक अलग-थलग रहने के बाद कुछ मिनटों की मुलाकात का कोई मतलब नहीं है।

अहमदनगर जेल में इतने लंबे प्रवास की वजह से कांग्रेस नेताओं में रोज़ तीखी बहस होती। नतीजा यह हुआ कि कुछ नेताओं की आपस में बोलचाल ही बंद हो गई। इस तनाव से बचने के लिए नेहरू खुद काफ़ी मेहनत करते। वह खाना बनाते, बीमारों की तीमारदारी करते, बैडमिंटन और वॉलीबॉल मैच खेलते और बागवानी भी करते। 13 अप्रैल, 1944

को उन्होंने अपनी अधूरी किताब को फिर से लिखना शुरू किया और 7 सितंबर, 1944 को उन्होंने वह किताब पूरी कर ली। उस किताब का नाम था 'डिस्कवरी ऑफ इंडिया।'

उन्हें एक बहादुर व्यक्ति के रूप में देखा जाता था। जिन्होंने कट्टरपंथियों से लड़ाई लड़ी। एक निस्वार्थ व्यक्ति के रूप में जिन्होंने स्वतंत्रता हासिल करने के लिए कई वर्षों तक जेल में रहे। और सबसे बढ़कर एक दूरदर्शी के रूप में। उनकी अपील पारंपरिक रूप से निम्न जाति और उच्च जाति की श्रेणियों से परे थी और निस्संदेह, वह आम जनता के प्रिय थे।

❒

अध्याय-5

नेहरू का लेखन और चिंतन

पंडित जवाहरलाल नेहरू एक शिक्षित व्यक्ति थे। उन्हें भारत सहित समूचे विश्व की भौगोलिक, सामाजिक, आर्थिक, धार्मिक, आध्यात्मिकता, औद्योगीकरण, वैज्ञानिक आधार और सांस्कृतिक विरासत का ज्ञान था। उन्होंने एक आधुनिक भारत का सपना देखा और उसे साकार करने के लिए स्वतंत्रता के बाद पहली की।

नेहरू के चिंतन उनके लेखन में झलकता है। आजादी के समर में ही उन्होंने अपना मत स्पष्ट कर दिया था। उनके चिंतन को जानने और समझने के महत्वपूर्ण स्रोत उनकी रचनाएं हैं। यथा-

1.सन् 1929 में लिखे-पिता के पत्र : पुत्री के नाम,

2.सन् 1933 में लिखी-ग्लिंप्सेज ऑफ़ वर्ल्ड हिस्ट्री,

4.सन् 1936 में लिखी-ऐन ऑटो बायोग्राफी और

5.सन् 1946 में लिखी-डिस्कवरी ऑफ इंडिया पुस्तकें अति महत्वपूर्ण हैं।

पंडित जवाहरलाल नेहरू अंग्रेजी में एक विपुल लेखक थे। विशेष बात यह है कि पंडित जवाहरलाल नेहरू ने समय का सदुपयोग किया और सभी पुस्तकें जेल में लिखी गई थीं। पत्रों में उनकी बेटी इंदिरा प्रियदर्शनी नेहरू को लिखे गए 30 पत्र शामिल थे। उस समय इंदिरा मात्र दह साल की थीं और मसूरी के एक बोर्डिंग स्कूल में पढ़ रही थीं। इसने उन्हें प्राकृतिक इतिहास और विश्व सभ्यताओं के बारे में निर्देश देने का प्रयास किया।

पंडित जवाहरलाल नेहरू की किताबें व्यापक रूप से पढ़ी गई हैं। एन ऑटोबायोग्राफी विशेष रूप से समीक्षकों द्वारा प्रशंसित है। जॉन गुंथर ने इनसाइड एशिया में लिखते हुए गांधी की आत्मकथा के साथ इसकी तुलना की। उन्होंने लिखा है- "महात्मा की शांत कहानी नेहरू की कहानी से इस तरह तुलना करती है जैसे कॉर्नफ्लावर की तुलना ऑर्किड से की जाती है। तुकांत दोहे की तुलना मैकलिश या ऑडेन के सॉनेट से की जाती है, पानी की पिस्तौल की तुलना मशीन गन से की जाती है।"

पंडित नेहरू की आत्मकथा सूक्ष्म, जटिल, विवेकशील, असीम रूप से सुसंस्कृत, संदेह में डूबी हुई, बौद्धिक जुनून से भरी हुई है। लॉर्ड हैलिफ़ैक्स ने एक बार कहा था-"कोई भी भारत को पढ़े बिना नहीं समझ सकता। यह एक तरह से 'हेनरी एडम्स की शिक्षा' है, जो अतिशयोक्तिपूर्ण गद्य में लिखी गई है। मुश्किल से एक दर्जन जीवित लोग नेहरू जितनी अच्छी अंग्रेजी लिखते हैं ...।"

माइकल ब्रेचर पंडित जवाहरलाल नेहरू को एक बुद्धिजीवी मानते थे। जिनके लिए विचार भारतीय राष्ट्रवाद के महत्वपूर्ण पहलू थे। उन्होंने राजनीतिक नेतृत्व और करिश्मा: नेहरू, बेन-गुरियन और अन्य 20वीं सदी के राजनीतिक नेता में लिखा-"नेहरू की किताबें विद्वत्तापूर्ण नहीं थीं, न ही उनका ऐसा इरादा था। वह एक प्रशिक्षित इतिहासकार नहीं थे लेकिन घटनाओं के प्रवाह के बारे में उनका अनुभव और एक सार्थक पैटर्न में ज्ञान की एक विस्तृत श्रृंखला को एक साथ बुनने की उनकी क्षमता उनकी किताबों को उच्च क्रम के गुण प्रदान करती है। इन कार्यों में, उन्होंने एक संवेदनशील साहित्यिक शैली का भी खुलासा किया। ... ग्लिम्प्सेस ऑफ़ वर्ल्ड हिस्ट्री नेहरू के एक बुद्धिजीवी के रूप में सबसे अधिक रोशनी डालती है। त्रयी का पहला, ग्लिम्प्सेस , उनकी किशोर बेटी, इंदिरा, जो बाद में भारत की प्रधान मंत्री बनीं, को लिखे गए पत्रों के रूप में मानव जाति की कहानी के पतले जुड़े हुए रेखाचित्रों की एक श्रृंखला थी। ... कई खंडों में इसके विवादास्पद चरित्र और एक निष्पक्ष इतिहास के रूप में इसकी कमियों के बावजूद, ग्लिम्प्सेस महान कलात्मक मूल्य का काम है, जो उनकी महान और उदार आत्मकथा का एक योग्य अग्रदूत है।"

माइकल क्रॉकर का मानना था-"यदि नेहरू को राजनीतिक प्रसिद्धि नहीं मिली होती तो आत्मकथा उन्हें साहित्यिक प्रसिद्धि दिला सकती थी। जेल में बिताए गए उनके वर्षों के कारण ही हम उनकी तीन मुख्य पुस्तकों के ऋणी हैं, ... नेहरू के लेखन में एक बौद्धिक जीवन और आत्म-अनुशासन की शक्ति का चित्रण है, जो पूरी तरह से असाधारण है। उनके मन और आत्मा की परिपूर्णता से लाखों शब्द फूटते थे। यदि वे कभी भारत के प्रधानमंत्री नहीं होते तो वह आत्मकथा और डिस्कवरी ऑफ इंडिया के आत्मकथात्मक भागों के लेखक के रूप में प्रसिद्ध होते। एक आत्मकथा, कम से कम यहाँ-वहाँ कुछ अंशों के साथ, पीढ़ियों तक पढ़ी जाने की संभावना है।...उदाहरण के लिए, सत्यवाद और प्रतिपक्षी के विशिष्ट स्पर्श हैं, जो एक ऐसे व्यक्ति में अजीब है जो सोच सकता है और अपने सर्वश्रेष्ठ रूप में, इतना अच्छा लिख सकता है ...।"

नेहरू के भाषण ए ट्रिस्ट विद डेस्टिनी को ब्रिटिश अख़बार द गार्जियन ने 20वीं सदी के सबसे महान भाषणों में गिना था। इयान जैक ने भाषण की प्रस्तावना में लिखा- "लाल गुलाब के बटनहोल के साथ सुनहरे रेशमी जैकेट पहने नेहरू बोलने के लिए उठे। उनके वाक्य बहुत ही सुंदर और यादगार थे-नेहरू एक अच्छे लेखक थे। उनकी भारत की खोज अधिकांश राजनीतिज्ञ-लेखकों द्वारा पहुँचे गए स्तर से बहुत ऊपर है। ... नेहरू के शब्दों की महानता-उनका विशुद्ध विस्तार-नए भारत को एक ऐसा आधार प्रदान करता है जो महत्वाकांक्षी और मानवीय था। उत्तर-उपनिवेशवाद यहाँ से शुरू हुआ और साथ ही भारतीय लोकतंत्र भी, जो तब से अपनी मृत्यु की कई उम्मीदों से अधिक समय तक जीवित रहा है।"

लेखन पद्धति

एक लेखक की लेखन पद्धति उसके अध्ययन, चिंतन और वृहद दृष्टिकोण का परिचायक होती है। पंडित जवाहरलाल नेहरू इतिहास लेखन में विभिन्न पूर्वाग्रहों से गहराई से परिचित थे और यूरोकेन्द्रित तथा औपनिवेशिक दृष्टिकोणों के बहुत आलोचक थे, जो अक्सर एक दूसरे से जुड़े होते थे तथा दुर्भाग्य से आज तक पूर्व उपनिवेशों सहित काफी प्रभाव रखते हैं। एशियाई इतिहास कांग्रेस में अपना उद्घाटन भाषण देते हुए नेहरू ने कहा-

"इतिहास कांग्रेस का तात्कालिक उद्देश्य एशियाई इतिहास को यूरोपीय लोगों के हाथों मिली सभी विकृतियों को ठीक करना होना चाहिए। जबकि उनमें से कुछ बहुत अच्छे इतिहासकार हैं, फिर भी उनका दृष्टिकोण यूरोप को दुनिया का केंद्र मानने पर आधारित रहा है।"

उन्होंने आगे कहा

"भारत के मामले में, एक पश्चिमी विद्वान, विशेष रूप से यूनाइटेड किंगडम से, अनिवार्य रूप से भारत के इतिहास को इस तरह से देखने की प्रवृत्ति रखता है मानो पिछले कुछ हज़ार साल भारत में आने वाले ब्रिटिश प्रभुत्व की एक तरह की तैयारी थे।"

नेहरू ने चेतावनी दी कि

"इसकी प्रतिक्रिया में कभी-कभी हमारे अपने इतिहासकार बहुत आगे निकल जाते हैं... राष्ट्रवादी इतिहास है, जो एक मजबूत

राष्ट्रवादी पूर्वाग्रह से शुरू होकर, अन्य चीजों की कीमत पर राष्ट्रीय हर चीज की प्रशंसा करता है।"

सन् 1930 के दशक की शुरुआत में, अतीत में एक 'स्वर्ण युग' की कल्पना करने की राष्ट्रवादी प्रवृत्ति पर प्रतिक्रिया व्यक्त करते हुए, जिसका उपयोग सांप्रदायिक लोग धार्मिक विभाजन पैदा करने के लिए करते थे। एक प्रवृत्ति जो आज व्याप्त हो गई है। उन्होंने कहा-

"हर जगह ऐसे लोग मिलेंगे जो अपने देश को सर्वश्रेष्ठ मानते हैं और इसे पवित्र मिट्टी मानते हैं। वे केवल अपने प्राचीन इतिहास का अध्ययन करते हैं और इसे एक उच्च स्थान देते हैं-यह सत्ययुग या रामराज्य बन जाता है; और आशा बनी रहती है कि इसे बहाल किया जा सकता है।"

उन्होंने तर्क दिया-

"ये दोनों दृष्टिकोण ... राष्ट्रवादी दृष्टिकोण और साम्राज्यवादी दृष्टिकोण इतिहास को विकृत करते हैं। वे कभी-कभी इतिहास को दबा देते हैं।"

पंडित नेहरू ने अपने स्वयं के लेखन में विश्व इतिहास की झलकियाँ और भारत की खोज में दिखाया कि कैसे कोई व्यक्ति दृढ़ता से साम्राज्यवाद विरोधी हो सकता है और अपने इतिहास पर गर्व भी कर सकता है-सभी दोषों और खामियों को नजरअंदाज किए बिना अपने अतीत के अंधे काल्पनिक महिमामंडन का सहारा लिए बिना वास्तविक उपलब्धियों के लिए।

पंडित जवाहरलाल नेहरू और इतिहास लेखन पर कुछ और बातें जो आज भी हमारे लिए प्रासंगिक हैं। बहुत पहले से ही नेहरू इतिहास को वैश्विक संदर्भ में देखने के पक्षधर थे और वह आज के दौर में प्रचलित 'जुड़े हुए इतिहास' के प्रतिपादक थे। उन्होंने लिखा है-

"किसी एक देश का इतिहास लिखने का पुराना विचार धीरे-धीरे पुराना हो गया है। आज दुनिया के बाकी हिस्सों से अलग किसी देश के इतिहास के बारे में सोचना असंभव है। दुनिया एकीकृत हो रही है। हमें आज के इतिहास पर वैश्विक परिप्रेक्ष्य में विचार करना होगा।"

भारतीय इतिहास से उन्होंने जो सबक सीखे, उनमें अनेक सत्यों के अस्तित्व को

स्वीकार करना, अहिंसक संवाद परंपरा, सत्य के दावों और संघर्ष पर बातचीत करना तथा संश्लेषण के उच्चतर स्तर पर पहुंचना शामिल है, जो गांधीजी और उनके व्यवहार की उनकी बढ़ती गहरी समझ से और भी मजबूत हो गए। इसमें उनकी अपनी मार्क्सवादी समझ में बदलाव शामिल था। जिसके बारे में उन्होंने सन् 1930 के दशक के मध्य तक तर्क दिया था। जैसा कि आत्मकथा में देखा जा सकता है, सामाजिक परिवर्तन पर बातचीत कैसे की जाए, इस बारे में अधिक जटिल ग्राम्सियन मार्क्सवादी समझ की ओर। उनकी अधिक परिपक्व समझ डिस्कवरी में परिलक्षित हुई। इस बदलाव को अक्सर नेहरू के विरोधाभासी और ढुलमुल स्वभाव, गांधीजी पर उनकी पूर्ण निर्भरता और अधीनता, निहित स्वार्थों के आगे झुकना आदि के रूप में देखा गया है।

पंडित जवाहरलाल नेहरू ने शायद 1940 के दशक में जेल से लिखी अपनी महान कृति द डिस्कवरी ऑफ इंडिया में इस स्थिति का सबसे अच्छा तर्क दिया। पंडित नेहरू ने भारतीय इतिहास से जो सबक सीखने की कोशिश की, वह ज्ञान के मूल्यों, 'भारत के विचार' के आधार पर एक आधुनिक लोकतांत्रिक देश के रूप में भारत के भविष्य की उनकी कल्पना से जुड़े थे। तर्क और तर्कसंगतता के प्रति खुलापन, प्रश्न करने वाला मन और सत्य के कई दावों को स्वीकार करना, एक-दूसरे के साथ बातचीत और चर्चा करने की संवादात्मक परंपरा, मतभेदों के साथ रहने, समायोजित करने, समायोजित करने, हल करने और मतभेदों को हिंसक रूप से कुचलने के बजाय बदलने की क्षमता। पंडित जवाहरलाल नेहरू ने उपरोक्त को स्पष्ट करने के लिए सिंधु घाटी सभ्यता, ऋग्वेद, उपनिषदों, महाकाव्यों रामायण और महाभारत, गीता, बुद्ध, अशोक, अलाउद्दीन खिलजी, अमीर खुसरो, अकबर, विवेकानंद से लेकर गांधी तक का हवाला दिया। उन्होंने इस बात पर भी जोर दिया कि कैसे भाषा, संगीत, कविता, चित्रकला, वास्तुकला, दर्शन और धर्म और जाति से परे रोजमर्रा के व्यवहार में साझा परंपराओं ने एक समग्र संस्कृति के निर्माण में योगदान दिया। अमीर खुसरो द्वारा रचित गीतों की बात करते हुए उन्होंने लिखा है-

> **"मुझे नहीं पता कि 600 साल पहले (हिंदी की सामान्य बोली में) लिखे गए गीतों का कहीं और कोई दूसरा उदाहरण है। उन्होंने भारतीय सभ्यता के उद्भव के बारे में बात की जो सदियों से भारत पर व्यापार, आक्रमण, प्रवास और आपसी मेलजोल के माध्यम से पड़ने वाले सभी प्रभावों के 'अवशोषण', 'समावेश' और 'संश्लेषण' के माध्यम से हुई। पाँच हज़ार साल पहले सिंधु घाटी की सभ्यता से लेकर द्रविड़, आर्यन-मध्य एशियाई,**

ईरानी, ग्रीक, पार्थियन, बैक्ट्रियन, सीथियन, हूण, अरब, तुर्क, आरंभिक ईसाई, यहूदी, पारसी, अफ़गान, मुग़ल, आदि सभी ने अपनी छाप छोड़ी जैसे कोई प्राचीन पालिम्प्सेस्ट जिस पर विचार और कल्पना की परत दर परत लिखी गई हो, और फिर भी कोई भी अगली परत पहले लिखी गई बातों को पूरी तरह से छिपा या मिटा नहीं पाई।"

यह वह जैविक प्रक्रिया है जिसके माध्यम से भारतीय लोगों ने विभिन्न धर्मों, भाषाओं, जातियों आदि के मतभेदों को सुलझाना सीखा था। जिस पर उपनिवेशवाद एक आघात के रूप में आया। यह ऐसा है जैसे कि भारतीय इतिहास 'समाप्त' हो गया, जैसा कि अफ्रीकी क्रांतिकारी, अमिलकर कैब्राल ने लगभग 200 वर्षों तक चले औपनिवेशिक शासन के दौरान इस्तेमाल किया था।

पंडित जवाहरलाल नेहरू ने अपने स्वयं के लेखन में विश्व इतिहास की झलकियाँ और भारत की खोज में दिखाया कि कैसे कोई व्यक्ति दृढ़ता से साम्राज्यवाद विरोधी हो सकता है और अपने इतिहास पर गर्व भी कर सकता है-सभी दोषों और खामियों को नजरअंदाज किए बिना अपने अतीत के अंधे काल्पनिक महिमामंडन का सहारा लिए बिना वास्तविक उपलब्धियों के लिए। उन्होंने कहा-

"तथाकथित (हिंदू) प्राचीन काल बहुत बड़ा और परिवर्तन से भरा हुआ है, विकास और क्षय से भरा हुआ है, और फिर फिर से विकास से भरा हुआ है। जिसे मुस्लिम या मध्यकालीन काल कहा जाता है, वह एक और परिवर्तन लेकर आया, और एक महत्वपूर्ण परिवर्तन, और फिर भी यह कमोबेश शीर्ष तक ही सीमित था और इसने भारतीय जीवन की आवश्यक निरंतरता को महत्वपूर्ण रूप से प्रभावित नहीं किया। उत्तर-पश्चिम से भारत आए आक्रमणकारी, अपने कई प्राचीन काल के पूर्वजों की तरह, भारत में समाहित हो गए और उसके जीवन का हिस्सा बन गए। उनके राजवंश भारतीय राजवंश बन गए और अंतर्जातीय विवाह के माध्यम से बहुत अधिक नस्लीय संलयन हुआ। कुछ अपवादों को छोड़कर, लोगों के तौर-तरीकों और रीति-रिवाजों में हस्तक्षेप न करने का जानबूझकर प्रयास किया गया। वे भारत को अपना गृह देश मानते थे और उनका कोई अन्य संबंध नहीं था। भारत एक स्वतंत्र देश बना रहा।"

पंडित नेहरू और इतिहास लेखन पर कुछ और बातें जो आज भी हमारे लिए प्रासंगिक हैं। बहुत पहले से ही नेहरू इतिहास को वैश्विक संदर्भ में देखने के पक्षधर थे और वे आज के दौर में प्रचलित 'जुड़े हुए इतिहास' के प्रतिपादक थे। उन्होंने कहा-

"किसी एक देश का इतिहास लिखने का पुराना विचार धीरे-धीरे पुराना हो गया है। आज दुनिया के बाकी हिस्सों से अलग किसी देश के इतिहास के बारे में सोचना असंभव है। दुनिया एकीकृत हो रही है। हमें आज के इतिहास पर वैश्विक परिप्रेक्ष्य में विचार करना होगा।"

वैश्विक स्तर पर घटनाएँ आपस में बहुत निकटता से जुड़ी हुई हैं। एक घटना दूसरे को प्रभावित करती है और अगर विश्व इतिहास के सभी घटनाक्रमों को एक साथ लिया जाए तो कुछ प्रकार के नियम और कारण सामने आते हैं और हम विश्व इतिहास के पाठ्यक्रम और महत्व को समझ सकते हैं। यह जानने से विश्व इतिहास की सभी घटनाओं पर कुछ प्रकाश पड़ता है और हम अपने भविष्य के पाठ्यक्रम को देख सकते हैं। इसके अलावा उन्होंने कहा-

"आज किसी एक राष्ट्र या देश या भूभाग के संदर्भ में वर्तमान घटनाओं या इतिहास के निर्माण के बारे में सोचना बिल्कुल असंभव है; आपको अनिवार्य रूप से पूरे विश्व के बारे में सोचना होगा।"

एक 'कार्यकर्ता' के रूप में, जिन्होंने इतिहास के निर्माण में महत्वपूर्ण योगदान दिया, पंडित नेहरू ने इतिहास के बारे में सोचते समय बड़ी तस्वीर को ध्यान में रखने की आवश्यकता को समझा। उन्होंने कहा-

"वर्तमान युग में हमें इतिहास के निर्माण में भाग लेने का अवसर दिया गया है और जो व्यक्ति ऐसा करता है, उसके लिए इतिहास की प्रक्रिया को समझना और भी महत्वपूर्ण हो जाता है, ताकि वह तुच्छ विवरणों में खुद को न खो दे और मुख्य बात को न भूल जाए।"

उन्होंने इतिहासकारों से भी आग्रह किया कि वह विवरणों में न खोएं, ताकि वह जंगल को थोड़ा और देख सकें और व्यक्तिगत पेड़ में न खो जाएं। उन्होंने कहा-

"कोई भी विषय जिसकी आप जांच कर सकते हैं। उसे एक बड़े समग्र के संबंध में देखा जाना चाहिए। अन्यथा, इसका कोई वास्तविक अर्थ नहीं है सिवाय किसी अजीब घटना के जो आपकी रुचि हो सकती है"

नेहरू तलवार लेकर घोड़े पर नहीं बैठे और इतिहास की पवनचक्कियों की ओर यह सोचकर नहीं भागे कि वे विशालकाय हैं जिन्हें उन्हें खत्म करना है। उन्होंने दुनिया को उसकी सभी बुराइयों से मुक्त करने और स्वर्ग के नाम पर एक विशाल जेल बनाने की इच्छा से मतिभ्रम नहीं किया।

भट्टाचार्य, जो नेहरू के समय में भारत में मैक्सिकन राजदूत भी थे उन्होंने महान मैक्सिकन कवि विचारक राजनयिक और नोबेल पुरस्कार प्राप्त ऑक्टेवियो पाज़ के विस्तृत उद्धरण देकर हमारा उपकार किया है। जिससे पता चलता है कि कैसे उन्होंने बहुत ही संवेदनशीलता से समझा कि पंडित जवाहरलाल नेहरू ने भारतीय परंपरा और गांधी जी से अपने लिए क्या 'खोजा' था। सबसे महत्वपूर्ण बातय है कि उन्होंने पंडित जवाहरलाल नेहरू और उनके कथित विरोधाभासों की शानदार व्याख्या की। सन् 1966 में दिए गए भाषण में पाज़ कहते हैं-

"यह उल्लेखनीय है कि नेहरू मुख्य रूप से एक राजनीतिक नेता होने के बावजूद, बलपूर्वक या मौखिक टूर डी पासे (हाथ की सफाई) द्वारा इतिहास के विरोधाभासों को दबाने के प्रलोभन में नहीं पड़े। [यह] कट्टरपंथी मैनिचियन (जो चीजों को केवल काले और सफेद में देखते हैं) और इतिहास के दार्शनिकों के रूप में प्रच्छन्न जल्लादों की हमारी दुनिया में अद्वितीय है। उन्होंने सर्वोच्च अच्छाई या पूर्ण सत्य का प्रतीक होने का दिखावा नहीं किया, बल्कि मानवीय स्वतंत्रता का दिखावा किया: मनुष्य और उसके विरोधाभास... वे अपने विरोधाभासों के प्रति वफादार थे और इसी कारण से उन्होंने न तो दूसरों को मारा और न ही खुद को विकृत किया।" पुनः, वह बहुत ही गम्भीरता से और नेहरू की गहरी समझ के साथ कहते हैं-

"इस सदी के अधिकांश राजनीतिक नेताओं के विपरीत, नेहरू को विश्वास नहीं था कि उनके हाथ में इतिहास की कुंजी है। इस वजह से उन्होंने न तो अपने देश को और न ही दुनिया को खून से रंगा।"

चिंतन

पंडित जवाहरलाल नेहरू का चिंतन मूल रूप से मानवतावादी है। उनका दृष्टिकोण पश्चिमी एवं आधुनिक था। वह भारतीय परिस्थितियों की जटिलताओं को भी समझते हैं। उसी के अनुरूप वह भारत को विकसित करने की अभिलाषा रखते थे। पंडित जवाहरलाल नेहरू के दृष्टिकोण में लोकतंत्र, समाजवाद तथा धर्मनिरपेक्षता आपस में घनिष्ठ रूप से जुड़े हुए हैं।

नेहरू अज्ञेयवादी थे। जिन्होंने धर्म को मात्र एक सांस्कृतिक प्रेरणा तथा विरासत के रूप में ही स्वीकार किया। स्वतंत्रता प्राप्ति से पहले ही नेहरू पर समाजवादी विचारधारा का प्रभाव पड़ चुका था। सन् 1917 की रूसी क्रांति ने नेहरू को गहरे तौर पर प्रभावित किया था। वह कहते हैं-

"समाजवाद मात्र एक आर्थिक सिद्धांत ही नहीं बल्कि एक जीवनदर्शन भी है और यह अपने इसी स्वरूप में मुझे प्रेरित करता है।"

भारत के पहले और सबसे लंबे समय तक प्रधानमंत्री रहे पंडित जवाहरलाल नेहरू दूरदर्शी व्यक्ति थे। अंग्रेजों से आजादी के लिए लंबे संघर्ष में भाग लेने वाले जवाहरलाल नेहरू, जिन्हें प्यार से पंडित नेहरू कहा जाता था, अपने कश्मीरी पंडित समुदाय की जड़ों के संदर्भ में राष्ट्र निर्माण में दृढ़ विश्वास रखते थे, क्योंकि वह समझते थे कि युवा भारतीय राष्ट्र की नियति से मुलाकात होती है।

विदेश में शिक्षा प्राप्त बैरिस्टर और महात्मा गांधी के करीबी विश्वासपात्र थे। वह लोगों के राजकुमार बनने के सबसे करीब थे या कभी होंगे। वह महात्मा गांधी के चुने हुए राजनीतिक उत्तराधिकारी और स्वतंत्र भारत के पहले निर्वाचित प्रधानमंत्री थे। सन् 1950 में वल्लभभाई पटेल की मृत्यु के बाद वह कांग्रेस में अपने सहयोगियों के बीच शीर्ष पर थे। शैक्षणिक संस्थानों, इस्पात संयंत्रों और बांधों से संचालित भारत का उनका सपना व्यापक रूप से साझा किया गया था।

पंडित नेहरू ने भारत के लोकतंत्र को उसके जन्म और बचपन के दौरान सावधानीपूर्वक पोषित किया। विद्वानों का मानना है कि आय के निम्न स्तर पर लोकतंत्र स्थापित नहीं किया जा सकता। इस प्रकार, भारत की लोकतांत्रिक दीर्घायु अद्वितीय है। यह शायद देश में एक लोकप्रिय उपनिवेश-विरोधी आंदोलन के कारण है। इससे भी महत्वपूर्ण बात यह है कि पंडित नेहरू हालांकि सर्वशक्तिमान थे। उन्होंने स्वतंत्रता-पूर्व वैधता को नष्ट नहीं किया। वास्तव में उन्होंने इसे अंतिम जड़ तक मजबूत किया और समावेशी विकास का एजेंडा निर्धारित किया। नेहरू ने इसे समझा और इसका अभ्यास किया।

सत्रह वर्षों तक प्रधानमंत्री रहने के दौरान नेहरू भारतीय राजनीति के मंच पर एक महापुरुष की तरह छाए रहे। लेकिन उन्होंने कभी अपनी राजनीतिक इच्छा नहीं थोपी और हमेशा दूसरों की बात सुनते रहे। वह भाषाई राज्यों के पक्ष में नहीं थे। लेकिन उन्होंने लोगों की इच्छाओं का पालन किया। उन्होंने मुख्यमंत्रियों का चुनाव नहीं किया, बल्कि राज्य स्तर पर पार्टी संगठन को अपने नेताओं का चुनाव करने की अनुमति दी। जब अदालतों

ने उनके भूमि सुधार कार्यक्रमों को चुनौती दी, तो न्यायाधीशों की आलोचना करने के बजाय, उन्होंने संवैधानिक संशोधन करने का विकल्प चुना। दिल से उदार और सच्चे लोकतंत्रवादी नेहरू एक स्वस्थ राजनीतिक बहस चाहते थे।

राजनीतिक जीवन

एस गोपाल राजनेता के तौर पर नेहरू की भूमिका को स्पष्ट करते हैं-"जवाहरलाल नेहरू ने राष्ट्र को एकजुट बनाया, लोकतंत्र के लिए इसे प्रशिक्षित किया, आर्थिक विकास के लिए एक मॉडल का निर्माण किया तथा देश को आर्थिक विकास के मार्ग पर अग्रसर किया।"

लोकतांत्रिक मूल्यों का विकास

प्रथम प्रधानमंत्री के रूप में पंडित जवाहरलाल नेहरू का सबसे महत्वपूर्ण कार्य भारतीय राजनीति और जनजीवन में लोकतांत्रिक मूल्यों का विकास करना था। पंडित जवाहरलाल नेहरू के व्यक्तित्व में व्यवहारिकता और आदर्शवादिता दोनों गुणों का समन्वय था। जो कि एक दुर्लभ गुण है। पंडित नेहरू के विचारों में पश्चिमी सभ्यता व आधुनिकता का समावेश था। स्वाभाविक रूप से लोकतंत्र के समर्थक पंडित जवाहरलाल नेहरू संसद व कांग्रेस को साथ लेकर चलते रहे। अपने उद्देश्यों की प्राप्ति के लिए संवैधानिक नियमों के अनुरूप दक्षतापूर्वक कार्य करने में उन्होंने कभी संकोच नहीं किया। राष्ट्रवाद के प्रति उनकी मानसिकता संकीर्ण नहीं थी। वह राष्ट्रीयता के गुणों को भली-भांति समझते थे। इसीलिए उन्होंने देश को एक संतुलित, संयमशील एवं आदर्श राष्ट्रवाद के मार्ग पर चलने के लिए प्रेरित किया।

पंडित जवाहरलाल नेहरू का राजनीतिज्ञ के रूप में सबसे महत्वपूर्ण कार्य भारतीय राजनीतिक प्रणाली में लोकतांत्रिक मूल्यों का विकास करना और भारत में लोकतंत्र को खड़ा करना था। पंडित नेहरू संसदीय लोकतंत्र के सिद्धांत और व्यवहार के प्रबल समर्थक थे। उनकी दृष्टि में राजनीतिक लोकतंत्र अपने आप में साध्य नहीं बल्कि वह भारत के लाखों करोड़ों लोगों के दुख-दर्द और गरीबी दूर करने का साधन मात्र था। उन्होंने लोकतंत्र के साथ स्वतंत्रता और समानता के अटूट संबंध को स्वीकार किया। उनका मानना था कि समानता के बगैर स्वतंत्रता और लोकतंत्र का कोई अर्थ नहीं है।

सन् 1952 में पंडित नेहरू के नेतृत्व में देश के पहले आम चुनाव में स्वस्थ लोकतंत्र की जो नींव रखी गई थी। पंडित नेहरू के लिए लोकतंत्र का तात्पर्य एक ऐसा उत्तरदायित्वपूर्ण

तथा जवाबदेह राजनीतिक प्रणाली थी, जिसमें विचार-विमर्श और प्रक्रिया के माध्यम से शासन हो। उनके जीवनीकार एस गोपाल के अनुसार उनमें-"लोकतांत्रिक मूल्यों के प्रति अत्यंत दृढ़ बौद्धिक तथा नैतिक प्रतिबद्धता थी।"

पंडित जवाहरलाल नेहरू ने सन् 1950 की अंतरिम संसद में तथा सन् 1952 से सन् 1964 के बीच पहली, दूसरी तथा तीसरी लोकसभा में सदन के नेता के रूप में व्यक्तिगत उदाहरण प्रस्तुत करते हुए स्वस्थ परंपराओं और उदाहरणों की नींव रखी। पंडित नेहरू विपक्षी दलों को पूरा स्थान दिया करते थे एवं उनकी आलोचनाओं के प्रति बहुत संवेदनशील रहते थे। उन्होंने कहा था-

"मैं नहीं चाहता कि भारत ऐसा देश बने जहां लाखों लोग एक व्यक्ति की 'हाँ' में हाँ मिलाएं, मैं एक मजबूत विपक्ष चाहता हूँ।"

उन्होंने देश के बंटवारे तथा उसके परिणामस्वरूप सांप्रदायिक हिंसा को अथवा भारी संख्या में शरणार्थियों के आगमन को चुनावों को स्थगित करने का बहाना नहीं बनाया। उन्होंने मंत्रिमंडल को विमर्श और नीति निर्माण का माध्यम बनाया।

सन् 1952 में स्वतंत्र भारत के पहले आम चुनावों के दौरान, लगभग 175 मिलियन लोगों ने मतदान किया। चूँकि तीन-चौथाई नागरिक निरक्षर थे, इसलिए उम्मीदवारों को साइकिल, लालटेन, लैंप, जानवर, फूल और रोज़मर्रा के इस्तेमाल के प्रतीक जैसे प्रतीक दिए गए थे। यह छह महीने की प्रक्रिया थी जिसमें चुनाव कार्य के लिए नियुक्त किए गए लोग ऊँटों पर सवार होते थे, नावों का इस्तेमाल करते थे और यहाँ तक कि दूरदराज के इलाकों में पैदल यात्रा भी करते थे। सन् 1957 और 1962 के आम चुनावों ने भारतीय चेतना पर चुनावी प्रक्रिया की वैधता को और गहरा कर दिया।

संवैधानिक मूल्यों का संरक्षण

नेहरू युग के दौरान संविधान में दिए गए संघवादी प्रावधानों को मजबूती से स्थापित किया गया। राज्यों के बीच सत्ता का समुचित बंटवारा किया गया। राज्यों की स्वायत्तता का आदर करते हुए पंडित जवाहरलाल नेहरू कभी भी राज्य सरकारों पर अपना निर्णय नहीं थोपते थे न ही उनकी नीतियों में हस्तक्षेप करते थे। नेहरू युग के वर्षों में सेना पर नागरिक सरकार की श्रेष्ठता की परंपरा पूरी तरह स्थापित हो गई और स्टील फ्रेम के रूप में नौकरशाही का भी विकास हुआ।

राजनीति द्वारा समाजिक परिवर्तन

पंडित जवाहरलाल नेहरू सामाजिक बदलाव के प्रति भी बेहद सजग थे। संविधान में

पहले ही अनुच्छेद 17 के अंतर्गत अस्पृश्यता उन्मूलन का प्रावधान शामिल कर लिया गया था। सरकार ने इसमें और वृद्धि करते हुए सन् 1955 में अछूत विरोधी कानून पास कर दिया जिससे छुआछूत का रिवाज दंडनीय और संज्ञेय अपराध बना दिया गया।

राष्ट्रीय आंदोलन में महिला संगठनों और समूहों की सक्रिय भागीदारी होने के कारण स्वतंत्रता के पश्चात महिलाओं ने परिवार व समाज में अपने अधिकारों की मांग की। पंडित नेहरू ने इन मांगों का सदैव समर्थन किया। इस दिशा में उनका एक बहुत बड़ा कदम हिंदू कोड बिल को पास करना था।

धर्मनिरपेक्षता की स्थापना

इस बात से इंकार नहीं किया सकता कि स्वतंत्रता के दौरान भारत सांप्रदायिकता के चंगुल में फंसा हुआ था। पंडित जवाहरलाल नेहरू ने महसूस किया कि केवल धर्मनिरपेक्षता के द्वारा ही सांप्रदायिकता की आग से बचा जा सकता है। इसकी गंभीरता को समझते हुए पंडित नेहरू ने तर्क दिया कि देश के नेताओं को धर्मनिरपेक्षता के वास्तविक अर्थ को ग्रहण करते हुए लोगों के बीच में जाना होगा ताकि वह सांप्रदायिक जीवन छोड़कर राष्ट्र के विकास के लिए एकजुट हो सकें।

धर्मनिरपेक्ष मूल्यों को संविधान में शामिल करने तथा प्रधानमंत्री के रूप में उसको विकसित करने में पंडित जवाहरलाल नेहरू का महत्वपूर्ण योगदान है। प्रधानमंत्री के रूप में अपने कार्यकाल के दौरान उन्होंने धर्मनिरपेक्षता, स्वतंत्रता, समानता, बंधुता और लोकतांत्रिक मूल्यों के विकास में महत्वपूर्ण भूमिका अदा की।

भगत सिंह की फांसी पर नेहरू का रुख

शहीद भगत सिंह की जयंती 28 सितंबर को हर साल देशभर में मनाई जाती है। लेकिन क्या आप जानते हैं कि शहीद भगत सिंह के अंतिम समय में मोहम्मद अली जिन्नाह और जवाहरलाल नेहरू का क्या रूख था।

भगत सिंह भारत के महान योद्धा और राष्ट्रीय नायकों में से एक थे। देश को आजादी के लिए उनकी लड़ाई और योगदान और बलिदान पर देश को गर्व है। शहीद भगत सिंह भारत के महान वीरसपूतों में से एक थे।

सितंबर 1929 में भगत सिंह, सुखदेव और राजगुरु जब जेल में भूख हड़ताल पर थे, तो शिमला में सेंट्रल असेंबली की बैठक हुई थी। तब मोहम्मद अली जिन्ना उस सेंट्रल असेंबली में बॉम्बे को रिप्रजेंट कर रहे थे। उस असेंबली में जिन्ना ने भगत सिंह की भरपूर हिमायत की थी।

जिन्ना ने कहा था-"आपको अच्छी तरह से पता है कि ये अपनी जान देने के लिए भी तैयार हैं। ये कोई मजाक की बात नहीं है। जो व्यक्ति भूख हड़ताल पर जा रहा है, वो अपनी आत्मा की आवाज सुनता है और एक मकसद के लिए जीता है। ऐसा करना हर किसी के बस की बात नहीं है। आप ऐसा करके देखें तब पता चलेगा। जिन्ना ने कहा था कि भगत सिंह के साथ एक राजनीतिक कैदी के बजाय अपराधी की तरह बर्ताव किया जा रहा है, जोकि बिल्कुल गलत है।"

23 मार्च, 1931 को भगत सिंह, राजगुरु और सुखदेव को लाहौर में फांसी दी गई थी। वहीं अगले दिन 24 मार्च को दिल्ली में नेहरू ने कहा था-

"उनके आखिरी दिनों के बीच में बिल्कुल चुप ही रहा था। ताकि मेरा एक भी शब्द सजा को घटाने के आसार को नुकसान न पहुंचा सके। मैं चुप रहा, लेकिन मेरा दिल खौलता रहा था। अब सब कुछ खत्म हो गया है। हम सब भी उसे, जो हमें इतना प्यारा था और जिसकी शानदार दिलेरी और कुर्बानी हिंदुस्तान के नौजवानों के लिए प्रेरणा बन रही है, आखिर नहीं बचा सके। आज हिंदुस्तान अपने बहुत प्यारे बच्चों को फांसी तक से नहीं बचा सका है।"

पंडित जवाहरलाल नेहरू को यह एहसास हुआ कि देश जो रियासतों के एक ढीले-ढाले संघ से बना है। जो अंग्रेजों के प्रति निष्ठावान होने के साथ-साथ उनका विरोध भी करता है, को अपनी क्षमता और ऊर्जा को राष्ट्रीयकृत चैनल में लाने के लिए कड़ी मेहनत करने की जरूरत है, जो भारत को एक सच्चे लोकतांत्रिक राष्ट्र के रूप में बनाने में मदद करेगा, जहां हर नागरिक मायने रखता है।

पंडित नेहरू की पहली प्रतिबद्धता भारत को एक आत्मनिर्भर अर्थव्यवस्था बनाने की थी। परिणामस्वरूप, उन्होंने आधुनिक शिक्षा के मंदिर और विशाल सार्वजनिक क्षेत्र के उद्योग स्थापित किए जो एक बढ़ते राष्ट्र और उसके लोगों की ज़रूरतों को पूरा करते थे। वैज्ञानिक सोच पैदा करने के उनके प्रयासों को उच्च शिक्षा के केंद्र स्थापित करने के उनके उत्साह से देखा जा सकता है।

अनेक भारतीय मानते हैं कि भारत के एक जीवंत लोकतंत्र, एक औद्योगिक महाशक्ति, एक ज्ञान साझीदार, एक विश्व स्तर पर सम्मानित सैन्य शक्ति तथा एक प्रौद्योगिकी एवं अंतरिक्ष अन्वेषक होने का श्रेय नेहरू को जाता है; उन्होंने मजबूत नींव रखी थी जिस पर मजबूत और केंद्रित लक्ष्यों के साथ संस्थाओं का निर्माण हुआ।

पंडित जवाहरलाल नेहरू को बेहतर तरीके से समझने के लिए, आपको उनके दूसरे पहलू को भी देखना होगा, जहाँ वे बच्चों या 'भविष्य के नागरिकों' को प्रेरित करते हैं, जैसा कि वह उन्हें कहते थे। बच्चों द्वारा चाचा नेहरू के नाम से प्रसिद्ध, 14 नवंबर को उनके जन्मदिन को बाल दिवस के रूप में मनाया जाता है।

नेहरू उस मोड़ पर थे, जहां उन्होंने उन्हीं लोगों से लड़ाई की। जिन्होंने उन्हें शिक्षा के ज़रिए सशक्त बनाया था। सही और गलत की उनकी सही समझ और पश्चिमी शिक्षा के बावजूद उनकी भारतीय परवरिश ने उन्हें स्वतंत्रता संग्राम में कांग्रेस पार्टी में शामिल होने और आगे बढ़ने का अवसर दिया। प्रधानमंत्री बनने के बाद, उन्होंने बिना किसी डर या पक्षपात के दोनों महाशक्तियों, अमेरिका और सोवियत संघ से समान दूरी बनाए रखी, जबकि उन्होंने पंचशील की नीति के आधार पर देश के लिए गुटनिरपेक्ष मार्ग तैयार किया।

दिल से समाजवादी होने के कारण उन्होंने चीन और भारत के बीच पंचशील समझौते पर हस्ताक्षर किए, जो इन दो संप्रभु राष्ट्रों के बीच संबंधों के पांच मार्गदर्शक सिद्धांतों के रूप में काम करने वाला था। आश्चर्य की बात नहीं है कि जब चीन ने भारत पर हमला किया तो उन्हें विश्वासघात महसूस हुआ, जबकि वह 'हिंदी-चीनी भाई-भाई' की बात करते थे। कम तैयारी वाली भारतीय सेना ने चीनी सैनिकों की लहरों का सामना किया, बहादुरी से लड़ाई लड़ी और भारी कीमत चुकाई।

लोकतंत्र को गढ़ना कठिन काम था। नेहरू के अग्रणी जीवनीकार सर्वपल्ली गोपाल याद करते हैं- "अपने प्रधानमंत्रित्व काल के दौरान, उन्हें हर दिन लगभग 2,000 पत्र प्राप्त होते थे... "नेहरू हर रात चार से पांच घंटे जवाब लिखवाने में बिताते थे। और "ऐसे भी साल थे जब प्रधानमंत्री... बीस घंटे काम करते थे और निजी भोजन के तौर पर नाश्ता भी नहीं कर पाते थे।" ऐसी थी प्रतिबद्धता।

आज नागरिक खुशी-खुशी भारतीय लोकतंत्र की विभिन्न कमज़ोरियों की ओर इशारा करते हैं, लेकिन लोकतंत्र की इमारत और संप्रभु लोकतांत्रिक गणराज्य के रूप में हमें जो स्वतंत्रता प्राप्त है, वह नेहरू की ऐसी संस्थाओं के प्रति अटूट प्रतिबद्धता के बिना संभव नहीं हो पाती। यह एक स्थायी विरासत है। अन्यथा, सत्ता सभी वर्गों के लोगों को नहीं छू पाती और हमारा लोकतंत्र व्यापक आधार वाला नहीं बन पाता।

पंडित नेहरू का सबसे बड़ा योगदान भारत को 18वीं सदी से 21वीं सदी में ले जाने के लिए एक स्पष्ट दृष्टिकोण की स्थापना थी। इसमें साम्राज्यवादियों द्वारा भारत पर थोपी

गई दरिद्रता की बात की गई थी। इसलिए नेतृत्व की जिम्मेदारी जिन नेताओं को मिली, उन्हें सदियों की उपेक्षा से निपटना पड़ा। लेकिन, उनके नेतृत्व में एक दूरदृष्टि ने मदद की। उदाहरण के लिए, जब नेहरू प्रधानमंत्री के रूप में अमेरिका की अपनी पहली यात्रा कर रहे थे, तो उनके मंत्रिमंडल के कुछ सदस्यों ने सुझाव दिया कि वह अपने देश में भोजन की कमी से निपटने के लिए उस देश से भोजन मांगें। उन्होंने मना कर दिया- "मैं भीख का कटोरा लेकर अमेरिका की अपनी पहली यात्रा नहीं कर रहा हूँ। हमें इस समस्या को खुद ही सुलझाना होगा।"

सतलुज नदी पर भाखड़ा-नांगल बहुउद्देशीय नदी घाटी परियोजना भारत का पहला और दुनिया के सबसे बड़े बांधों में से एक है, जिसकी शुरुआत सन् 1954 में हुई थी। पूरी हो चुकी इस परियोजना का उद्घाटन करते हुए नेहरू ने इसे भारत के आधुनिक तीर्थस्थलों में "सबसे महान और पवित्रतम" बताया था।

पंडित नेहरू और उनके अधिकांश समकालीनों का मानना था कि केवल बड़े पैमाने पर औद्योगिकीकरण ही वास्तव में अर्थव्यवस्था को बदल सकता है और भारत को विश्व मंच पर एक खिलाड़ी बनने के साथ-साथ अपने नागरिकों की मदद करने में सक्षम बना सकता है।

सन् 1951 में नई दिल्ली में कांग्रेस अधिवेशन में अपने अध्यक्षीय भाषण में उन्होंने अपना दृष्टिकोण स्पष्ट किया-

> **"भविष्य के निर्माण का एकमात्र तरीका यह है कि हर साल कुछ बचाकर रखें या कुछ अलग रखें और इस बचत का उपयोग किसी तरह की प्रगति के लिए करें। यह बेहतर कृषि, अधिक नदी घाटी परियोजनाएँ, अधिक कारखाने, अधिक घर, अधिक शिक्षा या बेहतर स्वास्थ्य सेवाएँ हो सकती हैं। हमारे संसाधन सीमित हैं और हम जितना बचा सकते हैं, वह योजना में दर्शाया गया है। संसाधनों की इस सीमा के कारण, हमें हर कदम पर कठिन विकल्प चुनने पड़ते हैं और प्राथमिकताएँ महत्वपूर्ण हो जाती हैं।"**

हमें कभी-कभी नदी घाटी योजना और अधिक आवास या अधिक स्कूलों के बीच चयन करना पड़ता है। दुर्भाग्य से हम एक ही समय में वह सब नहीं पा सकते जो हम चाहते हैं। योजना प्राथमिकताओं के एक सेट की सिफारिश करती है। यह अलग-अलग हो सकता

है, लेकिन हम अपने संसाधनों के साथ-साथ सामाजिक और राजनीतिक परिस्थितियों और संविधान द्वारा निर्धारित सीमाओं से आगे नहीं जा सकते।

पंडित नेहरू ने भारतीय राजनीति में मौलिक मूल्यों की गहरी जड़ें जमाने में मदद की और इन मूल्यों को अभिव्यक्त करने के तरीके खोजने की कोशिश की। उनका सबसे सकारात्मक प्रभाव और जिसे वे सबसे अधिक महत्व देते थे। वह था सभी नागरिकों के जीवन में बदलाव लाने के लिए काम करने वाली बहुलवादी, खुली और लोकतांत्रिक राजनीति का निर्माण करने का प्रयास। वे भारत को एक समग्र राष्ट्र के रूप में और लोकतांत्रिक प्रक्रियाओं और सहमति से सामाजिक-आर्थिक परिवर्तन प्राप्त करने के प्रयास के अभूतपूर्व प्रयोग के बारे में बात करते थे, जो राज्य द्वारा निर्देशित क्रांति के विपरीत है जिसमें गहरी हिंसा का जोखिम होता है।

❐

अध्याय-6

औपनिवेशिक

उपनिवेशवाद ने न केवल मतभेदों को सुलझाने की गतिशील प्रक्रिया को रोका बल्कि इन मतभेदों को समाप्त कर दिया या और भी बढ़ा दिया। सांप्रदायिक ताकतें इस कार्य को पूरा करने के लिए उनके हाथों में मुख्य साधन थीं। दुनिया ने यह बहुत भारी कीमत चुकाकर सीखा है। सबसे पुराने उपनिवेश आयरलैंड से लेकर हाल ही में फिलिस्तीन की घटनाओं (साम्राज्यवादी भूमिका के बारे में जिसके बारे में नेहरू ने बहुत कुछ कहा है) और भारत सहित एशिया और अफ्रीका के बड़े हिस्से के अनुभव से कि उपनिवेशवाद की सबसे लंबी चलने वाली विरासत यह रही है कि इसने लोगों को विभाजित कर दिया है।

औपनिवेशिक या सांप्रदायिक ताकतों द्वारा धार्मिक विभाजन पैदा करने के लिए इस्तेमाल की जाने वाली एक विधि, जिसके नेहरू बहुत आलोचक थे, वह थी भारतीय इतिहास का औपनिवेशिक काल-विभाजन। जिसे जेम्स मिल ने 19वीं सदी की शुरुआत में किया था "तीन प्रमुख कालखंडों में: प्राचीन या हिंदू, मुस्लिम और ब्रिटिश काल।" उनका मानना था-"इतिहास को इस तरह से विभाजित करना अवैज्ञानिक है। उन्होंने आगे कहा- "यह विभाजन न तो बुद्धिमानी भरा है और न ही सही है। यह भ्रामक है और गलत परिप्रेक्ष्य देता है। यह भारतीय लोगों के राजनीतिक, आर्थिक और सांस्कृतिक विकास में आवश्यक परिवर्तनों की तुलना में शीर्ष पर होने वाले सतही परिवर्तनों से अधिक संबंधित है। भारत पर मुस्लिम आक्रमण या भारत में मुस्लिम काल की बात करना गलत और भ्रामक है। ठीक उसी तरह जैसे भारत में अंग्रेजों के आने को ईसाई आक्रमण कहना या भारत में ब्रिटिश काल को ईसाई काल कहना गलत होगा।"

बाद के इतिहासकारों ने भारतीय इतिहास के औपनिवेशिक या सांप्रदायिक काल-विभाजन की आलोचना करते हुए पंडित नेहरू की स्थिति की पुष्टि की है। पंडित जवाहरलाल नेहरू इतिहास को "राजाओं और युद्धों और इसी तरह के कार्यों के अभिलेखों के पुराने और पूरी तरह से अप्रचलित दृष्टिकोण" से देखने के सख्त आलोचक थे। उन्होंने

लिखा है-

"एक देश के इतिहास की पूरी अवधारणा बड़ी संख्या में राजाओं और सम्राटों के नामों तक सीमित है और उन्हें कंठस्थ करना, मुझे लगता है, बहुत पहले ही खत्म हो चुका है। मुझे पूरा यकीन नहीं है कि भारत के स्कूलों और कॉलेजों में इसका अस्तित्व समाप्त हो गया है या नहीं, लेकिन मुझे उम्मीद है कि यह खत्म हो चुका है, क्योंकि राजाओं के क्षेत्रों और युद्धों के अभिलेखों के बारे में बच्चों के अध्ययन से अधिक निरर्थक कुछ भी मैं कल्पना नहीं कर सकता।"

पंडित जवाहरलाल नेहरू चिंतक और श्रेष्ठ विचारक थे। तत्कालीन विश्व की परिस्थितियों पर विचार करते हुए उन्होंने चेतावनी दी थी-

"इसकी प्रतिक्रिया में कभी-कभी हमारे अपने इतिहासकार बहुत आगे निकल जाते हैं... राष्ट्रवादी इतिहास है, जो एक मजबूत राष्ट्रवादी पूर्वाग्रह से शुरू होकर, अन्य चीजों की कीमत पर राष्ट्रीय हर चीज की प्रशंसा करता है।"

1930 के दशक की शुरुआत में अतीत में एक 'स्वर्ण युग' की कल्पना करने की राष्ट्रवादी प्रवृत्ति पर प्रतिक्रिया व्यक्त करते हुए, जिसका उपयोग सांप्रदायिक लोग धार्मिक विभाजन पैदा करने के लिए करते थे। एक प्रवृत्ति जो आज व्याप्त हो गई है। उन्होंने कहा-

"हर जगह ऐसे लोग मिलेंगे जो अपने देश को सर्वश्रेष्ठ मानते हैं, और इसे पवित्र मिट्टी मानते हैं। वे केवल अपने प्राचीन इतिहास का अध्ययन करते हैं और इसे एक उच्च स्थान देते हैं-यह सत्ययुग या रामराज्य बन जाता है और आशा बनी रहती है कि इसे बहाल किया जा सकता है।"

उन्होंने तर्क दिया-

"ये दोनों दृष्टिकोण ... राष्ट्रवादी दृष्टिकोण और साम्राज्यवादी दृष्टिकोण इतिहास को विकृत करते हैं। वे कभी-कभी इतिहास को दबा देते हैं।"

एशियाई इतिहास कांग्रेस में अपना उद्घाटन भाषण देते हुए नेहरू ने कहा-

"इतिहास कांग्रेस का तात्कालिक उद्देश्य एशियाई इतिहास को यूरोपीय लोगों के हाथों मिली सभी विकृतियों को ठीक करना होना चाहिए। जबकि उनमें से कुछ बहुत अच्छे इतिहासकार हैं, फिर भी उनका दृष्टिकोण यूरोप को दुनिया का केंद्र मानने पर आधारित रहा है। ...भारत के मामले में एक पश्चिमी विद्वान, विशेष रूप से यूनाइटेड किंगडम से,

अनिवार्य रूप से भारत के इतिहास को इस तरह से देखने की प्रवृत्ति रखता है मानो पिछले कुछ हज़ार साल भारत में आने वाले ब्रिटिश प्रभुत्व की एक तरह की तैयारी थे।"

पंडित जवाहरलाल नेहरू ने औपनिवेशिक काल में राष्ट्रवादी बुद्धिजीवियों ने भारतीय इतिहास की औपनिवेशिक सांप्रदायिक व्याख्या से बिल्कुल अलग व्याख्या पेश की। जहां वह वर्तमान में मतभेद पैदा करने के लिए ऐतिहासिक 'आघात' की यादें बनाने की कोशिश नहीं कर रहे थे।

उन्होंने केवल शासक के धर्म के आधार पर किसी काल को परिभाषित करने पर सवाल उठाया और व्यापक सामाजिक, आर्थिक और सांस्कृतिक कारकों पर जोर दिया, जो किसी काल को परिभाषित करते हैं और साथ ही विभिन्न धार्मिक आस्थाओं से जुड़े लोगों की निरंतरता और सांस्कृतिक अंतर्विरोधों की ओर भी इशारा किया। बाद के इतिहासकारों ने भारतीय इतिहास के औपनिवेशिक सांप्रदायिक काल-विभाजन की आलोचना करते हुए नेहरू की स्थिति की पुष्टि की है। नेहरू इतिहास को "राजाओं और युद्धों और इसी तरह के कार्यों के अभिलेखों के पुराने और पूरी तरह से अप्रचलित दृष्टिकोण" से देखने के सख्त आलोचक थे। उन्होंने कहा-

"एक देश के इतिहास की पूरी अवधारणा बड़ी संख्या में राजाओं और सम्राटों के नामों तक सीमित है और उन्हें कंठस्थ करना, मुझे लगता है, बहुत पहले ही खत्म हो चुका है। मुझे पूरा यकीन नहीं है कि भारत के स्कूलों और कॉलेजों में इसका अस्तित्व समाप्त हो गया है या नहीं, लेकिन मुझे उम्मीद है कि यह खत्म हो चुका है, क्योंकि राजाओं के क्षेत्रों और युद्धों के अभिलेखों के बारे में बच्चों के अध्ययन से अधिक निरर्थक कुछ भी मैं कल्पना नहीं कर सकता।"

इसके विपरीत, नेहरू ने, जो अब विश्व स्तर पर आधुनिक इतिहासलेखन में स्वीकृत मानदंड बन गया है। उसका पूर्वानुमान लगाते हुए, "इतिहास के सामाजिक पहलू" पर जोर दिया। आम आदमी के दैनिक जीवन में बहुत करीब से शोध करने की आवश्यकता है। शायद सौ या हज़ार साल पहले के पारिवारिक बजट में...जो हमें कुछ हद तक एहसास कराता है कि पिछले युग में मानवता का जीवन कैसा था। जैसा कि उन्होंने अपने विशिष्ट सुंदर गद्य में कहा-

"केवल तभी हम इतिहास की सूखी हड्डियों को जीवन, मांस और रक्त से भर सकते हैं।"

पंडित जवाहरलाल नेहरू ने अपने स्वयं के लेखन में विश्व इतिहास की झलकियाँ और भारत की खोज में दिखाया कि कैसे कोई व्यक्ति दृढ़ता से साम्राज्यवाद विरोधी हो सकता है और अपने इतिहास पर गर्व भी कर सकता है। सभी दोषों और खामियों को नजरअंदाज किए बिना अपने अतीत के अंधे काल्पनिक महिमामंडन का सहारा लिए बिना वास्तविक उपलब्धियों के लिए।

पंडित नेहरू ने अपने लक्ष्य की ओर बढ़ने की कोशिश की, जिसे वे अपनी ऐतिहासिक भूमिका मानते थे। इसका मतलब था कि एक ऐसे रास्ते पर चलना जो धीमा हो सकता था, लेकिन लोगों को साथ लेकर चले और हिंसा और क्रूर बल का सहारा न ले, जैसा कि उनके कई समकालीनों ने उसी परिवर्तन की कोशिश करते हुए किया था।

यूरोकेंद्रित या औपनिवेशिक स्थिति के विषय पर नेहरू बहुत पहले ही प्राचीन और मध्यकालीन काल के साम्राज्यों और पूंजीवाद के उदय के साथ उभरते आधुनिक औपनिवेशिक साम्राज्यों के बीच अंतर को अस्पष्ट करने की प्रवृत्ति का खंडन करते हैं। एक प्रवृत्ति जो आज तक जारी है। वह सन् 1933 की शुरुआत में कहते हैं, **"... हजारों वर्षों से विशाल साम्राज्य रहे हैं, लेकिन आधुनिक साम्राज्यवाद हाल के वर्षों में पहली बार विकसित एक नई अवधारणा है...। लेकिन हममें से बहुत कम लोग इसके वास्तविक आयात को समझ पाए हैं और अक्सर इसे पुराने साम्राज्यवाद के लिए गलत समझ लेते हैं। जब तक हम इस नए साम्राज्यवाद को ठीक से नहीं समझते और इसकी जड़ों और शाखाओं को नहीं पहचानते, हम वर्तमान दुनिया की स्थितियों को नहीं समझ सकते हैं और स्वतंत्रता के लिए अपनी लड़ाई को ठीक से नहीं लड़ सकते हैं।"**

विश्व इतिहास की विशाल झलक के पन्नों में नेहरू इस स्पष्ट अंतर को बनाए रखते नेहरू बार-बार सांप्रदायिकों द्वारा उठाए गए औपनिवेशिक चरित्र चित्रण पर सवाल उठाते हैं। जिसमें मध्यकालीन भारत में कई शासक मुस्लिम थे। जिसे 'विदेशी शासन' कहा जाता है। जो स्पष्ट रूप से ब्रिटिश औपनिवेशिक शासन से अलग है। जिसे उन्होंने विदेशी शासन बताया था।

अंग्रेजों के आने से बहुत बड़ा बदलाव आया और पुरानी व्यवस्था कई तरह से जड़ से उखाड़ दी गई। वह पश्चिम से एक बिल्कुल अलग आवेग लेकर आए। जो धीरे-धीरे

यूरोप में विकसित हुआ था...और औद्योगिक क्रांति की शुरुआत में आकार ले रहा था। अंग्रेज भारत में बाहरी, पराए और अनुपयुक्त बने रहे, और उन्होंने इससे अलग होने का कोई प्रयास नहीं किया। सबसे बढ़कर, भारत के इतिहास में पहली बार, उसका राजनीतिक नियंत्रण बाहर से किया गया और उसकी अर्थव्यवस्था एक दूर के स्थान पर केंद्रित थी। उन्होंने भारत को आधुनिक युग का एक विशिष्ट उपनिवेश बनाया, जो अपने लंबे इतिहास में पहली बार एक अधीन देश था।

पंडित जवाहरलाल नेहरू के विचारों के अनुसार आज किसी एक राष्ट्र या देश या भूभाग के संदर्भ में वर्तमान घटनाओं या इतिहास के निर्माण के बारे में सोचना बिल्कुल असंभव है। हमें अनिवार्य रूप से पूरे विश्व के बारे में सोचना होगा।

❐

अध्याय-7

महात्मा गांधी का उत्तराधिकारी

द्वितीय विश्व युद्ध के बाद वैश्विक स्तर पर उथलपुथल मची हुई थी। भारत अपनी आजादी की लड़ाई के अंतिम दौर में पहुंच गया था। ऐसा संवेदनशील वातावरण में स्वतंत्रता नायक महात्मा गांधी को निर्णय लेना था कि स्वतंत्र भारत की बागडोर किस के हाथ में सौंपी जाए? यह एक अहम् प्रश्न था। स्वतंत्रता के दौर में गांधी ने नेहरू को ही अपना उत्तराधिकारी क्यों चुना? यह विषय उनके घोर विरोधी अक्सर उठाते रहे हैं और भविष्य में भी उठाते रहेंगे। यह सवाल उठाने वाले बिना तथ्यों की जानकारी के बहसबाजी करते हैं और कुतर्क करते हैं।

महात्मा गांधी ने पंडित जवाहरलाल नेहरू को अपना उत्तराधिकारी क्यों चुना? इस विषय पर अपने विचार व्यक्त करते हुए इतिहासकार रामचंद्र गुहा लिखते हैं- "गांधी के अनुयायियों में जवाहरलाल नेहरू ही थे जिन्होंने उनकी सम्मिलित देशभक्ति को थामे रखा। महात्मा की तरह वह भी एक व्यक्ति के रूप में और अपनी विचारधारा में नस्ल और धर्म, जाति और वर्ग, लिंग और भौगोलिक परिवेश से ऊपर उठकर थे। वह एक ऐसे हिंदू थे जो मुसलमानों के साथ दोस्ताना व्यवहार रखते थे। एक ऐसे ब्राह्मण थे जो जातियों के बंधन को नहीं मानते थे। एक ऐसे उत्तर भारतीय थे जो दक्षिण पर हिंदी नहीं थोपते थे। एक ऐसे शख्स थे जिसकी वैज्ञानिक सोच पर लोग भरोसा करते थे। इस तरह गांधी के बाद नेहरू ही सबसे विशाल हृदय भारतीय थे...।"

गांधी जी को जवाहरलाल नेहरू अटूट विश्वास

पंडित जवाहरलाल नेहरू ने गांधीजी की इस स्थिति को स्वीकार किया कि अंत कितना भी अच्छा क्यों न हो, साधन नैतिक और अहिंसक होने चाहिए। गांधीजी के लिए अहिंसा पर उनका गहरा विश्वास इस तथ्य से नहीं उभरा कि यह अंग्रेजों से लड़ने की एक शानदार रणनीति थी, जो कि निश्चित रूप से थी, बल्कि उनकी दार्शनिक स्थिति से

उभरा कि कोई भी व्यक्ति 'पारलौकिक सत्य' या पूर्ण सत्य तक पहुंचने का दावा नहीं कर सकता। सत्य की खोज के लिए कई सत्य और कई मार्गों की संभावना में उनका विश्वास किसी के खिलाफ हिंसा की अनुमति नहीं देता। यूरोप से उभरने वाली ज्ञानोदय परियोजना अक्सर इस आधार पर लड़खड़ा गई, जहां अंतिम सत्य को रखने की धारणा ने क्रांतिकारी आंदोलनों (लोकतंत्र और लोगों के नाम पर) द्वारा सामूहिक हत्याओं को उचित ठहराया, इस प्रकार लोकतंत्र के एक महत्वपूर्ण पहलू, हर इंसान के मतभेद के अधिकार को नकार दिया। गांधीजी ने भारत के स्वतंत्रता संग्राम की तुलना में फ्रांसीसी और रूसी क्रांति में यह कमजोरी देखी। यहाँ टैड ग्राहम फर्नी के काम की ओर ध्यान आकर्षित किया जाना चाहिए, जहाँ वे यूरोपीय प्रबोधन परियोजना की तुलना आधुनिकता में परिवर्तन के लिए भारतीय, तुर्की और ईरानी प्रयासों से करते हैं, जिसमें उन्होंने गांधीजी के नेतृत्व में भारतीय राष्ट्रीय आंदोलन पर ध्यान केंद्रित किया है, जिसमें 'जन आंदोलन के रूप में सुलह की नैतिकता' के साथ-साथ 'स्वतंत्रता के बाद नेहरू के प्रयास' को भी शामिल किया गया है, जो इस विरासत को 'राष्ट्र निर्माण में सुलह की नैतिकता' की ओर ले जाता है। उनका निष्कर्ष यह है कि हिंसा के बिना आधुनिकता में परिवर्तन का भारतीय प्रयोग प्रबोधन उद्देश्यों के अधिक करीब रहा।

नेहरू और भारत का विचार

सांप्रदायिक औपनिवेशिक दक्षिणपंथी पंडित जवाहरलाल नेहरू दुष्ट और अयोग्य व्यक्ति मानते थे। यदि वास्तव में पंडित नेहरू अयोग्य थे तो राष्ट्रपिता महात्मा गांधी ने उन्हें अपना उत्तराधिकारी क्यों चुना? चक्रवर्ती राजगोपालाचारी या सरदार पटेल जैसे अपने अन्य प्रतिभाशाली साथियों को क्यों नहीं चुना? यह प्रश्न उनके घोर विरोधी उठाते हैं। गांधीजी को पंडित जवाहरलाल नेहरू पर इतना अटूट विश्वास क्यों था? इसके कम से कम दो कारण हो सकते हैं।

सबसे पहले, पंडित जवाहरलाल नेहरू ने भारतीय स्वतंत्रता संग्राम के सभी मूल मूल्यों का सारगर्भित प्रतिनिधित्व किया और उनके लिए लड़े। जिन्हें संक्षेप में 'भारत का विचार' कहा गया है। ये मूल मूल्य संक्षेप में थे-

1) संप्रभुता, यानी भारत स्वतंत्र और आत्मनिर्भर होगा, और वैश्विक स्तर पर साम्राज्यवादी वर्चस्व का विरोध करेगा,

2) लोकतंत्र, यानी भारत एक लोकतांत्रिक देश होगा जिसमें वयस्क मताधिकार होगा

और सभी नागरिकों को समान अधिकार होंगे, चाहे उनकी जाति, वर्ग, भाषा, लिंग, क्षेत्र या जातीयता कुछ भी हो,

3) धर्मनिरपेक्षता, यानी देश में विभिन्न धार्मिक आस्थाओं से जुड़े लोगों के समान अधिकार होंगे। भारत एक बहुसंख्यक हिंदू राज्य नहीं होगा। धर्मनिरपेक्षता और लोकतंत्र को एक दूसरे के साथ-साथ देखा जाता था। एक के बिना दूसरा अस्तित्व में नहीं रह सकता था। धर्मनिरपेक्ष लोकतंत्र शब्द का अक्सर एक साथ इस्तेमाल किया जाता था, जैसे सांप्रदायिकता का वफादारी के साथ इस्तेमाल किया जाता था,

4) गरीब समर्थक अभिविन्यास। दादाभाई नौरोजी जैसे प्रारंभिक राष्ट्रवादियों से, जिनकी पुस्तक का शीर्षक था 'भारत में गरीबी और गैर-ब्रिटिश शासन', गांधीजी द्वारा देश का रुख गरीबों की ओर मोड़ने, दरिद्रनारायण, क्रांतिकारियों, समाजवादियों और साम्यवादियों तक सभी गरीब समर्थक रुख पर सहमत थे, भले ही समाजवाद या साम्यवाद पर आम सहमति न हो,

5) आधुनिक वैज्ञानिक दृष्टिकोण का प्रचार किया जाना था (जिसे नेहरू ने वैज्ञानिक स्वभाव कहा था), रूढ़िवाद और अंधविश्वास पर काबू पाना था।

15 जून,1942 को वर्धा में अखिल भारतीय कांग्रेस कमेटी की बैठक में अपने भाषण में गांधीजी ने घोषणा की- "...किसी ने कहा कि पंडित जवाहरलाल और मैं अलग हो गए हैं। यह निराधार है...पानी को बार-बार डंडे से मारकर नहीं बाँटा जा सकता। हमें बाँटना भी उतना ही मुश्किल है। मैंने हमेशा कहा है कि राजाजी या सरदार वल्लभभाई नहीं बल्कि जवाहर मेरे उत्तराधिकारी होंगे...जब मैं चला जाऊँगा...तो वे मेरी भाषा भी बोलेंगे...अगर ऐसा नहीं भी हुआ तो भी मैं कम से कम इसी आस्था के साथ मरूँगा।"

पंडित जवाहरलाल नेहरू ने न केवल स्वतंत्रता संग्राम के दौरान इन मूल्यों के लिए लड़ाई लड़ी, बल्कि स्वतंत्रता के बाद नवजात राज्य में इन विचारों को लागू करने में भी महत्वपूर्ण भूमिका निभाई। गांधीजी ने शायद नेहरू की इस क्षमता का अनुमान लगाकर उन्हें अपना उत्तराधिकारी चुना। इन विचारों को लागू करने का भार काफी हद तक पंडित नेहरू के कंधों पर था क्योंकि भारत को स्वतंत्रता मिलने के छह महीने के भीतर ही एक हिंदू सांप्रदायिक व्यक्ति ने महात्मा गांधी की हत्या कर दी थी और 1950 में सरदार पटेल का निधन हो गया था। नेहरू ने भारत के पहले प्रधानमंत्री के रूप में लगभग 17 वर्षों तक इस कार्य को बड़ी लगन और कल्पनाशीलता के साथ निभाया।

आज़ादी के बाद 'भारत के विचार' के पाँच मुख्य मूल्यों को लागू करने में नेहरू की

भूमिका अहम रही। जब हम स्वतंत्रता के बाद भारत के विचार को लागू करने में नेहरू की भूमिका का मूल्यांकन करते हैं, तो हमें खुद को अर्थशास्त्रियों द्वारा बताई गई 'प्रारंभिक स्थितियों' की याद दिलानी चाहिए, जिससे उन्हें स्वतंत्रता के बाद उनके सामने आने वाले विशाल कार्य का अंदाजा लग सके। कवि रवींद्रनाथ टैगोर ने अपनी मृत्यु से कुछ समय पहले ब्रिटिश शासन के अंत में भारत की स्थिति का स्पष्ट रूप से अनुमान लगाया था। उन्होंने कहा-

"मैं इस वर्ष मुझे महासचिव के रूप में चुनने के लिए भारतीय इतिहास कांग्रेस की कार्यकारी परिषद का आभारी हूँ। मैं इस प्रतिष्ठित संस्था की अध्यक्षता करते हुए बहुत सम्मानित महसूस कर रहा हूँ, जो भारत में इतिहासकारों का सबसे बड़ा और सबसे प्रतिनिधि संगठन है, जिसे उन्नीसवीं सदी के तीसवें दशक के मध्य में भारतीय राष्ट्रीय आंदोलन के उत्कर्ष के दौरान बनाया गया था। हमारे राष्ट्रीय मुक्ति संघर्ष के मूल्यों के अनुरूप, जिसे "भारत के विचार" के रूप में दर्शाया गया है, भारतीय इतिहास कांग्रेस ने 85 से अधिक वर्षों तक वैज्ञानिक, धर्मनिरपेक्ष और साम्राज्यवाद-विरोधी इतिहास को बढ़ावा देने का बीड़ा उठाया है।"

हमारे स्वतंत्रता सेनानियों ने स्वतंत्र भारत की जो कल्पना की थी, उसके अनुसार भारत को इस दुख से उबारना वाकई एक बहुत बड़ा काम था। पंडित जवाहरलाल नेहरू को इस बात का श्रेय जाता है कि उन्होंने भारत को इस दलदल से उबारने के लिए एक बहुआयामी रणनीति विकसित की, जो वास्तव में औपनिवेशिक शासन से आजादी पाने वाले कई अन्य देशों के लिए एक उदाहरण बन गई।

नेहरू ने यह अद्भुत और कई मायनों में ऐतिहासिक रूप से अद्वितीय कार्य किया। एक, बहुलतावादी समाज में एक आधुनिक लोकतांत्रिक राष्ट्र राज्य का निर्माण करना, जो औपनिवेशिक राज्य की सक्रिय मिलीभगत के कारण गहराई से विभाजित हो गया था। एक पिछड़ी और औपनिवेशिक रूप से संरचित अर्थव्यवस्था में लोकतंत्र के मापदंडों के भीतर आधुनिक औद्योगिकीकरण को बढ़ावा देना। एक दरिद्र, अकालग्रस्त देश में विकास और समानता के बीच संतुलन खोजना, लोगों को सशक्त बनाना और फिर भी उनसे पूरे राष्ट्र के हित के लिए अपनी कमर कसने की अपेक्षा करना, उच्चतम स्तर की वैज्ञानिक शिक्षा को बढ़ावा देना, जो कि उपनिवेशवाद द्वारा बंजर छोड़ दिया गया क्षेत्र था।

❐

अध्याय-8

लोकतंत्र का निर्माण

सन् एक हजार इस्वी से लेकर 1857 ईस्वी तक भारत का केंद्रीय नेतृत्व मुस्लिम समुदाय के पास रहा। बीच-बीच में अन्य अनेक समुदायों ने भी राजतंत्रात्मक शासन व्यवस्था के तहत शासन करते रहे। सन् 1857 के गदर को दबा कर कुछ दिनों ईस्ट इंडिया कंपनी ने तानाशाही रवैया अपनाया और फिर भारत की कमान ब्रिटिश साम्राज्ञी के हाथों में चली गई। इससे पूर्व भारत में राजतंत्रात्मक और गणतंत्रात्मक शासन व्यवस्था थीं। यह सभी भारत भूमि पर जन्मे लोग थे और भारत की सामाजिक, धार्मिक, आर्थिक, सांस्कृतिक, और भौगोलिक स्थिति से परिचित थे। संक्षेप में कहें तो सनातन धर्मी थे। कालांतर में जैन और बौद्ध धर्म अस्तित्व में आया। इसके बावजूद भारत की अखंडता बनी रही। अंग्रेजों ने इस अखंडता पर प्रहार करते हुए भारत को न केवल विभाजित किया बल्कि फूट डालो और शासन करो की नीति ने हिंदू मुस्लिम समुदायों में नफरत का बीज बो दिया। जिसका खामियाजा आज हर भारतवासी भुगत रहा है।

अंग्रेजों को भारत से बाहर निकालने के लिए जिस तरह से हर व्यक्ति, समुदाय, जाति, धर्म, क्षेत्र, महिला, पुरुष, बच्चे, वैज्ञानिक, उद्योगपति, तवायफ, सामंत, क्षत्रप, किसान, मजदूर आदि सभी ने महात्मा गांधी के आह्वान पर स्वतंत्रता संग्राम में बढ़-चढ़कर हिस्सा लिया। ऐसे माहौल में राजतंत्र की कल्पना भी नहीं की जा सकती। अतः पहली बार संपूर्ण भारत में लोकतंत्र की स्थापना हुई। सर्वधर्म समभाव लोकतंत्र। जनता के लिए, जनता द्वारा, जनता का जनतंत्र।

जवाहरलाल नेहरू के लिए लोकतंत्र और नागरिक स्वतंत्रताएं परम मूल्य थे। जिनके साथ किसी भी लक्ष्य के लिए समझौता नहीं किया जा सकता था। चाहे वह कितना भी प्रशंसनीय क्यों न हो, चाहे वह योजना बनाना हो, आर्थिक विकास हो या सामाजिक न्याय हो। इसने इस बात पर गंभीर प्रभाव डाला कि इन अन्य लक्ष्यों को कैसे प्राप्त किया जाए। नेहरू ने घोषणा की-

"मैं किसी भी कीमत पर लोकतांत्रिक व्यवस्था को नहीं छोड़ूंगा।"

इसमें वह भारतीय राष्ट्रीय आंदोलन, लोकतंत्र और नागरिक स्वतंत्रता के एक अटूट मूल में विश्वास को दर्शा रहे थे। जिसे महात्मा गांधी ने अपने अनोखे मुहावरे में सबसे अच्छे ढंग से व्यक्त किया था-

"अहिंसा के पालन के साथ संगत नागरिक स्वतंत्रता ... स्वतंत्रता की नींव है। इसमें कोई कमी या समझौता करने की गुंजाइश नहीं है। यह जीवन का जल है। मैंने कभी पानी को पतला होते नहीं सुना।"

सन् 1931 में कांग्रेस का कराची प्रस्ताव भारत के भावी संविधान का मूल आधार बना। इसका मसौदा नेहरू ने तैयार किया था और गांधीजी ने पेश किया था। उसका पहला बिंदु था-"भारत के प्रत्येक नागरिक को स्वतंत्र रूप से विचार व्यक्त करने, स्वतंत्र रूप से संघ बनाने और एक साथ रहने तथा शांतिपूर्वक और बिना हथियार के एकत्र होने का अधिकार है।"

पंडित नेहरू सन् 1936 में एक गैर-पार्टी और गैर-सांप्रदायिक संगठन के रूप में भारतीय नागरिक स्वतंत्रता संघ की स्थापना के पीछे सबसे मजबूत ताकत थे। पंडित जवाहरलाल नेहरू ने रवींद्रनाथ टैगोर को भारतीय नागरिक स्वतंत्रता संघ का मानद अध्यक्ष और सरोजिनी नायडू को कार्यकारी अध्यक्ष बनने के लिए राजी किया और प्रांतों में ऐसे कई संघों के गठन को सक्रिय रूप से प्रोत्साहित किया।

नेहरू को अपनी गलती का एहसास

अलग देश की मांग नागालैंड में आज़ादी के समय से ही उठ रही है। पंडित नेहरू की जीवनी लिखने वाले शंकर घोष लिखते हैं-"नागा नेता फ़ीज़ो से मुलाकात के दौरान नेहरू ने साफ कह दिया था कि भारत से अलग होने की बात तो भूल जाइए लेकिन नागालैंड को संविधान के दायरे में रहते हुए बहुत हद तक स्वायत्ता दी जा सकती है।"

अप्रैल 1953 में पंडित जवाहरलाल नेहरू ने बर्मा के तत्कालीन प्रधानमंत्री यू नू के साथ नागालैंड का दौरा किया। नागा नेताओं के साथ बैठक चल रही थी तभी कुछ नागा नेता अचानक उठकर चले गए। यह पंडित नेहरू के लिए काफी अपमानजनक था क्योंकि दो-दो प्रधानमंत्री की मौजूदगी में नागा नेताओं ने ऐसा किया था, लेकिन पंडित नेहरू ने इसका बुरा नहीं माना और उन नेताओं के ख़िलाफ़ किसी तरह की कोई कार्रवाई नहीं हुई।

एक बार पंडित नेहरू ने सुप्रीम कोर्ट के एक जज की सार्वजनिक रूप से आलोचना कर दी थी। उन्हें फौरन ही अपनी ग़लती का एहसास हुआ। उन्होंने दूसरे ही दिन उन जज

साहब से माफ़ी मांगी और भारत के मुख्य न्यायाधीश को ख़त लिखकर अपने कहे गए शब्दों पर खेद जताया।

संविधान निर्माण में पंडित जवाहरलाल नेहरू की भूमिका

पंडित नेहरू संविधान सभा में एक प्रमुख व्यक्ति थे। पंडित जवाहरलाल नेहरू ने संविधान निर्माण में महत्वपूर्ण भूमिका निभाई। उन्होंने 13 दिसंबर, 1946 को संविधान सभा में उद्देश्य प्रस्ताव पेश किया, जिसमें स्वतंत्र भारत के संविधान के मूल सिद्धांतों को निर्धारित किया गया था। यह प्रस्ताव बाद में संविधान की प्रस्तावना का आधार बना। नेहरू ने संविधान सभा में एक प्रभावशाली आवाज के रूप में भी काम किया और स्वतंत्र भारत के लिए धर्मनिरपेक्षता, लोकतंत्र और समाजवाद जैसे मूल्यों पर जोर दिया।

पंडित नेहरू द्वारा पेश किया गया उद्देश्य प्रस्ताव, संविधान सभा के लिए एक मार्गदर्शक दस्तावेज था। इसमें न्याय, स्वतंत्रता, समानता और बंधुत्व जैसे सिद्धांतों पर प्रकाश डाला गया था। धर्मनिरपेक्षता, लोकतंत्र और समाजवाद को पंडित जवाहरलाल नेहरू ने इन मूल्यों को स्वतंत्र भारत के लिए आधारभूत माना और संविधान में इन सिद्धांतों को शामिल करने पर जोर दिया।

❐

अध्याय-9

सांप्रदायिक चुनौती

सन् 1857 के गदर ने हिंदुस्तान की तस्वीर और तकदीर दोनों बदल कर रख दी। मुगलों का अंत और ब्रिटेन के व्यापारिक समुदाय ईस्ट इंडिया कंपनी के हाथों में हिंदुस्तान का शासन आ गया।

अंग्रेजों ने दो धर्मावलंबियों की कमजोरी का लाभ उठाया और यहां के शासक बन गए। यहां अंग्रेजों ने यह बात अच्छी तरह से समझ ली थी कि सनातन धर्म और मुस्लिम धर्म के अनुयायियों को आपस में लड़कर शासन किया जा सकता है। ईस्ट इंडिया कंपनी की नीति-'फूट डालो शासन करो' का परिणाम था सन् 1905 ईस्वी में 'बंग भंग।' कंपनी के अधिकारियों को हिंदुस्तान के स्थानीय सामंतों, सूबेदारों और राजाओं ने अपने स्वार्थ के लिए इस्तेमाल किया। सन् 1911 में सत्ता ब्रिटिश महारानी के हाथों में आने के बाद भी यहां सामाजिक सौहार्द बनाए रखने के प्रयास नहीं किए गए। इसके विपरीत धार्मिक सांस्कृतिक और आर्थिक विसंगतियों को हवा दी गई। ब्रिटिश भारत सरकार को यह अच्छी तरह से समझ में आ गया था कि मुट्ठी भर मुसलमानों का विरोध हिंदुस्तान की बड़ी आबादी नहीं कर सकती।

अतिथि देवो भव की सूक्ति घरों की चौखटों के भीतर समा गई। मोहनदास करमचंद गांधी के अथक प्रयासों के उपरांत शैन-शैन हमारी पौराणिक मान्यता वापस घरों की चौखट से बाहर निकलने लगी थी। दोनों धार्मिक संप्रदायों के साथ-साथ ईसाई धर्मावलंबियों को यह समझ में आने लगा था कि एकता में बल है। एक रहेंगे तो अंग्रेजों के अत्याचार से मुक्त हो जाएंगे। स्वतंत्रता संग्राम में देशवासियों ने अपनी धार्मिक आस्था और विचारधारा को दरकिनार कर महात्मा गांधी का साथ दिया। अंग्रेजों के लिए यह खतरे की घंटी था। परिणाम स्वरूप एक बार पुनः अंग्रेजों ने अपनी कुटिल नीति का एक ऐसा नमूना सारी दुनिया के सामने पेश किया जिसका खामियाजा आज तक भारत को भुगतना पड़ रहा है। सन् 1947 में भारत छोड़ने से पहले धार्मिक द्वेष को हवा देते हुए भारत विभाजन कर पूर्वी

पाकिस्तान और पश्चिमी पाकिस्तान बना गए। कालांतर में पूर्व प्रधानमंत्री स्वर्गीय इंदिरा गांधी ने पूर्वी पाकिस्तान का नामोनिशान मिटा कर उसे बंगला देश बना दिया।

पंडित जवाहरलाल नेहरू के लिए स्वतंत्र भारत के लिए धर्मनिरपेक्षता को बनाए रखना एक चुनौती था। महात्मा गांधी ने भारत में जिस तरह से सामाजिक सौहार्द को विकसित किया था अंग्रेज एक झटके में उसे छिन्न-भिन्न कर गए। सत्ता के लोभियों ने हमारी सामाजिक व्यवस्था में द्वेष का बीजारोपण इस तरह से कर दिया था कि हिंदू मुस्लिम एक दूसरे की जान के दुश्मन बन गए। तत्कालीन सामाजिक वातावरण को हमारे राष्ट्रवादी नेताओं ने बड़ी सूझ-बूझ के साथ इस खतरे से देश को बाहर निकाला वह अपने आप में सारी दुनिया के लिए एक सबक है। आज संपूर्ण विश्व इससे बहुत कुछ सीख सकता है। स्वतंत्रता के बाद तत्कालीन नेताओं ने जिस तरह से सांप्रदायिक चुनौती का डटकर सामना किया वह चुनौती आज भी देश के सामने सबसे गंभीर समस्या बनी हुई है।

भारत में साम्प्रदायिकता का उदय

भारत में सांप्रदायिकता के उदय का उल्लेख सबसे पहले बिपन चंद्र ने किया था। बिपन चंद्र के अनुसार-"सांप्रदायिकता का पहला चरण 19वीं शताब्दी के आखिर में सामाजिक-धार्मिक सुधार आंदोलन के कारण शुरू हुआ था। यह आंदोलन किसी खास समुदाय के खिलाफ़ नहीं थे। इनका मकसद अपने-अपने समुदायों में सकारात्मक बदलाव लाना था।"

भारत में साम्प्रदायिकता के उदय के कारणों का उल्लेख सबसे पहले पंडित जवाहरलाल नेहरू ने किया। सांप्रदायिकता से मतलब है-'धर्म और संप्रदाय के नाम पर समाज और राष्ट्र के हितों को नज़रअंदाज़ करना।'

पंडित जवाहरलाल नेहरू ने सन् 1857 के विद्रोह को अपने अध्ययन का केंद्र बना कर शोध पूर्ण कार्य संपन्न किया। ईस्ट इंडिया कंपनी ने हिंदू और मुस्लिम को एक साथ काम करने से रोकने और एक समुदाय को दूसरे के खिलाफ खड़ा करने की। पंडित जवाहरलाल नेहरू के अनुसार-

> **"1857 के विद्रोह के बाद अंग्रेजों द्वारा मुसलमानों के साथ शुरू में भारी भेदभाव करना शुरू किया। मुसलमानो को अधिक खतरनाक समझा। आधुनिक शिक्षा, सामाजिक सुधार, आधुनिक बुद्धिजीवियों और मुस्लिम बुर्जुआ वर्ग के विकास में मुसलमानों का हिंदुओं की तुलना**

में पिछड़ना और विशेष रूप से सरकारी नौकरियों में पिछड़ना जैसे कई कारकों ने एक खास तरह की मुस्लिम राजनीति के विकास के लिए उपजाऊ जमीन तैयार की।"

ब्रिटिश सरकार की 'फ़ूट डालो और राज करो' की नीति, बंगाल का विभाजन, सर सैयद अहमद खां, मोहम्मद इक़बाल, रहमत अली, मोहम्मद अली जिन्ना जैसे लोगों का योगदान, सन् 1922-27 के बीच सांप्रदायिक उपद्रव, सन् 1906 में हिन्दू महासभा और मुस्लिम लीग की स्थापना, सन् 1940 में मुस्लिम लीग और जिन्ना ने पृथकवादी नीति अपना ली थी। ब्रिटिश भारत सरकार की मिलीभगत से बोए गए सांप्रदायिकता के बीज समय के साथ दूसरे समुदायों में भी पनपने वाले थे। उन्होंने देखा कि सांप्रदायिकतावादी, चाहे हिंदू हो या मुस्लिम, समुदाय के नाम पर बोलते हैं।

अंग्रेज अवसरवादी लोग थे। वह किसी भी समुदाय के जनसमूह का प्रतिनिधित्व नहीं करते थे। वह तो अपने निहित स्वार्थों, सामंती अभिजात वर्ग, जमींदारों, राजकुमारों और साहूकारों द्वारा समर्थित होते थे।

पंडित जवाहरलाल नेहरू को स्वतंत्र भारत में सबसे कठिन परिस्थिति का सामना करना पड़ा, क्योंकि उन्हें विभाजन की आग को तुरंत बुझाना था। नेहरू ने अपने गृह मंत्री से कहा कि इसे अवश्य ही बुझाया जाना चाहिए-

"भारत के लिए, अगर कुछ भी था, तो वह निश्चित रूप से पाकिस्तान नहीं था। वहाँ वे अपने अल्पसंख्यकों के साथ बुरा व्यवहार कर सकते हैं या उन्हें सता सकते हैं; यहाँ, हम अपने लोगों की रक्षा करेंगे और उनका सम्मान करेंगे। भारत के मुसलमानों के खिलाफ़ प्रतिशोध और उन्हें सज़ा देने की लगातार मांग की जाती रही है, क्योंकि पाकिस्तानी हिंदुओं को सज़ा देते हैं। यह तर्क मुझे ज़रा भी पसंद नहीं आया।"

क्योंकि भारत पाकिस्तान का प्रतिरूप नहीं था। जो एक हिंदू राज्य था और उसका इस्लामिक राज्य था। नेहरू ने पटेल से कहा-**"हमारे धर्मनिरपेक्ष आदर्श भारत में हमारे मुस्लिम नागरिकों पर एक जिम्मेदारी थोपते हैं।"**

एक कहानी है कि 1947 के दंगों के दौरान, जब वह प्रधानमंत्री थे। अपनी एम्बेसडर कार में यात्रा कर रहे थे और उन्होंने अचानक चांदनी चौक में एक मुस्लिम दर्जी पर हमला होते देखा। उन्होंने ड्राइवर से कार रोकने को कहा और उस व्यक्ति को बचाने के लिए कार से बाहर निकल गए।

उन्होंने विभाजन के कारण अपने रसोईघर से मुस्लिम रसोइयों को हटाने के अनुरोध को भी अस्वीकार कर दिया। उन्होंने सिर्फ़ धर्मनिरपेक्षता का उपदेश नहीं दिया, बल्कि उसका पूरी तरह पालन भी किया। पंडित नेहरू ने न सिर्फ़ हर नागरिक में लोकतांत्रिक और धर्मनिरपेक्ष मूल्यों को आत्मसात किया, बल्कि एक युवा और स्वतंत्र भारत को आत्मविश्वासी और आत्मनिर्भर बनना भी सिखाया। अगर महात्मा गांधी राष्ट्रपिता हैं, डॉ. बीआर अंबेडकर संविधान के निर्माता हैं, तो नेहरू को सही मायने में भारतीय लोकतंत्र का पिता कहा जा सकता है।

स्वतंत्रता के बाद पंडित जवाहरलाल नेहरू को विश्वास था कि भारत में जैसे-जैसे आर्थिक उन्नति होगी वैसे-वैसे साम्प्रदायिकता समाप्त हो जाएगी। वर्ग संघर्ष में कमी आएगी। उनका मत था कि सांप्रदायिकता अक्सर आर्थिक रूप से विकसित क्षेत्रों में फैलती है और भूख से पीड़ित लोग अक्सर सांप्रदायिकता और सांप्रदायिक पार्टियों की ओर मुड़ते हैं, न कि जरूरी तौर पर वर्ग संघर्ष की ओर। दुर्भाग्यवश ऐसा हो नहीं सका। उनकी आशा शीघ्र ही निराशा में बदल गई। सन् 1930 के दशक में उन्होंने तर्क दिया था- **"सांप्रदायिकता मूलतः किसी तीसरे पक्ष-विदेशी शक्ति से अनुग्रह प्राप्त करने का प्रयास है... विदेशी शक्ति को हटा दें और सांप्रदायिक तर्क और मांगें धराशायी हो जाएँगी।"**

सांप्रदायिक हमले को चुनौती देने के लिए वैचारिक लड़ाई के महत्वपूर्ण महत्व पर जोर देते हुए, नेहरू ने स्वतंत्रता के तुरंत बाद अपने मुख्यमंत्रियों से कहा-

> **"जो लोग किसी उद्देश्य में विश्वास से प्रेरित होते हैं, उन्हें शायद ही कभी उच्च शक्ति द्वारा कुचला जा सकता है। उन्हें केवल उच्च आदर्शवाद के साथ-साथ एक दृष्टि और उन उद्देश्यों का प्रतिनिधित्व करने वाले उद्देश्य के लिए काम करने की क्षमता से ही हराया जा सकता है।"**

16 अगस्त, 1947 को दिल्ली में लाल किले की प्राचीर से अपने स्वतंत्रता दिवस के भाषण में नेहरू ने स्पष्ट किया कि सांप्रदायिक संघर्ष बर्दाश्त नहीं किया जाएगा और भारत एक धर्मनिरपेक्ष राज्य होगा, न कि पाकिस्तान की तरह एक हिंदू राज्य। उन्होंने घोषणा की-

> **"सरकार का पहला काम देश में शांति और सौहार्द स्थापित करना और उसे बनाए रखना होगा तथा सांप्रदायिक झगड़ों को बेरहमी से दबाना होगा... यह कहना गलत है कि इस देश में किसी खास धर्म या संप्रदाय का शासन होगा। झंडे के प्रति निष्ठा रखने वाले सभी लोगों को जाति**

और धर्म से परे नागरिकता के समान अधिकार प्राप्त होंगे।"

19 अगस्त,1947 को राष्ट्र के नाम एक प्रसारण में उन्होंने साफ़ शब्दों में कहा था-

"हमारा राज्य साम्प्रदायिक राज्य नहीं है बल्कि एक लोकतांत्रिक राज्य है। जिसमें हर नागरिक को समान अधिकार प्राप्त हैं। सरकार इन अधिकारों की रक्षा के लिए प्रतिबद्ध है।"

पंडित जवाहरलाल नेहरू ने सांप्रदायिक ताकतों से निपटने में मिसाल कायम की। उन्होंने 2 अक्टूबर,1951 को गांधी जी की जयंती पर घोषणा की थी-

"सांप्रदायिक ताकतों को कोई रियायत नहीं दी जाएगी और जहां तक उनका सवाल है, वे सरकार के अंदर और जरूरत पड़ने पर बाहर भी अपने जीवन की आखिरी सांस तक सांप्रदायिकता से लड़ेंगे।"

दिल्ली में सांप्रदायिकों द्वारा हिंदू राष्ट्र की बात करते हुए और मुसलमानों को आने वाले शरणार्थियों के लिए अपने घर खाली करने की धमकी देते हुए और उन्हें पाकिस्तान जाने के लिए कहते हुए सुनकर पंडित जवाहरलाल नेहरू ने चेतावनी दी-

"यदि कोई व्यक्ति धर्म के आधार पर किसी अन्य व्यक्ति के विरुद्ध हाथ उठाता है तो सरकार के सभी संसाधनों का उपयोग उसे कठोरता से दबाने के लिए किया जाएगा।"

दंगों सहित सांप्रदायिक उपद्रवों को रोकने या बढ़ावा देने में पुलिस अधिकारियों और जिला प्रशासन द्वारा निभाई गई महत्वपूर्ण भूमिका से अवगत, पंडित नेहरू ने अपने मुख्यमंत्रियों से कहा-**"वे किसी भी बहाने को स्वीकार न करें और जब कोई सांप्रदायिक घटना घटित हो तो प्रत्येक जिला अधिकारी के रिकॉर्ड में एक काला निशान लगाएं और उसे इसकी सूचना दें।"**

पंडित जवाहरलाल नेहरू ने तर्क दिया था कि सांप्रदायिकतावादियों का धर्म या संस्कृति से कोई लेना-देना नहीं है। वह पूरी तरह से नैतिकता और नैतिकता से रहित हैं। वह अतीत की संस्कृति की बात अवश्य करते हैं, लेकिन उनका इससे कोई लेना-देना नहीं है। पंडित जवाहरलाल नेहरू ने यह भी कहा था-

"सांप्रदायिकतावादी खुद को गैर-राजनीतिक कहते हैं लेकिन वे वास्तव में राजनीतिक रूप से काम करते हैं और उनकी मांगें राजनीतिक हैं। केवल उनकी राजनीति प्रतिक्रियावादी और राष्ट्र-विरोधी थी।"

धर्म-निरपेक्षता

स्वतंत्रता से पूर्व पंडित जवाहरलाल नेहरू ने विश्व के अधिकांश देशों का भ्रमण किया था। वह विभिन्न देशों में भारत की धर्मनिरपेक्ष छवि बनाने में प्रयासरत रहे। उन्होंने धर्मनिरपेक्ष 'भारत के विचार' को सबसे भारी बाधाओं के खिलाफ परीक्षण किया गया था।

भारत विभाजन का समय अत्यंत कष्टदायक था। इस समय लगभग 6 लाख शरणार्थी भारत में आ गए। संभवतः यह दुनिया में एक निश्चित समय अवधि में सबसे बड़ा पलायन था। लाखों लोगों को अपनी जान गंवानी पड़ी।

पंडित जवाहरलाल नेहरू साम्प्रदायिकता के खिलाफ अघोषित जंग छेड़े हुए थे। वह हर कीमत पर इसे हमेशा-हमेशा के लिए खत्म कर देना चाहते थे। वह केवल एक विकसित राष्ट्र की संकल्पना को साकार करना चाहते थे। वह जानते थे कि सांप्रदायिक स्थिति पर काबू पाना मुश्किल है। इसी बीच महात्मा गांधी की हत्या कर दी गई। पंडित जवाहरलाल नेहरू इस बात पर बहुत स्पष्ट थे कि-

"यह हत्या सिर्फ़ एक व्यक्ति या किसी छोटे समूह का काम नहीं थी ...उसके पीछे एक व्यापक संगठन था"

उन्होंने यह भी स्पष्ट किया कि जिस संगठन की वह बात कर रहे थे वह आर एस एस था। वास्तव में उन्होंने इसे सत्ता पर कब्ज़ा करके भारतीय राज्य की प्रकृति को बदलने के प्रयास के रूप में देखा। 5 फरवरी, 1948 को मुख्यमंत्रियों को लिखे अपने पत्र में उन्होंने अपने शब्दों में कोई कमी नहीं रखी-

"ऐसा प्रतीत होता है कि जानबूझकर तख्तापलट की योजना बनाई गई थी जिसमें कई लोगों की हत्या और सामान्य अव्यवस्था को बढ़ावा देना शामिल था ताकि संबंधित विशेष समूह सत्ता पर कब्ज़ा कर सके। ऐसा प्रतीत होता है कि यह साजिश काफी व्यापक थी, जो कुछ राज्यों तक फैल गई थी।"

पंडित जवाहरलाल नेहरू इसे सफल नहीं होने देना चाहते थे। उन्होंने अपने गृह मंत्री और उप प्रधानमंत्री सरदार वल्लभ भाई पटेल से इस विषय पर गहन विचार विमर्श किया। सरदार वल्लभ भाई पटेल के पूर्ण समर्थन से उन्होंने आर एस एस पर प्रतिबंध लगा दिया। आर एस एस के लगभग 25,000 कार्यकर्ताओं को जेल में डाल दिया। जब आर एस एस ने लिखित आश्वासन दिया था कि अब से वह केवल एक सांस्कृतिक संगठन के रूप

में काम करेगा और राजनीति से उसका कोई लेना-देना नहीं होगा तब जुलाई, 1949 में आरएसएस पर प्रतिबंध हटा दिया गया। लिखित आश्वासन मिलने के बावजूद पंडित जवाहरलाल नेहरू आश्वस्त नहीं थे। उनकी शंका निराधार नहीं थी। जुलाई 1949 में प्रतिबंध हटाए जाने और कैदियों को रिहा किए जाने के बाद आरएसएस ने अपना वैचारिक आक्रमण फिर से शुरू कर दिया। अतः पंडित जवाहरलाल नेहरू ने मुख्यमंत्रियों को आरएसएस की फासीवादी प्रकृति और उनकी गतिविधियों के फिर से शुरू होने के खतरे के बारे में चेतावनी दी थी। पंडित जवाहरलाल नेहरू ने इसके खतरनाक निहितार्थों के प्रति बार-बार चेतावनी दी। उन्होंने प्रांतों के मुख्यमंत्रियों को लिखे अपने पत्रों में कहा-

"आरएसएस की पूरी मानसिकता एक फासीवादी मानसिकता है। इसलिए, उनकी गतिविधियों पर कड़ी नज़र रखी जानी चाहिए।"

जिस साम्प्रदायिकता के लिए महात्मा ने अपना सर्वस्व समर्पित कर दिया था अब वह नहीं रहे। पंडित जवाहरलाल नेहरू ने अपने आप को संयमित रखते हुए इस चुनौती का सामना किया। बिना विचलित हुए उन्होंने अदम्य साहस और ऊर्जा के साथ भारत को एक नए राष्ट्र के रूप में विकसित करने का संकल्प लेकर सबसे बुरे संकट से उबारा। सारी दुनिया ने उनका लोहा माना।

पंडित जवाहरलाल नेहरू ने स्वतंत्रता से पहले अगस्त, 1946 में मुस्लिम लीग द्वारा प्रत्यक्ष कार्रवाई के आह्वान के परिणामस्वरूप कलकत्ता में हुए बड़े हत्याकांड को देखा था। अगले महीने सितंबर में नेहरू के नेतृत्व वाली अंतरिम सरकार के गठन से बमुश्किल एक महीने पहले ही अंग्रेजों ने सत्ता सौंपने की तैयारी की थी। इसके बाद अक्टूबर में बंगाल के एक सुदूर जिले नोआखली में बड़े पैमाने पर हिंसा भड़क उठी। मुस्लिम लीग ने इसे रोकने के लिए कोई कदम नहीं उठाया था। परिणामस्वरूप कलकत्ता और नोआखली में हिंदुओं के खिलाफ हिंसा की प्रतिक्रिया के रूप में पड़ोसी सूबे बिहार में मुसलमानों के खिलाफ बड़े पैमाने पर हिंसा भड़क उठी। जो पहली बार ग्रामीण इलाकों में जंगल की आग की तरह फैल गई। अतः यह कहना औचित्यहीन नहीं होगा कि भारत के स्वतंत्रता और विभाजन की ओर बढ़ते समय में भारत में धार्मिक सांप्रदायिक हिंसा का एक चक्रव्यूह चल रहा था। साम्प्रदायिकता के सख्त विरोधी महात्मा गांधी ने 6 नवंबर, 1946 को नोआखली के गांवों में पहुंच कर सांप्रदायिक हिंसा को रोकने का सबसे कठिन काम अपने हाथ में लिया। पंडित जवाहरलाल नेहरू इन सभी घटनाओं का न केवल मूल्यांकन कर रहे थे बल्कि भविष्य

में किसी भी अप्रिय स्थिति से निपटने के लिए आवश्यक नीति भी बनाने में जुटे हुए थे।

4 से 9 नवंबर, 1946 के बीच पंडित जवाहरलाल नेहरू सहित कांग्रेस के शीर्ष नेता सरदार पटेल, राजेंद्र प्रसाद, मौलाना आज़ाद, आचार्य कृपलानी, जयप्रकाश नारायण, अनुग्रह नारायण सिन्हा और कई अन्य लोगों के साथ बिहार पहुंचे। सभी ने प्रभावित क्षेत्रों का दौरा किया। हिंसा को तुरंत रोकने का संकल्प लिया। पंडित जवाहरलाल नेहरू अपने शस्त्रागार में मौजूद सभी हथियारों, राज्य की दमनकारी शक्ति, स्वतंत्रता संग्राम की प्रतिष्ठा और आदर्शों, गांधी जी के प्रति सम्मान और आदर, अपनी व्यक्तिगत प्रतिष्ठा और बहुत कुछ को हालात पर काबू पाने के लिए इस्तेमाल किया। उन्होंने अपनी जान की बाजी लगाई और बिहार पहुंचते ही घोषणा की-

"मैं हिंदू-मुस्लिम दंगों के बीच खड़ा रहूंगा। दोनों समुदायों के लोगों को एक-दूसरे पर हमला करने से पहले मेरी लाश पर पैर रखना होगा।"

परिणामस्वरूप 8 नवंबर तक बिहार में हालात नियंत्रण में आ गए थे। आजादी के बाद सैकड़ों हजारों शरणार्थी पूर्वी पंजाब और दिल्ली में आ गए।

अंग्रेज मुक्त भारत की कल्पना को साकार करने के लिए भारतीय राष्ट्रीय आंदोलन के शीर्ष नेताओं ने लगातार चार महीने सुदूर कोने में झोपड़ियों में सोते हुए व्यतीत किए और देशवासियों को यह संदेश दिया कि साम्प्रदायिक हिंसा से किसी का भला होने वाला नहीं है। हम आजाद होने वाले हैं और इस समय एकता का प्रदर्शन ही हमारा मुख्य हथियार है।

तत्कालीन विश्व की सबसे महत्वपूर्ण घटनाओं में से एक घटना यह थी कि ब्रिटिश साम्राज्य से स्वतंत्र भारत में सत्ता के हस्तांतरण की तैयारी चल रही थी। एक ऐसा हस्तांतरण, जिसके बाद दुनिया के अधिकांश हिस्सों में औपनिवेशिक साम्राज्य ढह गए। यह एक अमिट इतिहास बन गया। भारत स्वतंत्र हुआ।

दूरदर्शिता

पंडित जवाहरलाल नेहरू दूरदर्शी थे। प्रत्येक छोटी-बड़ी बात पर गंभीरता से विचार किया करते थे। साम्प्रदायिकता के विषय में भी वह दूरदर्शी सोच रखते थे। उनकी दूरदर्शीता का अंदाजा इसी बात से लगाया जा सकता है कि उन्होंने सन् 1951-52 के पहले आम चुनावों को भारतीय राज्य की प्रकृति के बारे में एक वास्तविक जनमत संग्रह में कैसे बदल दिया। क्या भारत 'हिंदू राष्ट्र' होगा? 'मुस्लिम पाकिस्तान' की भांति? या भारत एक धर्मनिरपेक्ष-लोकतांत्रिक भारतीय राज्य होगा? इन्हीं मुद्दों को लेकर उन्होंने सांप्रदायिक राजनीतिक समूहों के खिलाफ लड़ाई को अपना केंद्रीय उद्देश्य बनाया। भारतीय राष्ट्रीय

आंदोलन के धर्मनिरपेक्ष दृष्टिकोण को साकार करने के लिए अथक अभियान चलाया। महात्मा गांधी के सपने को साकार करने के उद्देश्य से पंडित जवाहरलाल नेहरू ने संपूर्ण भारत में यात्राएं की और पैंतीस लाख लोगों को संबोधित किया। दूसरे शब्दों भारत की आबादी के दसवें हिस्से को संबोधित किया। इसका परिणाम यह हुआ कि सांप्रदायिक उन्माद के चरम पर पहुंचने के कुछ वर्षों के भीतर शांतिपूर्ण निष्पक्ष चुनाव संपन्न हुए। सांप्रदायिक पार्टियों, हिंदू महासभा, नवगठित जनसंघ और राम राज्य परिषद ने 489 सदस्यों वाली लोकसभा में कुल मिलाकर केवल 10 सीटें जीतीं। उन्हें मात्र छह प्रतिशत से भी कम वोट मिले। यह एक आश्चर्यजनक उपलब्धि थी और पंडित जवाहरलाल नेहरू के अथक प्रयासों के परिणाम के साथ-साथ भारतीय राष्ट्रीय आंदोलन के लिए एक सच्ची श्रद्धांजलि थी।

पंडित जवाहरलाल नेहरू बार-बार कहते थे कि पहले आम चुनाव में सांप्रदायिक ताकतों की शानदार हार के बाद आत्मसंतुष्टि के लिए कोई जगह नहीं है। प्रांतीय कांग्रेस समितियों के अध्यक्षों को लिखते हुए उन्होंने 1952 में कहा-

"इन चुनावों से एक अच्छी बात यह उभर कर आई है कि सांप्रदायिकता के खिलाफ हमारी सीधी लड़ाई और सफलता है। यह सफलता महत्वपूर्ण और उत्साहवर्धक है। लेकिन यह किसी भी तरह से पूरी तरह सफल नहीं है और हमें इस बारे में सावधान रहना होगा।"

पंडित नेहरू का मानना था कि पहले चुनाव ने एक और महत्वपूर्ण सबक सिखाया कि सांप्रदायिकता से समझौता करने में कोई फ़ायदा नहीं है। आज के भारत के संदर्भ में यह एक बहुत ही महत्वपूर्ण सबक है। उन्होंने कहा-

"हमने आखिरकार देखा है कि हमें सांप्रदायिकता से डरने की ज़रूरत नहीं है और हमें इसके साथ समझौता करने की ज़रूरत नहीं है जैसा कि कई कांग्रेसियों ने परिणामों के डर से किया था। जहाँ हम इसके साथ सीधे और ईमानदार तरीके से लड़ते हैं, हम जीतते हैं। जहाँ हम इसके साथ समझौता करते हैं, हम हार जाते हैं।"

दूरदर्शी पंडित जवाहरलाल नेहरू भारत में सांप्रदायिकता की जटिल और वैज्ञानिक समझ विकसित करने वाले पहले लोगों में से थे। एक अवसर पर उन्होंने कहा था-

"हिंदू-मुस्लिम एकता के लिए बार-बार दोहराई जाने वाली अपील, जो निस्संदेह उपयोगी है, मुझे पूरी तरह से बेतुकी लगती है, जब

तक कि इस असमानता के कारणों को समझने का कुछ प्रयास नहीं किया जाता"।

पंडित जवाहरलाल नेहरू ने अपनी आत्मकथा में 'सांप्रदायिकता और प्रतिक्रिया' नामक खंड में और अन्य लेखों और भाषणों में विस्तार से वर्णन मिलता है। वास्तव में उन्होंने सांप्रदायिकता की उत्पत्ति और विकास का पता आश्चर्यजनक कुशलता से लगाया। कालांतर में अनेक इतिहासकारों और विद्वानों इसकी पुष्टि अपने गहन शोध पूर्ण अध्ययन के बाद की।

पंडित नेहरू और संघ

पंडित नेहरू का सुसंगत विरोधी रहा राष्ट्रीय स्वयं सेवक संघ। उसे गाँधी से निबटना था और उस रास्ते में सबसे बड़ी बाधा पंडित नेहरू द्वारा व्याख्यायित गाँधी थे। इस व्याख्या को ध्वस्त किए बिना गाँधी को हड़प करना मुमकिन न था। गाँधी-संस्थाओं और प्रतिष्ठानों में विराजमान गाँधीवादियों को संघ के साथ मिल कर रामधुन गाने में परहेज़ न रहा। गाँधी प्रणीत भारतीयता के लिए सबसे बड़ा ख़तरा नेहरू की निगाह में संघ और तत्कालीन जनसंघ था।

पंडित जवाहरलाल नेहरू बहुसंख्यकवाद के ख़तरों से परिचित थे। इसलिए उन्हें इसमें कोई संदेह न था कि सबसे बड़ी चुनौती भारतीय राष्ट्रवाद को संघ के राष्ट्रवाद से है। संघ और जनसंघ ने नेहरू के विरुद्ध घृणा प्रचार में कोई मर्यादा नहीं रखी। दूसरे आम चुनाव के पहले दिल्ली भर में पोस्टर लगाए गए जिनमें पंडित नेहरू तलवार लिए गायों को बूचड़ख़ाने की तरफ हाँकते दिखाए गए थे।

पंडित नेहरू को आधा क्रिस्तान और आधा मुसलमान कहकर उन्हें हिंदू-विरोधी घोषित करने से लेकर फिरोज़ गाँधी से उनकी बेटी की शादी पर भी घटिया प्रचार करने में परहेज नहीं रखा गया। वह दुष्प्रचार बाद में सोनिया गाँधी के विदेशी मूल को मुद्दा बनाने तक गया।

संघ के नेतृत्व में हिंदू सांप्रदायिकों के साथ-साथ अल्पसंख्यक सिख और मुस्लिम सांप्रदायिकों ने शिक्षा प्रणाली सहित अपने प्रचार को जारी रखा। केवल एक 'सांस्कृतिक' संगठन होने का दावा करते हुए, राष्ट्रीय स्वयंसेवक संघ ने अपनी विभाजनकारी घृणा की विचारधारा को फैलाना जारी रखा। जिससे पंडित जवाहरलाल नेहरू की यह मान्यता सही साबित हुई कि सांप्रदायिक लोग एक बात कहते हैं लेकिन व्यवहार में उसके विपरीत करते

हैं। पंडित नेहरू के शासन काल से लेकर वर्तमान समय में भी देश का लगभग निन्यानवे प्रतिशत भारतीय नागरिक यह स्वीकार करते हैं कि संघी लोग जो कहते हैं वह करते नहीं हैं और जो करते हैं वह कहते नहीं हैं। कहते कुछ हैं, करते कुछ हैं और होता कुछ और ही है। विभाजनकारी घृणा की विचारधारा को राष्ट्रीय स्वयंसेवक संघ शाखाओं, अफवाहों, अखबारों, पर्चों और सरस्वती शिशु मंदिर नामक शैक्षणिक संस्थानों के नेटवर्क के माध्यम से प्रचारित किया गया, जिनमें से पहला 1952 में संघ प्रमुख एमएस गोलवलकर की उपस्थिति में शुरू किया गया था।

पंडित जवाहरलाल नेहरू ने कहा कि भारत को ख़तरा कम्युनिस्टों से नहीं है, बहुसंख्यक हिंदू सम्प्रदायवाद से है। उनके विरोधियों में राष्ट्रीय स्वयं सेवक संघ ने उनकी मृत्यु के पचासवें वर्ष में हिंदू मानस की कल्पना को ठीक उन्हीं नारों से सम्मोहित कर लिया जिनसे पंडित नेहरू उसे सावधान करते रहते थे।

पंडित नेहरू वास्तव में अल्पसंख्यक सांप्रदायिकता के उतने ही आलोचक थे जितने बहुसंख्यक सांप्रदायिकता के। उनका मानना था-"दोनों के बीच कोई बुनियादी अंतर नहीं है।" मुस्लिम लीग के नेताओं और मुस्लिम सांप्रदायिकतावादियों को वफ़ादार बताने में उन्हें कोई हिचकिचाहट नहीं थी। निश्चित रूप से राष्ट्र-विरोधी और सबसे खराब किस्म के राजनीतिक प्रतिक्रियावादी।

पंडित जवाहरलाल नेहरू की अल्पसंख्यक सांप्रदायिकता के प्रति नरम रुख और उन्हें खुश करने की हिंदू सांप्रदायिक आलोचना के विपरीत पंडित नेहरू और भारतीय राष्ट्रवादी नेतृत्व पर इसके विपरीत आरोप भी लगाए गए। अल्पसंख्यक या मुस्लिम समुदाय ने अलग निर्वाचन क्षेत्र आदि की मांग उठाई। इस मांग को स्वीकार नहीं किया गया।

आर्थिक विचार के मामले में नेहरू के आलोचक और विरोधी थे राजगोपालाचारी। वह पूँजीवादी दृष्टि के पैरोकार थे और ख़ालिस दक्षिणपंथी। उन्होंने स्वतन्त्र पार्टी बनाई, लेकिन वह धर्मनिरपेक्षता के समर्थक थे।

पंडित जवाहरलाल नेहरू की मृत्यु पर उन्होंने कहा-''हमारे बीच का आख़िरी सभ्य व्यक्ति विदा हो गया।" आगे चलकर भारत में किसी धर्मनिरपेक्ष दक्षिणपंथ का अस्तित्व न रहा, जिसकी कामना अभी अमर्त्य सेन भी कर रहे थे।

❐

अध्याय-10

आधुनिक भारत के निर्माता : पंडित जवाहरलाल नेहरू

"आजादी की सालगिरह कोई तमाशा नहीं है। यह एक बार फिर से इकरार करने का दिन है, फिर से प्रतिज्ञा करने का, फिर से जरा अपने दिल में देखने का कि हमने अपना कर्तव्य पूरा किया कि नहीं। आजादी की लड़ाई हमेशा जारी रहती है। कभी उसका अंत नहीं होता। हमेशा उसके लिए परिश्रम करना पड़ता है, हमेशा उसके लिए कुर्बानी करनी पड़ती है।"

-15 अगस्त, 1960, लाल किले की प्राचीर से पंडित जवाहरलाल नेहरू

पंडित नेहरू को समझना एक तरह से आधुनिक आजाद भारत को समझना भी है। साथ ही साथ उनकी वैश्विक दृष्टि और दृष्टिकोण को समझना भी ज़रूरी है। इससे पहले यह भी जानना समझना होगा कि वह स्वयं भारत और भारत के लोगों के बारे में क्या महसूस करते थे। 21 जनवरी 1954 को प्रतिष्ठित समाचार पत्र स्टेट्समैन ने उनसे पूछा कि उन्हें किस तरह से याद किया जाए? जवाब में उन्होंने लिखा था-

"यह (स्वयं) एक ऐसा व्यक्ति था जिसने अपने संपूर्ण मस्तिष्क और हृदय से भारत और भारत के लोगों से प्यार किया। और बदले में वे सभी उसके प्रति कृपालु बनें और उन्होंने अत्यन्त प्रचुरता और मुक्त हस्त से उस पर अपना प्यार लुटाया।"

स्वतंत्रता के पहले सूर्योदय से पूर्व 14 अगस्त, 1947 की मध्यरात्रि में पंडित जवाहरलाल नेहरू के ऐतिहासिक भाषण 'ट्रिस्ट विद डेस्टिनी' को बीसवीं शताब्दी के सर्वश्रेष्ठ भाषणों में गिना जाता है। दिल्ली में नौ अप्रैल, 1950 को इंडियन काउंसिल फॉर

कल्चरल रिलेशंस के स्थापना दिवस समारोह को संबोधित करते हुए उन्होंने कहा था-

"जब लोग भूखे हों और मर रहे हों, तो किसी भी दूसरे विषय पर बात करने से पहले सामान्य मनुष्यों के जीवन की बुनियादी जरूरतें पूरी करना सबसे जरूरी है। आज का मनुष्य कष्टों, भुखमरी और असमानता को बर्दाश्त करने की मन:स्थिति में नहीं है। विशेषकर जब दिख रहा है कि बोझ बराबर नहीं उठाया जा रहा। कुछ थोड़े से लोग मुनाफा कमाते हैं और बाकी बहुत से लोग केवल बोझ उठाते हैं।"

यह चिंतन, यह सोच, यह विचार थे पंडित जवाहरलाल नेहरू के, लेकिन आज ऐसी बातें देश में हो ही नहीं रही है। वास्तविकता यह है कि आज पंडित जवाहरलाल नेहरू जैसे नेता की आवश्यकता है।

वर्ष 1954 के स्वतंत्रता दिवस पर लाल किले से देश को संबोधित करते हुए उन्होंने कहा था-

"हम अभी आजादी के रास्ते पर हैं, यह न समझिए कि मंजिल पूरी हो गयी है। हमें इस देश के एक-एक आदमी को आजाद करना है। यदि देश में कहीं गरीबी है, तो (मानना होगा कि) वहां तक आजादी नहीं पहुंची। इसी तरह, यदि हम आपस के झगड़ों में फंसे हुए हैं। आपस में बैर है। बीच में दीवारें हैं। तब भी हम पूरे तौर पर आजाद नहीं हैं।"

इसके बाद भी पंडित जवाहरलाल नेहरू ने देश दुनिया में अनेक भाषण दिए, जो उल्लेख हैं।

नेहरू इस बात से वाकिफ थे के लोकतांत्रिक समाज के निर्माण जो कि समानता पर आधारित हो के लिए सबसे जरूरी है शिक्षा, स्वास्थ्य और जागरूकता। स्वतंत्र भारत की साक्षरता दर बेहद कम थी। सरकार ने प्राथमिक, माध्यमिक, उच्च और तकनीकी तकनीकी शिक्षा की सुविधाएं विकसित करने पर एक बड़ी राशि खर्च की। पंडित नेहरू के शासनकाल के दौरान शिक्षा खासकर लड़कियों की शिक्षा में भारी प्रगति दिखाई पड़ी। सन् 1951 और सन् 1961 के बीच स्कूलों में छात्रों की संख्या दोगुनी और छात्राओं की संख्या 3 गुनी हो गई। आजादी के दौरान सिर्फ 18 विश्वविद्यालय थे जबकि करीब 3,00,000 विद्यार्थी। सन् 1964 तक विश्वविद्यालयों की संख्या 54 और कॉलेजों की संख्या 2500 हो गई। स्नातक और स्नातकोत्तर छात्रों की संख्या 6.13 लाख हो चुकी थी।

पंडित नेहरू का मानना था कि भारत की समस्याओं के समाधान के लिए विज्ञान और तकनीक का विकास अति महत्वपूर्ण है। उनके शासन काल में महत्वपूर्ण उपलब्धि वैज्ञानिक अनुसंधान और तकनीकी शिक्षा क्षेत्र का विकास रही। पंडित नेहरू का मत था कि जातिगत पूर्वाग्रह, धर्मांधता, सामाजिक विषमता आदि को हमारे सामाजिक संबंधों तथा मानसिक स्वभावों में वैज्ञानिक प्रवृत्ति पैदा करके ही समाप्त किया जा सकता है।

ग्रामीण क्षेत्रों के विकास के लिए दो बड़े कार्यक्रम सामुदायिक विकास कार्यक्रम और पंचायती राज क्रमशः 1952 और 1959 में शुरू किया गया। यह कार्यक्रम गांव में कल्याणकारी राज्य की नींव डालने वाले थे।

इसके अलावा सड़क, तालाब, स्कूल तथा प्राथमिक चिकित्सा केंद्र का निर्माण और चिकित्सा सुविधाओं का विस्तार हुआ। इन कार्यक्रमों की कमजोरियों को दूर करने के लिए पंडित नेहरू ने सन् 1957 में बलवंत राय मेहता समिति का गठन किया। इस समिति ने स्थानीय स्तर पर विकेंद्रीकरण का समर्थन किया। यह विकेंद्रीकृत व्यवस्था पंचायती राज के नाम से जानी गयी। और इसे 1959 से विभिन्न राज्यों में लागू किया गया। पं. नेहरू ने 1959 में राजस्थान के नागौर में स्वयं पंचायती राज का उद्घाटन किया। पंडित नेहरू ने मिश्रित अर्थव्यवस्था के माध्यम से नियोजन को प्राथमिकता देते हुए राष्ट्र निर्माण का मार्ग प्रशस्त किया।

नेहरू और कम्युनिस्ट

पंडित नेहरू हिंदूवादी टंडन के राजनीतिक नेतृत्व में काम करने को राज़ी नहीं थे। पचास के दशक में ही कांग्रेस पार्टी के भीतर के गाँधीवादियों ने नेहरू विरोधी मोर्चा बनाने का प्रयास भी किया, लेकिन वह नाकामयाब रहा।

कम्युनिस्ट उनके आलोचक जितने थे, विरोधी उतने नहीं। मार्क्सवाद से सहानुभूति होते हुए भी पंडित नेहरू को भारतीय कम्युनिस्टों से परेशानी इसलिए थी कि उनमें उन्हें मौलिक चिंतन के साहस का अभाव जान पड़ता था।

1947 की आज़ादी को झूठी कहकर और नव स्वतन्त्र राष्ट्र की सत्ता के विरुद्ध सशस्त्र संघर्ष का ऐलान कर भी उन्होंने नेहरू की उलझन बढ़ा दी, लेकिन नेहरू कम्युनिस्टों को अपना शत्रु नहीं मानते थे। एक पत्रकार सम्मलेन में जब चुनावों में कम्युनिस्ट पार्टी के बहुमत की 'आशंका' व्यक्त की गई, तो नेहरू ने हलके ढंग से कहा-"अगर यह आफ़त आ ही गई तो हम उससे निपट लेंगे।"

नेहरू के कटु विरोधी साबित हुए आरंभिक दौर में उनके सहयोगी रहे समाजवादी। इनके प्रवक्ता राम मनोहर लोहिया थे। मधु लिमये ने लिखा है-"सन् 1949 तक लोहिया नेहरू के प्रिय पात्र थे, लेकिन बाद में इनका नेहरू विरोध जुनून की हद तक बढ़ गया।

वह समाजवादियों को धकेल कर समाजवाद-विरोधी राष्ट्रीय स्वयंसेवक संघ से सक्रिय सहयोग तक ले गया। अब कहना कठिन है कि भारत में समाजवादी राजनीति जैसी कोई विचार प्रणाली बची भी है या नहीं।

❐

अध्याय-11

भारतीय विदेश नीति के निर्माता

"शांति के बिना सभी सपने गायब हो जाते हैं
और राख में बदल जाते हैं।"

- पंडित जवाहरलाल नेहरू

पंडित जवाहरलाल नेहरू एक महान अंतरराष्ट्रीयतावादी थे। अंतरराष्ट्रीयता की प्रेरणा उन्हें विवेकानंद, रवीन्द्र नाथ ठाकुर एवं महात्मा गांधी जैसे महान व्यक्तियों से प्राप्त हुई थी। उनका मानना था कि किसी देश विशेष के संकीर्ण दृष्टिकोण के स्थान पर वैसे दृष्टिकोण को अंगीकार किया जाना चाहिए जो वैश्विक हित में हो। अपने इसी दृष्टिकोण के कारण उन्होंने भारतीय विदेश नीति के निर्धारक तत्व के रूप में गुटनिरपेक्षता तथा पंचशील की संकल्पना को आधार के रूप में अपनाया। स्वतंत्र विदेश नीति पर चलने का प्रयत्न 1947 के बाद की भारतीय राजनीति की विशेषता थी। पंडित नेहरू के अनुसार एशिया तथा अफ्रीका नव स्वतंत्र देशों की आवश्यकता है गरीबी, निरक्षरता और बीमारी से लड़ना और यह काम शीतयुद्धकालीन दो गुटों में शामिल होकर नहीं किया जा सकता है।

गुटनिरपेक्ष आंदोलन

गुटनिरपेक्षता की अवधारणा नेहरू द्वारा प्रदत एक ऐसा उपहार है जिसे उन्होंने प्रभुत्व की राजनीति, गुप्त कूटनीति, सैनिक समझौते तथा हथियारों की होड़ की दौड़ में भाग रहे संसार को प्रदान किया। इस नीति के अंतर्गत समाहित किए गए विचार हैं-समानता की भावना, पारस्परिक प्रेम, भिन्न-भिन्न राष्ट्रों की शासन पद्धति के साथ सहिष्णुता, भौगोलिक अखंडता को महत्व देना तथा शक्ति का प्रयोग न करना आदि। भारत ने गुटनिरपेक्षता की नीति इसलिए अपनाई क्योंकि यह निर्णय लेने की स्वतंत्रता की रक्षा करना चाहता था। पंडित नेहरू ने अपने कार्यकाल के दौरान न सिर्फ पड़ोसियों से बल्कि अंतरराष्ट्रीय महाशक्तियों से भी मित्रता पूर्ण संबंध स्थापित किया। संयुक्त राष्ट्र संघ जैसी संस्था में भी भारत ने अपनी मजबूत उपस्थिती दर्ज कराई। गुटनिरपेक्षता की नीति को

दुनिया के तमाम देशों ने अपनाया। यह पंडित नेहरू के व्यक्तित्व और भारतीय विदेश नीति की महत्वपूर्ण उपलब्धि थी।

सन् 1947 : पाकिस्तान का आक्रमण

उत्तर प्रदेश के कैराना के प्रसिद्ध शायर मुज़फ़्फ़र इस्लाम रज़्मीलम्हों ने लिखा-"ख़ता की थी सदियों ने सज़ा पाई।" इसका आशय है कि किसी लम्हें में की गई कोई गलती, कोई भूल आपके आने वाली पीढ़ियों पर भारी पड़ सकती है। आज यह पंक्तियां प्रासांगिक हैं। हम दुनिया की चौथ अर्थव्यवस्था होकर भी अभी भी एक कंगाल देश के साथ विवाद में उलझे हैं। पाकिस्तान के साथ हिंदुस्तान का सबसे बड़ा विवाद का कारण कश्मीर है।

सन् 1947 में पुंछ में महाराजा हरि सिंह के ख़िलाफ़ विद्रोह छिड़ गया। 24 अक्टूबर 1947 को पाकिस्तान ने कश्मीर पर हमला कर दिया। पाकिस्तानी सेना द्वारा समर्थित उत्तर-पश्चिम सीमांत प्रांत (एनडब्ल्यूएफपी) के कई हजार पश्तून आदिवासियों ने जम्मू-कश्मीर को महाराजा के शासन से मुक्त कराने के लिए घुसपैठ की। महाराज के सैनिकों ने इस आक्रमण को रोकने की कोशिश की लेकिन पाकिस्तान समर्थक विद्रोही आधुनिक हथियारों से लैस थे। उन्होंने लगभग पूरे पुंछ जिले पर नियंत्रण हासिल कर लिया। आक्रमणकारियों ने मुज़फ़्फ़राबाद और बारामूला शहरों पर कब्ज़ा कर लिया और राज्य की राजधानी श्रीनगर से बीस मील उत्तर पश्चिम में पहुँच गए। जब परेशान और हताश महाराजा हरि सिंह ने मदद की उम्मीद के साथ फोन किया, तो नेहरू ने दिल्ली द्वारा उन्हें बचाने की स्थिति में नहीं होने की बात कही।

राज्य बलों के मुस्लिम अधिकारियों ने महाराजा को धोखा दिया। कर्नल नारायण सिंह सम्ब्याल जैसे अधिकारियों को मार डाला और दुश्मन को कश्मीर का रास्ता दिखाया। मुजाहिदीनों ने बारामूला सेक्टर में तेजी से प्रगति की, 11000 से 14,000 निवासियों को मार डाला।

पाकिस्तान की सेना ने कबायलियों को हुकूम दिया था कि उन्हें जम्मू कश्मीर में जैसे ही कोई सिख दिखाई दे उसका सिर काट कर दिया जाए। कोई भारत समर्थक मुसलमान दिखाई दे, उसका घर जला दिया जाए और हिंदुओं की संम्पत्ति पर कब्जा किया जाए। हालात बेकाबू हो गए थे।

पंडित नेहरू द्वारा कश्मीर में जनमत संग्रह का ऐलान

26 अक्टूबर 1947 को भारतीय सेना ने पाकिस्तानी कबायलियों पर हमला बोला। उन्हें खदेड़ना शुरू कर दिया। हिंद की सेना जीतती जा रही थी। कश्मीर का दो तिहाई हिस्सा हमलावर कबायलियों से खाली हो चुका था। तभी भारत से भारी भूल हो गई। भारत के

तत्कालीन प्रधानमंत्री पंडित जवाहर लाल नेहरू ने अपनी तरफ से संघर्ष विराम की घोषणा कर दी। यह घोषणा तब हुई जब भारत जीत के काफी करीब था। ब्रिटिश इतिहासकार विक्टोरिया शोफिल्ड ने अपनी किताब कश्मीर इन कनफ्लिक्ट में इस बारे में बड़ी बात लिखी है। उन्होंने लिखा कि पहली बार लॉर्ड माउंटबेटन ने कश्मीर के मुद्दे को संयुक्त राष्ट्र संघ में ले जाने की सलाह दी। पाकिस्तान के पहले गवर्नर जनरल मोहम्मद अली जिन्ना को ये सलाह दी गई। लॉर्ड माउंटबेटन ने 1 नवंबर 1947 को मोहम्मद अली जिन्ना से से मुलाकात में उन्हें यह सुझाव दिया था। संयोगवश 2 नवंबर 1947 को पंडित नेहरू ने ऑल इंडिया रेडियो पर कश्मीर में जनमत संग्रह का ऐलान कर दिया था।

इतिहासकार राजा मोहन गांधी ने अपनी किताब 'गांधी, पटेल लाइफ' के पेज नं 442 में लिखा है-"सितंबर 1947 के आखिरी हफ्ते में नेहरू ने पटेल को खुफिया रिपोर्ट भेजी कि पाकिस्तान कश्मीर में घुसपैठ के लिए बड़े पैमाने पर तैयारी कर रहा है। 26 अक्टूबर 1947 को कश्मीर को लेकर नेहरू के घर पर मीटिंग हुई। जिसमें महाराजा हरिसिंह के प्रधानमंत्री मेहर चंद महाजन भी मौजूद थे। मेहरचंद ने कहा कि श्रीनगर में अगर फौरन भारतीय फौजों को नहीं भेजागया तो परेशानी आ जाएगी। उन्होंने साथ ही कहा कि अगर भारत प्रतिक्रिया नहीं दिखाता तो फिर कश्मीर को जिन्ना की शर्तें माननी होंगी। पंडित नेहरू नाराज हो गए और महाजन को मीटिंग से जाने के लिए कह दिया। तब पटेल ने बीच में ही टोका और कहा कि महाजन बिल्कुल क्या आप पाकिस्तान नहीं जा रहे हैं? इतिहासकार बताते हैं कि पटेल सैन्य कार्रवाई के पक्ष में थे, जबकि नेहरू कश्मीर में सेना भेजने से कतरा रहे थे।"

नेशनल बुक ट्रस्ट द्वारा सन् 2010 में प्रकाशित किताब 'नेहरू-पटेल समझौता' के मुताबिक 29 जून 1949 में सरदार पटेल ने डॉ. राजेंद्र प्रसाद को चिट्ठी लिखकर कहा था कि कश्मीर का भी हल हो गया होता। लेकिन जवाहर लाल नेहरू ने सैनिकों को बारामूला से डोमेल नहीं जाने दिया। 1947-48 के पहले कश्मीर युद्ध के दौरान उन्होंने उन्हें पुंछ की ओर भेजा। सबसे महत्वपूर्ण बात यह थी कि पटेल चाहते थे कि भारतीय सेना की कार्रवाई तब तक जारी रहे, जब तक पाकिस्तान द्वारा अवैध रूप से कब्जा किए गए कश्मीर के हिस्सों को पूरी तरह वापस न ले लिया जाए।

27 मई 1949 को कश्मीर मामलों के मंत्री गोपालस्वामी अयंगर द्वारा पेश किए गए प्रस्ताव को स्वीकार किए जाने और इसे पेश करते समय उनके भाषण को और किस तरह से समझा जाए? प्रस्ताव में लिखा था-

संविधान सभा के नियमों के पैरा 4 में किसी बात के होते हुए भी, कश्मीर राज्य को

आबंटित विधान सभा की सभी सीटें नामांकन द्वारा भरी जा सकेंगी और ऐसी सीटों को भरने के लिए चुने जाने वाले राज्य के प्रतिनिधियों को कश्मीर के शासक द्वारा अपने प्रधानमंत्री की सलाह पर नामित किया जा सकेगा।

सन् 1962 में चीनी आक्रमण

1962 का भारत चीन युद्ध भारत के लिए कभी ना भूलने वाली टीस है। 21 नवंबर 1962 को युद्ध समाप्त हो गया था लेकिन यह गहरे घाव के निशान छोड़ गया था। युद्ध में हजारों सैनिक शहीद हुए। तत्कालीनी उप प्रधानमंत्री सरदरा वल्लभभाई पटेल ने माओ की अगुआई वाले चीन की आक्रामक नीति को लेकर पहले ही आगाह कर दिया था। वहीं पंडित नेहरू ने चीन पर भरोसा किया और भाईचारे के जरिए हल निकालने की कोशिश की। तत्कालीन सरकार ने 'हिंदी चीनी भाई-भाई' का नारा दिया। वहीं चीन ने इसका फायदा उठाया और भारत के साथ धोखेबाजी की।

चीनी प्रधानमंत्री झोउ एनलाई के बहकावे में आकर पंडित नेहरू ने पंचशील समझौते पर साइन कर दिए और तिब्बत पर चीन के नियंत्रण को स्वीकार कर लिया। सन् 1962 में चीन के साथ युद्ध हुआ तो भारत की करारी हार हुई। भारतीय सैनिक आखिरी सांस तक लड़े इसके बावजूद भारत का बड़ा भूभाग चीन के कब्जे में चला गया। चीन ने ही एक महीने बाद युद्धविराम का ऐलान किया। इसके बाद रक्षा मंत्री वीके कृष्णमेनन ने इस्तीफा दे दिया।

सन् 1962 में चीन के साथ हुए युद्ध के बाद वह काफी गुमशुम रहने लगे थे। 27 मई 1964 को दिल का दौरा पड़ने की वजह से उनका निधन हो गया था। इससे पहले करीब डेढ़ साल वह पहले की तुलना में काफी शांत रहते थे। करीबियों का कहना था कि उन्हें चीन से मिले धोखे का बड़ा सदमा लगा है और इस वजह से वह दुखी रहते हैं। चीन के धोखे से सदमे में चले गए थे पंडित नेहरू इस्तीफा देना चाहते थे।

भारत और चीन का यह युद्ध पंडित नेहरू की हार के तौर पर देखा गया। वहीं वैश्विक रणनीति के स्तर पर भी भारत को कामयाबी नहीं मिल पाई। रूस ने भी वामपंथी चीन के खिलाफ भारत का साथ नहीं दिया। वहीं इस युद्ध में अमेरिका से भी ज्यादा सहयोग नहीं मिला। पंडित नेहरू ने चीन के साथ जो दोस्ती का दिखावा शुरू कया था वह पूरी तरह फेल हो गया। चीन ने पीठ पर खंजर भोंक दिया था।

पहला भाषण : नेहरू और जिन्ना का फर्क

भारत के पहले प्रधानमंत्री जवाहरलाल नेहरू ने 14 अगस्त 1947 की आधी रात को जो भाषण दिया था उसे 'ट्रिस्ट विद डेस्टिनी' के नाम से ही जाना जाता है। पाकिस्तान बनने से कुछ क्षण पहले मोहम्मद अली जिन्ना ने भी अपने देशवासियों को संबोधित किया था।

जवाहर लाल नेहरू ने अपने संबोधन में कहा-

"आज हम दुर्भाग्य के एक युग का अंत कर रहे हैं और भारत पुनः खुद को खोज पा रहा है। आज हम जिस उपलब्धि का उत्सव मना रहे हैं, वो महज एक क़दम है, नए अवसरों के खुलने का। इससे भी बड़ी जीत और उपलब्धियां हमारी प्रतीक्षा कर रही हैं।

भारत की सेवा का अर्थ है लाखों-करोड़ों पीड़ितों की सेवा करना। इसका अर्थ है ग़रीबी, अज्ञानता और अवसर की असमानता मिटाना। हमारी पीढ़ी के सबसे महान व्यक्ति की यही इच्छा है कि हर आँख से आंसू मिटे। शायद ये हमारे लिए संभव न हो पर जब तक लोगों कि आंखों में आंसू हैं, तब तक हमारा काम ख़त्म नहीं होगा। आज एक बार फिर वर्षों के संघर्ष के बाद, भारत जागृत और स्वतंत्र है।

भविष्य हमें बुला रहा है। हमें किधर जाना चाहिए और हमें क्या करना चाहिए, जिससे हम आम आदमी, किसानों और कामगारों के लिए आज़ादी और अवसर ला सकें, हम ग़रीबी, हम एक समृद्ध, लोकतान्त्रिक और प्रगतिशील देश बना सकें। हम ऐसी सामाजिक, आर्थिक और राजनीतिक संस्थाओं को बना सकें जो हर

आदमी-औरत के लिए जीवन की परिपूर्णता और न्याय सुनिश्चित कर सके? कोई भी देश तब तक महान नहीं बन सकता जब तक उसके लोगों की सोच या कर्म संकीर्ण हैं।"

मोहम्मद अली जिन्ना ने अपने संबोधन में कहा-

मुझे मालूम है कि कई लोग भारत के विभाजन-पंजाब और बंगाल के बंटवारे से सहमत नहीं हैं। लेकिन अब जबकि इसकी स्वीकृति मिल गई है अब हम सब का

फ़र्ज़ है कि जो समझौता हो गया है उसे अंतिम और अटूट माने। विभाजन होना ही था। इस बारे में दोनों समुदायों की चिंता-जहाँ कहीं भी एक समुदाय बहुमत में है और दूसरा अल्पसंख्यक-समझी सकती है।

सवाल ये है कि क्या जो हुआ उसके विपरीत क़दम उठाना संभव था?

सरकार का सब से पहला कर्तव्य क़ानून व्यवस्था को बनाकर रखना है, ताकि देशवासियों की संपत्ति, जीवन और धार्मिक आस्थाएं सुरक्षा रखी जा सकें।

हिंदुस्तान और पाकिस्तान दोनों तरफ ऐसे लोग हैं जो बंटवारे को नापसंद करते हैं।

मेरी राय में इसके इलावा कोई और समाधान नही था। मुझे उम्मीद है भविष्य मेरी राय के पक्ष में फ़ैसला देगा।

एक संयुक्त भारत का विचार कभी सफल नहीं होता। मेरे विचार में इसका अंजाम भयानक होता। मेरा ख़्याल सही है या ग़लत, ये वक़्त बताएगा।

समय के साथ-साथ हिन्दू-मुसलमान, बहुसंख्यक-अल्पसंख्यक के फ़र्क ख़त्म होंगे।

क्योंकि मुसलमान की हैसियत से आप पठान, पंजाबी, शिया या सुन्नी हैं। हिन्दुओं में आप ब्राह्मण, खत्री, बंगाली और मद्रासी हैं। अगर ये समस्या नहीं होती तो भारत काफ़ी पहले आज़ाद हो जाता।

आप देखेंगे कि वक़्त के साथ देश के नागरिक की हैसियत से हिन्दू, हिन्दू नहीं रहेगा। मुसलमान, मुसलमान नहीं रहेगा, धार्मिक दृष्टिकोण से नहीं क्यूंकि ये हर व्यक्ति का व्यक्तिगत ईमान है, बल्कि सियासी हैसीयत से।

पंडित जवाहरलाल नेहरू और मौहम्मद अली जिन्ना के संबोधन में अंतर स्पष्ट देखा जा सकता है। पंडित जवाहरलाल नेहरू एक नये भारत की परिकल्पना कर रहे हैं और मोहम्मद अली जिन्ना दोनों देशों के बंटवारे में ही उलझे हुए हैं। जिन्ना के पास नव निर्मित पाकिस्तान के विकास के लिए कोई योजना ही नहीं थी। पंडित जवाहरलाल नेहरू भारत को वैश्विक स्तर पर एक नया प्रारूप देने को आतुर नजर आए। यही कारण है कि आज दुनिया में भारत अपनी एक अलग पहचान बनाने में सफल हुआ है। वर्तमान पीढ़ी का यह फर्ज है कि वह आधुनिक भारत के निर्माता पंडित जवाहरलाल नेहरू के सपने को साकार करें।

❐

अध्याय-12

पंडित जवाहरलाल नेहरू और तत्कालीन विश्व

स्वतंत्रता से पहले पंडित जवाहरलाल नेहरू ने विश्व के अनेक देशों की यात्राएं की। उनकी सभी यात्राएं विभिन्न देशों की राजनीतिक व्यवस्था को समझने और भारतीय लोकतंत्र की व्याख्या करने हेतु थीं। यह अपने आप में एक कठीन काम था। भारतीय सामाजिक और सांस्कृतिक विरासत को बचाएं रखने के लिए पंडित जवाहरलाल नेहरू ने आवश्यक कदम उठाए। विविधताओं वाले देश भारत को पंडित जवाहरलाल नेहरू ने एक विशेष स्थान दुनिया में दिलाया। वैश्विक स्तर पर पंडित नेहरू ने भारत को एक ऐसे देश के रूप में स्थापित किया जहां सर्वधर्म समभाव वाला लोकतंत्र है। इस विचारधारा की रक्षा करना हम सभी भारतवासियों का धर्म और कर्तव्य है।

भारत की विदेश नीति का एक महत्वपूर्ण पहलू है लुक ईस्ट पॉलिसी यानी भारत की 'पूर्व की ओर देखो' नीति का मुख्य महत्व दक्षिण पूर्व एशिया के देशों के साथ आर्थिक और रणनीतिक संबंधों को मजबूत करना है। इसका उद्देश्य भारत को एक क्षेत्रीय शक्ति के रूप में स्थापित करना और इस क्षेत्र में चीन के बढ़ते प्रभाव को संतुलित करना है। पंडित जवाहरलाल नेहरू के शासन काल में भारत की यह नीति नहीं थी। समय के साथ अपने हितों को ध्यान में रखते हुए नीतियां बनाई जाती हैं।

समाजवाद के बारे में पंडित नेहरू की अवधारणा निजी सम्पति का उन्मूलन नहीं था, परन्तु सहकारी सेवा के उच्च आदर्श से वर्तमान लाभ प्रणाली को बदलना है। उसके समाजवाद के उत्पादन के उपायों का स्वामित्व राज्य के पास नहीं था परन्तु उनका स्वामित्व सामाजिक और सहकारी था। पंडित नेहरू समाजवाद को लोकतंत्र के निकट लाए। संस्कृति मन और आत्मा का विस्तार है।

सुरक्षा परिषद

सन् 1945 में सुरक्षा परिषद के जब सदस्य बनाए गए तब भारत आज़ाद भी नहीं हुआ था। 27 सितंबर, 1955 को नेहरू ने संसद में स्पष्ट रूप से इस बात को ख़ारिज कर दिया था कि भारत को सुरक्षा परिषद में स्थायी सदस्य बनने का कोई अनौपचारिक प्रस्ताव मिला था। 27 सितंबर, 1955 को डॉ. जे एन पारेख के सवालों के जवाब में नेहरू ने संसद में कहा था-

"यूएन में सुरक्षा परिषद के स्थायी सदस्य बनने के लिए औपचारिक या अनौपचारिक रूप से कोई प्रस्ताव नहीं मिला था। कुछ संदिग्ध संदर्भों का हवाला दिया जा रहा है जिसमें कोई सच्चाई नहीं है। संयुक्त राष्ट्र में सुरक्षा परिषद का गठन यूएन चार्टर के तहत किया गया था और इसमें कुछ ख़ास देशों को स्थायी सदस्यता मिली थी। चार्टर में बिना संशोधन के कोई बदलाव या कोई नया सदस्य नहीं बन सकता है। ऐसे में कोई सवाल ही नहीं उठता है कि भारत को सीट दी गई और भारत ने लेने से इनकार कर दिया। हमारी घोषित नीति है कि संयुक्त राष्ट्र में सदस्य बनने के लिए जो भी देश योग्य हैं उन सबको शामिल किया जाए।"

ऐसा कहा जाता है कि 1950 के दशक में भारत संयुक्त राष्ट्र की सुरक्षा परिषद में चीन को शामिल किए जाने का एक बड़ा समर्थक था। तब यह सीट ताइवान के पास थी। सन् 1949 में पीपुल्स रिपब्लिक ऑफ चाइना के उद्भव के बाद से चीन का प्रतिनिधित्व च्यांग काई-शेक के रिपब्लिक ऑफ़ चाइना का शासन करता था, न कि माओं का पीपल्स रिपब्लिक ऑफ चाइना। संयुक्त राष्ट्र ने पीपल्स रिपब्लिक ऑफ चाइना को यह सीट देने से इनकार कर दिया था।

शशि थरूर ने अपनी किताब में लिखा है कि भारत के प्रधानमंत्री जवाहर लाल नेहरू ही थे जिन्होंने संयुक्त राष्ट्र में स्थायी सदस्य बनाए जाने को लेकर पीपल्स रिपब्लिक ऑफ़ चाइना की वकालत की।

कुछ लोगों का मानना है कि नेहरू ने सन् 1950 के दशक में दोनों देशों के बीच तनातनी के मद-ए-नजर माओ को खुश करने के लिए ऐसा किया था। एक अन्य तर्क है कि एशियाई देशों के बीच एकजुटता के लिए नेहरू ने अति उत्साह में दांव ग़लत जगह लगा दी क्योंकि दोनों देशों के इतिहास को देखने पर यह पता चलता है कि चीन और भारत इस

ऐतिहासिक यात्रा में साथी रहे हैं। अनेक लोग इसे आदर्शवाद और अंतरराष्ट्रीय संबंधों की हकीक़त को लेकर पंडित नेहरू के मूल्यांकन में कमी के तौर पर देखते हैं। उनका मानना है कि ताकत मायने रखती है और इसके लिए समझदारी से काम लेने की ज़रूरत होती है।

द डिप्लोमैट ने अपनी एक रिपोर्ट में लिखा है-"हालांकि जिन लोगों ने यह तर्क दिया वो संयुक्त राष्ट्र में पीपल्स रिपब्लिक ऑफ़ चाइना को समर्थन देने के पीछे पंडित नेहरू के कारणों को जानने में असफल रहे हैं। उन्हें यह नहीं पता कि पंडित नेहरू इतिहास के बारे में बहुत पढ़ते थे और राष्ट्रों के बीच शक्ति का संतुलन उनके लिए काफ़ी अहम था।"

द डिप्लोमैट में आगे लिखा है-"नेहरू के रुख़ को समझने के लिए 20वीं सदी में जाना पड़ेगा। उस समय की राजनीति से पंडित नेहरू ने यह माना कि बड़ी शक्तियों को अपने मित्रों से दूर नहीं रहना चाहिए बल्कि उन्हें अंतरराष्ट्रीय संगठनों में शामिल किया जाना चाहिए।"

पंडित जवाहरलाल नेहरू का मानना था-

"प्रथम विश्व युद्ध के बाद जर्मनी के साथ गलत व्यवहार किया गया और अपमान की भावना और बहिष्कार ने उसे एक और असंतुष्ट देश यू एस एस आर के क़रीब ला दिया।"

नेहरू इस बात को लेकर स्पष्ट थे कि पीपल्स रिपब्लिक ऑफ चाइना कोई साधारण शक्ति नहीं है। द डिप्लोमैट में साउथ एशियन यूनिवर्सिटी में डिपार्टमेंट ऑफ इंटरनेशनल के असिस्टेंट प्रोफेसर नबारुण रॉय ने लिखा है-"अप्रैल 1922 में जर्मनी ने रूस के साथ रापालो संधि पर हस्ताक्षर किया। जिससे यूरोप में तनाव बढ़ गया। लेकिन ब्रिटेन ने समय रहते ही उसे सन् 1926 में लीग ऑफ़ नेशन का सदस्य बनाने में मदद की। इसके बावजूद ग्रेट डिप्रेशन ने इसे वैश्विक स्थिरता के लिए फिर से ख़तरा बना दिया। नेहरू को यह स्पष्ट था कि पीपल्स रिपब्लिक ऑफ़ चाइना कोई साधारण शक्ति नहीं है। लिहाज़ा उसे वैश्विक राजनीति में समायोजित किया जाना चाहिए क्योंकि अगर ऐसा नहीं किया गया तो वो बाद में वो अप्रत्याशित तरीक़े से ख़तरनाक बन सकता है। ये वो सबसे बड़ा तर्क था जिसने सुरक्षा परिषद में चीन की स्थायी सदस्यता पर नेहरू के रुख़ की अगुवाई की।" रॉय आगे लिखते है- "पंडित नेहरू का मानना था कि ए चीन की वजह से न केवल पूरब में बल्कि पूरी दुनिया में शक्ति संतुलन बदल गया है। इसलिए विश्व राजनीति में पीपल्स रिपब्लिक ऑफ चाइना को समायोजित नहीं करना न केवल मूर्खता है बल्कि खतरनाक भी है। पंडित

नेहरू उनका मानना था कि यदि संयुक्त राष्ट्र से पीपल्स रिपब्लिक ऑफ चाइना को बाहर रखा गया तो यू एन के फैसलों का चीन पर कोई असर नहीं पड़ेगा।"

अंतरराष्ट्रीय संबंधों में कहा जाता है कि जैसे-जैसे कोई देश ताक़तवर बनता जाता है, उसकी महत्वकांक्षा भी बढ़ती जाती है। भारत भी इस मामले में अलग नहीं रहा है। हाल के दिनों में इसकी सैन्य और आर्थिक शक्ति बढ़ी है, ऐसे में विश्व राजनीति में बड़ी भूमिका निभाने को लेकर उसकी चाहत भी बढ़ी है। इन्हीं में से एक है कि पिछले कुछ दिनों से संयुक्त राष्ट्र सुरक्षा परिषद में स्थायी सीट को लेकर भारत लगातार मांग कर रहा है।

न्यूजीलैंड और नेहरू

पंडित जवाहरलाल नेहरू और न्यूजीलैंड के बीच विशेष रूप से कोई खास संबंध नहीं था, लेकिन नेहरू के भारत के पहले प्रधानमंत्री के रूप में उनके कार्यकाल के दौरान न्यूजीलैंड के साथ भारत के संबंधों पर महत्वपूर्ण प्रभाव पड़ा। नेहरू ने गुटनिरपेक्षता की नीति का पालन किया। जिसका मतलब था कि वह किसी भी बड़े शक्ति ब्लॉक के साथ गठबंधन नहीं करेंगे।

गुटनिरपेक्षता

नेहरू ने शीत युद्ध के दौरान भारत के लिए गुटनिरपेक्षता की नीति को अपनाया, जो कि संयुक्त राज्य अमेरिका और सोवियत संघ के बीच शक्ति संघर्ष में शामिल होने के बजाय तटस्थ रहने की नीति थी। नेहरू ने दुनिया भर के कई देशों के साथ मैत्रीपूर्ण संबंध बनाए, जिनमें न्यूजीलैंड भी शामिल था। नेहरू के कार्यकाल के दौरान, भारत और न्यूजीलैंड के बीच व्यापार, संस्कृति और शिक्षा के क्षेत्र में संबंध थे। पंडित नेहरू ने न्यूज़ीलैंड से कोलंबो योजना के तहत अखिल भारतीय आयुर्विज्ञान संस्थान (एम्स) के लिए आर्थिक सहायता प्राप्त की। पंडित जवाहरलाल नेहरू का भारत के विदेश नीति में महत्वपूर्ण योगदान था। उन्होंने गुटनिरपेक्षता की नीति के माध्यम से भारत को स्वतंत्र और तटस्थ देश के रूप में स्थापित करने में महत्वपूर्ण भूमिका निभाई।

राष्ट्रमंडल

स्वतंत्रता के बाद पंडित जवाहरलाल नेहरू ब्रिटेन और अन्य ब्रिटिश राष्ट्रमंडल देशों के साथ अच्छे संबंध बनाए रखना चाहते थे। भारत के प्रधानमंत्री के रूप में उन्होंने कृष्ण मेनन द्वारा सन् 1949 के लंदन घोषणापत्र को फिर से तैयार करने के बाद ही सहमति व्यक्त

की। जिसके तहत भारत जनवरी 1950 में गणतंत्र बनने के बाद राष्ट्रमंडल के भीतर रहने और ब्रिटिश सम्राट को अपने स्वतंत्र सदस्य देशों के मुक्त संघ के प्रतीक और इस तरह राष्ट्रमंडल के प्रमुख के रूप में मान्यता देने पर सहमत हुआ। राष्ट्रमंडल के अन्य देशों ने संघ की भारत की निरंतर सदस्यता को मान्यता दी।

असंयुक्त आंदोलन या गुटनिरपेक्ष आंदोलन

पंडित जवाहरलाल नेहरू, गमाल अब्देल नासिर और जोसिप ब्रोज़ टीटो के साथ बेलग्रेड, यूगोस्लाविया, सन् 1961 में अंतरर्राष्ट्रीय परिदृश्य पर नेहरू सैन्य कार्रवाई और सैन्य गठबंधनों के विरोधी थे। वह संयुक्त राष्ट्र के प्रबल समर्थक थे। उन्होंने गुटनिरपेक्षता की नीति का बीड़ा उठाया और अमेरिका और यूएसएसआर के नेतृत्व वाले राष्ट्रों के प्रतिद्वंद्वी गुटों के बीच तटस्थता का दावा करने वाले राष्ट्रों के गुटनिरपेक्ष आंदोलन की सह-स्थापना की। "गुटनिरपेक्षता" शब्द को पहले वी.के कृष्ण मेनन ने सन् 1953 और सन् 1954 में संयुक्त राष्ट्र में गढ़ा था। भारत ने अपनी स्थापना के तुरंत बाद पीपुल्स रिपब्लिक ऑफ चाइना को मान्यता दी। जबकि अधिकांश पश्चिमी गुट ने ताइवान के साथ संबंध जारी रखे हुए थे। पंडित नेहरू ने संयुक्त राष्ट्र में इसके शामिल होने का तर्क दिया और कोरिया के साथ पश्चिम के संघर्ष में चीन को आक्रामक के रूप में ब्रांड करने से इनकार कर दिया। उन्होंने सन् 1950 में चीन के साथ मधुर और मैत्रीपूर्ण संबंध स्थापित करने की कोशिश की और कम्युनिस्ट राज्यों और पश्चिमी गुट के बीच की खाई और तनाव को पाटने के लिए मध्यस्थ के रूप में कार्य करने की आशा की।

पंडित जवाहरलाल नेहरू अप्रैल 1955 के बांडुंग सम्मेलन के एक प्रमुख आयोजक थे। जिसने एशिया और अफ्रीका से 29 नए स्वतंत्र राष्ट्रों को एक साथ लाया। नेहरू के नेतृत्व में गुटनिरपेक्ष आंदोलन को गति देने के लिए डिज़ाइन किया गया था। उन्होंने इसे विश्व मंच पर अपने प्रमुख नेतृत्व के अवसर के रूप में देखा, जहाँ वह उभरते देशों को एक साथ लाएंगे। वह सन् 1961 में बेलग्रेड, एफपीआर यूगोस्लाविया में गुटनिरपेक्ष आंदोलन के पहले शिखर सम्मेलन के प्रमुख प्रतिभागियों में से एक थे।

केनेडी की पत्नी जैकलीन की भारत यात्रा

अमरीका के 35वें राष्ट्रपति जॉन एफ केनेडी की पत्नी जैकलीन 1962 में नौ दिन की भारत यात्रा पर आई थीं। यह उनकी एक निजी यात्रा थी। उन्हें सलाह दी गई कि किसी

अमरीकी एयरलाइन के बजाए एयर इंडिया से भारत जाएं। उन्होंने ऐसा ही किया। उन्होंने रोम से दिल्ली के लिए एयर इंडिया की फ़्लाइट ली।

उनके साथ उनकी बहन राजकुमारी ली रैद्ज़ीविल और उनकी आया प्रोवी भी भारत आई थी। भारत आने से पहले यह तीनों पोप से मिलने वेटिकन गई थीं। ली इस बात से थोड़ा नाराज़ थीं कि पोप ने उनसे सिर्फ़ इसलिए मिलने से इनकार कर दिया था क्योंकि उनका तलाक़ हो चुका था जबकि उन्हीं पोप को उनकी आया प्रोवी से मिलने में कोई दिक्कत नहीं हुई जो तीन नाजायज़ बच्चों की माँ थीं।

हाँलाकि ये एक निजी यात्रा थी, लेकिन तब भी भारत के प्रधानमंत्री जवाहरलाल नेहरू पालम हवाई अड्डे पर जैकलीन केनेडी के विमान का इंतज़ार कर रहे थे। विमान पालम के चक्कर पर चक्कर लगाए जा रहा था, लेकिन उतरने का नाम नहीं ले रहा था।

नेहरू ने उस समय अमरीका में भारत के राजदूत बी के नेहरू से कहा कि पता लगाएं कि माजरा क्या है।

बी.के नेहरू अपनी आत्मकथा 'नाइस गाइज़ फ़िनिश सेकेंड' में लिखते हैं-"मैंने प्रधानमंत्री को बताया कि जहाज़ के न उतरने का कारण ये है कि जैकलीन ने अपना मेकअप पूरा नहीं किया है।"

नेहरू को थोड़ा अचरज हुआ और वह थोड़ा मुस्कराए। मैंने उनसे कहा-"अमरीका की इस प्रथम महिला को प्रोटोकॉल वगैरह की परवाह नहीं है। उनके लिए सुंदर दिखना, समय पर पहुंचने से ज़्यादा महत्वपूर्ण है।"

बहरहाल जैकलीन उतरीं और नेहरू ने गुलदस्तों से उनका स्वागत किया। पालम से तीनमूर्ति निवास तक के पूरे रास्ते में हज़ारों लोग जैकलीन कैनेडी के स्वागत में सड़कों के दोनों ओर खड़े थे। उनमें बहुत से लोग अपनी बैलगाड़ियों में 'अमरीका की इस महारानी' का दर्शन करने आए थे।

अमरीकी दूतावास पहुंचने के थोड़ी देर बाद भारत में अमरीकी राजदूत केन गालब्रेथ ने बी.के नेहरू से कहा कि जैकलीन चाहती हैं कि भारत में वह जहाँ भी जाएं, आप उनके साथ चलें। इस तरह बी के नेहरू अपने ही देश में विदेशी राजदूत के मेहमान के मेहमान बन गए।

❐

अध्याय-13

औद्योगिक विकास : नये भारत का उदय

आधुनिक और लोकतांत्रिक भारत के लिए पंडित जवाहरलाल नेहरू की दूरदर्शिता ने महत्वपूर्ण सामाजिक और आर्थिक सुधारों को जन्म दिया। जिसमें मिश्रित अर्थव्यवस्था की स्थापना, शिक्षा और औद्योगिकीकरण को बढ़ावा देना शामिल है। उनका 'आधुनिकतावादी' दृष्टिकोण था। इसके आगे, उन्होंने राष्ट्र के विकास के लिए हर क्षेत्र में एक तार्किक विचार प्रस्तुत किया। उन्होंने किसी व्यक्ति के धर्म या उसके धार्मिक समुदाय के बजाय राष्ट्रीय राजनीति को प्राथमिकता दी।

पंडित नेहरू और भारतीय योजनाकारों ने सही ढंग से समझा था कि राजनीतिक स्वतंत्रता का कोई मूल्य नहीं है, अगर इसका इस्तेमाल पहले आर्थिक और फिर बौद्धिक स्वतंत्रता हासिल करने के लिए नहीं किया जा सकता।

सन् 1949 में मुख्यमंत्रियों को लिखे एक विशेष पत्र में उन्होंने उन्हें चेतावनी दी थी-

"किसी भी वास्तविक अर्थ में स्वतंत्रता के लिए यह लड़ाई खत्म नहीं हुई है, भले ही हम राजनीतिक रूप से स्वतंत्र हो सकते हैं। यह आर्थिक अर्थों में खत्म नहीं हुई है...।"

स्वतंत्रता के समय भारत किसी भी निवेश के लिए पूंजीगत वस्तुओं और प्रौद्योगिकी के लिए लगभग पूरी तरह से उन्नत दुनिया पर निर्भर था। सन् 1950 में भारत अपनी मशीनों और यहां तक कि मशीन टूल्स की लगभग 90 प्रतिशत जरूरतों को आयात के जरिए पूरा करता था।

पंडित नेहरू-महालनोबिस की प्रसिद्ध रणनीति ने भारी उद्योग या पूंजी-वस्तु उद्योग आधारित औद्योगीकरण को अपनाकर उलटने की कोशिश की।

पंडित जवाहरलाल नेहरू की औद्योगिक नीति

जवाहरलाल नेहरू की औद्योगिक नीतियों, विशेष रूप से सन् 1956 के औद्योगिक

नीति संकल्प का उद्देश्य औद्योगिकीकरण को बढ़ावा देने और आत्मनिर्भरता को बढ़ावा देने के लिए एक मजबूत सार्वजनिक क्षेत्र के साथ मिश्रित अर्थव्यवस्था स्थापित करना था।

सार्वजनिक क्षेत्र का प्रभुत्व

सरकार ने रक्षा, परमाणु ऊर्जा, लोहा और इस्पात, और भारी विद्युत उपकरण जैसे प्रमुख उद्योगों को सार्वजनिक क्षेत्र के लिए आरक्षित किया। क्षेत्रीय संतुलन नीति का उद्देश्य पिछड़े क्षेत्रों में औद्योगिक विकास को बढ़ावा देना था ताकि असमानताओं को कम किया जा सके।

अनुज्ञप्तिधारी प्रणाली

अनुज्ञप्तिधारी प्रणाली के माध्यम से उद्योगों के विस्तार को नियंत्रित करने और यह सुनिश्चित करने के लिए कि वह राष्ट्रीय प्राथमिकताओं के साथ संरेखित हों। एक लाइसेंसिंग प्रणाली लागू की गई थी।

आत्मनिर्भरता

पंडित जवाहरलाल नेहरू की नीतियों ने स्वदेशी तकनीक विकसित करने और विदेशी आयात पर निर्भरता कम करने पर जोर दिया।

श्रम संरक्षण

नीति का उद्देश्य काम करने की स्थितियों में सुधार करना और श्रमिकों के अधिकारों की रक्षा करना था।

पंडित जवाहरलाल नेहरू की नीतियों का प्रभाव

देश के पहले प्रधानमंत्री पंडित जवाहरलाल नेहरू ने नये भारत की कल्पना करते समय जो औद्योगिक नीति तैयार की उसके मुख्य पहलूओं को पहले समझ लेते हैं ताकि नीति को विस्तार से समझने में आसानी होगी।

औद्योगिक विकास

नेहरू की नीतियों ने इस्पात, भारी मशीनरी और ऊर्जा जैसे क्षेत्रों में महत्वपूर्ण औद्योगिक विकास को बढ़ावा दिया।

सार्वजनिक क्षेत्र का विकास

सार्वजनिक क्षेत्र के उद्यमों की स्थापना ने भारत के औद्योगिक बुनियादी ढांचे में महत्वपूर्ण भूमिका निभाई।

तकनीकी उन्नति

अनुसंधान और विकास में निवेश ने स्वदेशी तकनीकी क्षमताओं का निर्माण करने में मदद की।

क्षेत्रीय असमानताएँ

जबकि नीति का उद्देश्य क्षेत्रीय असमानताओं को कम करना था, इसे प्रभावी रूप से लागू करने में चुनौतियाँ बनी रहीं।

आर्थिक उदारीकरण

बाद की नीतियाँ, विशेष रूप से 1990 के दशक में, नेहरू के सख्त नियंत्रण से हटकर अधिक उदार अर्थव्यवस्था की ओर बढ़ गईं।

सन् 1956 की औद्योगिक नीति

सन् 1956 का औद्योगिक नीति संकल्प भारत के आर्थिक इतिहास में एक ऐतिहासिक दस्तावेज है। सन् 1948 की नीति की नींव पर निर्मित, सन् 1956 की नीति अधिक महत्वाकांक्षी, विस्तृत और संरचित थी क्योंकि यह दूसरी पंचवर्षीय योजना (1956-1961) के लक्ष्यों के साथ निकटता से जुड़ी हुई थी। इस नीति ने तेजी से औद्योगिकीकरण, आर्थिक आत्मनिर्भरता और समाज के समाजवादी पैटर्न की स्थापना पर जोर दिया।

सन् 1956 के औद्योगिक नीति संकल्प ने प्रमुख उद्योगों को नियंत्रित करने में सरकार की भूमिका का विस्तार करके और आर्थिक विकास के लिए समाजवादी दृष्टिकोण पर जोर देकर इस दृष्टिकोण को प्रतिबिंबित किया।

1956 की औद्योगिक नीति के उद्देश्य

सन् 1956 की नीति ने सार्वजनिक क्षेत्र को विकास के इंजन के रूप में स्थापित किया और अर्थव्यवस्था को आकार देने और नियंत्रित करने में सरकार की भूमिका को काफी हद तक बढ़ा दिया।

समाज के समाजवादी स्वरूप को प्राप्त करना

नीति का उद्देश्य एक समाजवादी समाज का निर्माण करना था, जहाँ उत्पादन के साधनों को सार्वजनिक लाभ के लिए राज्य द्वारा नियंत्रित किया जाता था। इस उद्देश्य ने सार्वजनिक क्षेत्र के उद्योगों को विकसित करने और निजी क्षेत्र की गतिविधियों को विनियमित करने पर जोर दिया।

तेज़ आर्थिक विकास और औद्योगीकरण

सन् 1956 की नीति ने त्वरित औद्योगीकरण की आवश्यकता पर बल दिया, विशेष रूप से भारी उद्योगों और पूंजीगत वस्तुओं पर ध्यान केंद्रित किया, जो बुनियादी ढाँचे के निर्माण और दीर्घकालिक आर्थिक विकास को सुनिश्चित करने के लिए आवश्यक थे।

आय और धन असमानताओं को कम करना

नीति का उद्देश्य आय असमानताओं को कम करना और धन का अधिक न्यायसंगत वितरण सुनिश्चित करना था। यह समाजवादी दृष्टिकोण के अनुरूप था, जिसका उद्देश्य आर्थिक विकास को सामाजिक न्याय के साथ संतुलित करना था।

आर्थिक शक्ति के संकेन्द्रण को रोकना

नीति का उद्देश्य विभिन्न क्षेत्रों में उद्योगों को वितरित करके आर्थिक एकाधिकार को रोकना था, जिससे कुछ ही हाथों में धन और शक्ति के संकेन्द्रण का जोखिम कम हो गया।

संतुलित क्षेत्रीय विकास

सरकार ने अविकसित और पिछड़े क्षेत्रों में औद्योगिक विकास को बढ़ावा देकर क्षेत्रीय असमानताओं को कम करने के महत्व को पहचाना।

उद्योगों का वर्गीकरण

सन् 1956 की औद्योगिक नीति ने राज्य के स्वामित्व और नियंत्रण के स्तर के आधार पर उद्योगों का तीन गुना वर्गीकरण पेश किया। यथा-

श्रेणी (ए)

इस श्रेणी में राज्य सरकारों को विशेषाधिकार प्रदान किए गये।

राज्य की अनन्य जिम्मेदारी:

इस श्रेणी में राष्ट्रीय विकास और सुरक्षा के लिए महत्वपूर्ण माने जाने वाले 17 उद्योग शामिल थे, जहाँ राज्य की अनन्य जिम्मेदारी होगी। इन उद्योगों में रक्षा उत्पादन, लोहा और इस्पात, परमाणु ऊर्जा, भारी मशीनरी, हवाई और रेल परिवहन, और जहाज निर्माण शामिल थे। इन उद्योगों पर सरकार के अनन्य नियंत्रण का उद्देश्य पर्याप्त निवेश, केंद्रित विकास और विदेशी प्रौद्योगिकी पर निर्भरता कम करना था।

श्रेणी (बी)

इस श्रेणी में मिश्रित उद्योगों को प्रोत्साहन और प्रथमिकता दी गई।

मिश्रित क्षेत्र (राज्य-निजी सहयोग)

इस श्रेणी में, रसायन, उर्वरक, मशीन टूल्स और सिंथेटिक रबर सहित 12 उद्योगों की पहचान की गई थी। जबकि राज्य अग्रणी भूमिका निभाएगा, निजी क्षेत्र को सरकारी पर्यवेक्षण के तहत निवेश और भागीदारी करने के लिए प्रोत्साहित किया गया था। यदि निजी निवेश अपर्याप्त माना जाता है तो सरकार को हस्तक्षेप करने और सार्वजनिक उद्यम स्थापित करने का अधिकार था।

श्रेणी सी

इस श्रेणी में निजी उद्योग के रास्ते निर्धारित किए गए।

निजी क्षेत्र (राज्य विनियमन के साथ)

श्रेणी ए और बी के अंतर्गत शामिल नहीं किए गए सभी शेष उद्योग इस श्रेणी में शामिल किए गए थे। हालाँकि ये उद्योग निजी स्वामित्व के लिए खुले थे, लेकिन सरकार ने उन्हें विनियमित करने का अधिकार बरकरार रखा। इस श्रेणी के उद्योगों में उपभोक्ता वस्तुएँ, वस्त्र, हल्की इंजीनियरिंग और अन्य उद्योग शामिल थे जो दैनिक आवश्यकताओं और घरेलू माँग का समर्थन करते थे। इसका उद्देश्य सरकारी निगरानी बनाए रखते हुए निजी पहल को प्रोत्साहित करना था।

सन् 1956 की औद्योगिक नीति की विशेषताएँ

पंडित जवाहरलाल नेहरू ने नये भारत के विकास पथ को एक ऐसा प्रारूप दिया जिस पर भारत ने अपने औद्योगिक क्षेत्र का समुचित विकास तेजी से किया। तत्कालीन विश्व तेजी से विकसित हो रही औद्योगिक क्षमता को देखकर हैरान हो गया था। आइए जानते हैं कि पंडित जवाहरलाल नेहरू की औद्योगिक नीति की क्या-क्या विशेषताएं हैं। यथा-

भारी उद्योगों और पूंजीगत वस्तुओं पर ध्यान

नीति ने उन उद्योगों पर बहुत ज़ोर दिया जो अन्य क्षेत्रों के विकास के लिए आवश्यक मशीनरी और उपकरण जैसे पूंजीगत सामान का उत्पादन कर सकते थे। इससे भारत की आत्मनिर्भरता को बढ़ावा मिलने और आयात पर निर्भरता कम होने की उम्मीद थी।

सार्वजनिक क्षेत्र को बढ़ावा

सन् 1956 की नीति ने सार्वजनिक क्षेत्र की भूमिका का विस्तार किया, इसे औद्योगिक विकास के प्राथमिक चालक के रूप में स्थापित किया। सार्वजनिक क्षेत्र के उद्यम राष्ट्रीय गौरव के प्रतीक बन गए, सरकार का लक्ष्य इस्पात, खनन और ऊर्जा जैसे क्षेत्रों में विश्व स्तरीय उद्यम बनाना था।

एकाधिकार और धन के संकेन्द्रण को हतोत्साहित करना

एक बड़ा सार्वजनिक क्षेत्र बनाकर और निजी क्षेत्र को विनियमित करके, नीति का उद्देश्य कुछ औद्योगिक घरानों के बीच धन के संकेन्द्रण को रोकना था, जिससे आर्थिक लोकतंत्र को बढ़ावा मिले।

क्षेत्रीय संतुलन और विकास

नीति ने क्षेत्रीय असमानताओं को कम करने के लिए पिछड़े क्षेत्रों में औद्योगिक विकास को प्रोत्साहित किया। रोजगार के अवसर प्रदान करने और स्थानीय बुनियादी ढांचे में सुधार करने के लिए औद्योगिक परियोजनाएं अक्सर कम औद्योगिक गतिविधि वाले क्षेत्रों में स्थित थीं।

सुधारित श्रम स्थितियां और औद्योगिक संबंध

नीति ने श्रमिकों के अधिकारों की रक्षा, उचित मजदूरी और बेहतर कार्य स्थितियों पर जोर दिया। औद्योगिक शांति और सौहार्दपूर्ण श्रम संबंधों को विकास के लिए आवश्यक माना गया।

प्रौद्योगिकी में आत्मनिर्भरता

1956 की नीति ने स्वदेशी तकनीकी विकास के महत्व को रेखांकित किया, जिसका उद्देश्य विदेशी प्रौद्योगिकी पर निर्भरता को कम करना था। तकनीकी आत्मनिर्भरता हासिल करने के लिए अनुसंधान और विकास में निवेश को प्रोत्साहित किया गया।

सन् 1956 की औद्योगिक नीति का महत्व

पंडित नेहरू ने भारत को जिरा औद्योगिक पथ पर आगे बढ़ने के लिए प्रोत्साहित किया, उसका अपना एक विशेष महत्व है।

आर्थिक नियोजन की नींव

सन् 1956 की नीति ने भारत में आर्थिक नियोजन की नींव रखी, खासतौर पर सार्वजनिक क्षेत्र पर इसके फोकस के ज़रिए। इसने कई सार्वजनिक क्षेत्र के उद्यमों के विकास का मार्ग प्रशस्त किया, जिनमें से कई ने भारत के औद्योगिक आधार के निर्माण में अहम भूमिका निभाई।

भविष्य की औद्योगिक नीतियों के लिए मॉडल

इस नीति ने एक ऐसा ढांचा पेश किया जिसने बाद की औद्योगिक नीतियों और

पंचवर्षीय योजनाओं को निर्देशित किया। इसने आर्थिक विकास के लिए एक केंद्रीकृत, नियोजित दृष्टिकोण को बढ़ावा दिया, जिसमें राज्य प्रमुख उद्योगों में प्रमुख शक्ति के रूप में था।

विदेशी निर्भरता में कमी

पूंजीगत वस्तुओं और भारी उद्योगों पर जोर देकर, नीति का उद्देश्य आयातित मशीनरी और प्रौद्योगिकी पर भारत की निर्भरता को कम करना था, जिससे आर्थिक आत्मनिर्भरता में योगदान मिला।

संतुलित विकास और क्षेत्रीय विकास

पिछड़े क्षेत्रों में निवेश को निर्देशित करके, नीति ने क्षेत्रीय आर्थिक असमानताओं को कम करने के लिए आधार तैयार करने में मदद की, एक सिद्धांत जिसे भविष्य की नीतियों में फिर से देखा जाएगा। सन् 1956 की औद्योगिक नीति की सीमाएँ।

अत्यधिक नौकरशाही नियंत्रण

इस नीति के कारण उद्योगों पर नौकरशाही नियंत्रण बढ़ गया, जिससे देरी और अक्षमताएँ पैदा हुई। उद्योग में राज्य की भारी भागीदारी अक्सर लालफीताशाही और भ्रष्टाचार में तब्दील हो जाती थीं, जिससे औद्योगिक विकास बाधित होता था।

अकुशल सार्वजनिक क्षेत्र

अपने विस्तार के बावजूद, सार्वजनिक क्षेत्र अक्सर अकुशलता, कुप्रबंधन और जवाबदेही की कमी से जूझता रहा। कई सार्वजनिक क्षेत्र के उद्यमों को घाटा हुआ और वह वित्तीय रूप से अस्थिर हो गए।

सीमित निजी क्षेत्र विकास

नीति के सार्वजनिक क्षेत्र पर जोर ने कुछ प्रमुख क्षेत्रों में निजी क्षेत्र के विकास को प्रतिबंधित कर दिया, जिन्हें निजी निवेश और नवाचार के साथ अधिक प्रभावी ढंग से विकसित किया जा सकता था।

धीमी तकनीकी प्रगति

जबकि नीति का उद्देश्य प्रौद्योगिकी में आत्मनिर्भरता हासिल करना था, सार्वजनिक क्षेत्र पर ध्यान केंद्रित करने से अनुसंधान और विकास में निजी निवेश सीमित हो गया, जिसके परिणामस्वरूप तकनीकी प्रगति धीमी हो गई।

भारी उद्योगों पर अत्यधिक जोर

भारी उद्योगों पर ध्यान कभी-कभी छोटे और मध्यम उद्यमों और उपभोक्ता वस्तु उद्योग की कीमत पर आता था, जो रोजगार पैदा करने और घरेलू मांग को पूरा करने के लिए महत्वपूर्ण थे।

व्यक्ति विशेष नहीं

पंडित जवाहरलाल नेहरू ने विकसित भारत की परिकल्पना में किसी व्यक्ति विशेष को महत्व नहीं दिया। किसी एक उद्योगपति के भरोसे विश्वास नहीं करते हुए उन्होंने सामूहिक रूप में उद्योगों को बढ़ावा देने की नीति अपनाई। पंडित नेहरू अच्छी तरह से जानते थे कि एक व्यक्ति विशेष के हाथों में औद्योगिक विकास देने का मतलब है केंद्रीय राजनीति पर अवांछित दबाव बना कर गैरकानूनी कार्य करवाना। वह यह बात अच्छी तरह से जानते थे कि ऐसा करने से देश की सरकार पुनः गुलाम हो जाएगी।

भविष्य की नीतियों पर विरासत और प्रभाव

सन् 1956 की औद्योगिक नीति ने भारत के आर्थिक प्रक्षेपवक्र पर गहरा प्रभाव डाला। जिसने दशकों तक देश के औद्योगिक ढांचे को आकार दिया। इसने एक मजबूत सार्वजनिक क्षेत्र की उपस्थिति के साथ मिश्रित अर्थव्यवस्था के लिए आधार तैयार किया। जो सन् 1991 के आर्थिक सुधारों तक मार्गदर्शक दर्शन बना रहा। जबकि नीति ने एक ठोस औद्योगिक आधार बनाने में मदद की, सार्वजनिक क्षेत्र में अक्षमताओं और चुनौतियों ने बाद के वर्षों में आर्थिक उदारीकरण की मांग की।

सन् 1956 की नीति की विरासत भारत के बुनियादी ढांचे और औद्योगिक परिदृश्य में स्पष्ट है, क्योंकि इस अवधि के दौरान स्थापित कई सार्वजनिक क्षेत्र के उद्यम अर्थव्यवस्था में महत्वपूर्ण भूमिका निभाते हैं। इसका उद्देश्य राज्य द्वारा औद्योगिक विकास का नेतृत्व करते हुए समाजवादी समाज का निर्माण करना था। जबकि इसने एक मजबूत सार्वजनिक क्षेत्र की स्थापना में मदद की और आर्थिक आत्मनिर्भरता की नींव रखी, इसने अत्यधिक राज्य नियंत्रण की सीमाओं को भी उजागर किया।

यह आत्मनिर्भरता की दिशा में एक बड़ी उपलब्धि थी। इसने पूंजी संचय या विकास की अपनी दर निर्धारित करने में उन्नत देशों से भारत की स्वायत्तता को काफी हद तक बढ़ा दिया।

पंडित जवाहरलाल नेहरू के समय में राउरकेला, भिलाई, दुर्गापुर और बोकारो में चार

बड़े इस्पात संयंत्र सार्वजनिक क्षेत्र में आए। बड़ी संख्या में पूंजीगत वस्तु उद्योग, बुनियादी ढांचा परियोजनाएं और बड़े निवेश की आवश्यकता वाले अन्य क्षेत्र, जिन्हें भारतीय निजी क्षेत्र उस समय विकसित नहीं कर सकता था, सार्वजनिक क्षेत्र में शुरू किए गए। भारतीय टेलीफोन उद्योग, भाखड़ा बांध, दामोदर घाटी निगम और हीराकुंड बांध, जिनकी शुरुआत 1947-1948 में ही हो गई थी। हिंदुस्तान मशीन टूल्स यानी एचएमटी, भारत हैवी इलेक्ट्रिकल्स लिमिटेड, हिंदुस्तान शिपयार्ड, भारत पेट्रोलियम, हैवी इंजीनियरिंग कॉर्पोरेशन, इंडियन ऑयल कॉर्पोरेशन, हिंदुस्तान एंटीबायोटिक्स, हिंदुस्तान इंसेक्टिसाइड्स, नागार्जुन सागर बांध, राष्ट्रीय खनिज विकास निगम की शुरुआत 1950 के दशक में हुई। राष्ट्रीय भवन एवं निर्माण निगम, भारतीय औषधि एवं फार्मास्यूटिकल्स लिमिटेड, भारतीय उर्वरक निगम, भारतीय शिपिंग निगम, हिंदुस्तान एयरोनॉटिक्स लिमिटेड, भारत अर्थ मूवर्स की शुरुआत 1960 के दशक के प्रारंभ में हुई।

पंडित जवाहरलाल नेहरू ने भारी उद्योग को आत्मनिर्भरता के लिए ज़रूरी माना। पंडित नेहरू ने कहा था-

"अगर भारत भारी उद्योग विकसित नहीं करेगा, तो उसे रेलवे, हवाई जहाज़, और बंदूकें जैसी आधुनिक चीज़ें विदेश से आयात करनी पड़ेंगी।"

पंडित जवाहरलाल नेहरू ने भारतीय अर्थव्यवस्था को मजबूत करने और इसे आत्मनिर्भर बनाने की पहल की।

समाजवाद का कट्टरपंथी रूप इस बात का अनुसरण करता था कि दुनिया भर में समाजवाद, साम्राज्यवाद को हराने का एकमात्र तरीका है और अंतरराष्ट्रीय व्यापार ने अनिवार्य रूप से साम्राज्यवादी प्रवृत्तियों को जन्म दिया है। पंडित जवाहरलाल नेहरू ने 'द डिस्कवरी ऑफ इंडिया' में आजादी के बाद के भारत के लिए एक उद्देश्य के रूप में आर्थिक आत्मनिर्भरता के औचित्य की व्याख्या करते हुए लिखा है-"हम न तो साम्राज्यवादी शक्ति के शिकार होना चाहते थे और न ही ऐसी प्रवृत्तियों को विकसित करना चाहते थे।"

पंडित जवाहरलाल नेहरू ने कभी भी सुरक्षा को औद्योगीकरण या आत्मनिर्भरता के साधन के रूप में नहीं देखा। उनकी सोच में लोगों की खपत की जरूरतों के लिए प्रॉडक्शन बास्केट को समायोजित करके दोहरे उद्देश्यों को प्राप्त करना था। लेकिन समय के साथ अंतिम उत्पादों, कंपोनेंट्स और मशीनों के उत्पादन को चरणबद्ध तरीके से बंद करने के क्रम के बारे में निर्णय अभी भी किया जाना था। यहां पंडित जवाहरलाल नेहरू उस क्रम के

ठीक विपरीत गए। जिसकी आईएसआई मॉडल ने सिफारिश की थी। उन्होंने प्रक्रिया की शुरुआत में स्टील और मशीनों जैसे उत्पादों से युक्त भारी उद्योग को रखा।

सन् 1956 में दिए गए एक भाषण में नेहरू ने अपने दृष्टिकोण को इस प्रकार रेखांकित किया-**"पहले औद्योगीकरण का लोगों का विचार उपभोक्ता वस्तुओं के उत्पादन में वृद्धि करने में से एक था। जिसके परिणामस्वरूप रोजगार मिला। अब विचार है...हमें भारी, बुनियादी, मदर इंडस्ट्रीज से शुरुआत करनी चाहिए।...हमें बड़े पैमाने पर लोहे और स्टील के उत्पादन से शुरुआत करनी चाहिए। हमें उस मशीन के उत्पादन से शुरुआत करनी चाहिए जो मशीन बनाती है।"**

पंडित जवाहरलाल नेहरू ने भारी उद्योग को आत्मनिर्भरता के लिए भी आवश्यक माना। सन् 1953 में एक भाषण में उन्होंने तर्क दिया था-"मेरे लिए एक बात स्पष्ट है कि अगर हम यहां भारी उद्योग विकसित नहीं करते हैं तो हम रेलवे, हवाई जहाज और बंदूकें जैसी सभी आधुनिक चीजों को खत्म कर देंगे, या फिर उन्हें आयात करेंगे। लेकिन उन्हें विदेश से आयात करना विदेशों का गुलाम होना है।" उन्होंने प्रधानमंत्री के रूप में अपने कार्यकाल के दौरान कई भाषणों में ये विचार व्यक्त किए।

यह रणनीति अपने साथ कई अनापेक्षित परिणाम लेकर आई। सभी उपलब्ध पूंजी भारी उद्योग के लिए आरक्षित थी। पूंजी की अल्पमात्रा को देखते हुए भारी उद्योग के अंदर प्रत्येक प्रॉडक्ट लाइन में उत्पादन का पैमाना अभी भी उच्चतम मानक से कम बना हुआ है। लाइट मैन्युफैक्चरर्स को घरेलू और छोटे उद्यमों में डाल दिया गया। जहां वे भी उच्चतम मानक से कम उत्पादन के अधीन रहे। विदेशों की तुलना में भारत में उच्च मुद्रास्फीति और एक निश्चित विनिमय दर के साथ, अधिकांश उत्पाद जल्द ही अपने विदेशी समकक्षों के खिलाफ अनकॉम्पिटीटिव हो गए और उन्हें सख्त आयात लाइसेंसिंग के माध्यम से संरक्षित करना पड़ा।

भारी उद्योग ने अकुशल लोगों के लिए कुछ ही नौकरियां पैदा कीं। साथ ही घरेलू आय, जो घोंघे की गति से बढ़ी, के कारण हल्के-उद्योग उत्पादों और सेवाओं की मांग बाधित रही। इसका परिणाम, श्रमिकों का कृषि से उद्योग और सेवाओं में एक दर्दनाक धीमी गति से ट्रांजिशन रहा। कृषि में कार्यबल का अनुपात जो सन् 1951 में 69.7% था। सन् 1961 में 69.5% और 1971 में 69.7% पर अटका रहा। गरीबी में कोई कमी नहीं आई।

भारत ने 1991 में नेहरू मॉडल को खत्म करना शुरू किया, लेकिन बौद्धिक विरासत

और विरासत में मिली उद्योग संरचना के कारण इससे दूर की यात्रा धीमी रही है। समाजवादी-युग के संरक्षण ने बुद्धिजीवियों को जन्म दिया, जिन्होंने शिक्षकों के रूप में पुराने विचारों में नौकरशाहों और राजनेताओं की भावी पीढ़ियों को प्रशिक्षित करना जारी रखा है।

इसी तरह उद्यमी वहीं निवेश करते हैं जहां उन्होंने सफलता का स्वाद चखा है और उनमें से कुछ ने बड़े पैमाने पर लाइट मैन्युफैक्चरर्स के निर्माण में ऐसा किया है, जहां आम जनता के लिए अच्छी तनख्वाह वाली नौकरियों की संभावना है। इसका मतलब है परिवर्तन की निरंतर धीमी गति।

भारत द्वारा विदेशी पूंजी आमंत्रित

पंडित जवाहरलाल नेहरू ने कहा था-

> **"विदेशी पूंजी के दायरे और तरीके को राष्ट्रीय हित में विनियमित करने की आवश्यकता पर बल विदेशी पूंजी और नियंत्रण के देश के विदेशी प्रभुत्व के साथ पिछले जुड़ाव से उत्पन्न हुआ है।"**

पंडित जवाहरलाल नेहरू ने आगे कहा-

> **"मौजूदा विदेशी हितों के संबंध में सरकार कोई प्रतिबंध लगाने या ऐसी शर्तें लगाने का इरादा नहीं रखती है जो समान भारतीय उद्यम पर लागू न हों।" सरकार अपनी नीति इस तरह बनाएगी कि भारत में और अधिक विदेशी पूंजी निवेश किया जा सके, जो पारस्परिक रूप से लाभप्रद हो। विदेशी हितों को केवल सभी के लिए समान नियमों के अधीन लाभ कमाने की अनुमति होगी। हमें लाभ के प्रेषण के लिए मौजूदा सुविधाओं को जारी रखने में कोई कठिनाई नहीं दिखती है और सरकार का विदेशी पूंजी निवेश की वापसी पर कोई प्रतिबंध लगाने का कोई इरादा नहीं है लेकिन प्रेषण सुविधाएं स्वाभाविक रूप से विदेशी-विनिमय विचारों पर निर्भर होंगी।"**

पंचवर्षीय योजना

पंडित जवाहरलाल नेहरू ने भारतीय अर्थव्यवस्था को मजबूत करने और इसे आत्मनिर्भर बनाने की पहल की। पंडित नेहरू ने अपनी दूरदर्शी नीतियों और प्रेरक नेतृत्व के जरिए न केवल गंभीर चुनौतियों पर काबू पाया, बल्कि भारत को प्रगति के पथ पर सफलतापूर्वक आगे बढ़ाया। पंडित नेहरू के नेतृत्व में सन् 1951 में पंचवर्षीय योजना

शुरू की गई। यह योजनाएं केंद्रीकृत और एकीकृत राष्ट्रीय विकास के लिए बनाई गई थीं।

पंडित नेहरू ने पहली पंचवर्षीय योजना (1951-1959) का खाका तैयार करवाया। यह बहुत महत्वपूर्ण था क्योंकि इसने देश के विकास में महत्वपूर्ण भूमिका निभाई। इस योजना ने कृषि क्षेत्र को बहुत बढ़ावा दिया और उद्योगों की स्थापना के लिए भी। इस योजना ने मिश्रित अर्थव्यवस्था की प्रणाली की भी शुरुआत की जिसमें सार्वजनिक और निजी दोनों क्षेत्रों के विकास पर जोर दिया गया। भारत के कल्याणकारी राज्य होने के मद्देनजर सार्वजनिक क्षेत्र की भूमिका महत्वपूर्ण होने वाली थी।

भारत के प्रथम प्रधानमंत्री जवाहरलाल नेहरू ने आधुनिक और समाजवादी भारत के अपने दृष्टिकोण के कार्यान्वयन के लिए "पंचवर्षीय योजनाओं" को महत्वपूर्ण माना। पहली बार 1951 में शुरू की गई, पंचवर्षीय योजना में आर्थिक और सामाजिक कार्यक्रम शामिल थे जिन्हें भारत के योजना आयोग द्वारा केंद्रीय रूप से डिजाइन, निष्पादित और मूल्यांकन किया गया था। पंचवर्षीय योजना को पहली बार 1928 में सोवियत संघ में जोसेफ स्टालिन द्वारा लागू किया गया था। पंडित जवाहरलाल नेहरू सोवियत संघ को औद्योगिक बनाने की स्टालिन की योजना से प्रेरित थे। भले ही भारत में सार्वजनिक और निजी क्षेत्रों का संयोजन था।

पहली पंचवर्षीय योजना की सफलता से उत्साहित होकर पंडित नेहरू के नेतृत्व में कांग्रेस सरकार ने इसे जारी रखा। दूसरी योजना मुख्य रूप से सार्वजनिक क्षेत्र के लिए समर्पित थी। इस योजना में महालनोबिस मॉडल को अपनाया गया। कांग्रेस सरकार ने उत्पादन में अधिक निवेश करने का फैसला किया ताकि देश में दीर्घकालिक आर्थिक बिकास हो सके। इस योजना में, कांग्रेस सरकार ने भारतीय सांख्यिकी संस्थान द्वारा व्यापक शोध पर आधारित मॉडल को अपनाना और लागू करना शुरू किया। इस योजना की अवधारणा एक बंद अर्थव्यवस्था थी जिसमें व्यापार और वाणिज्य औद्योगिक उत्पादन तक सीमित था।

द्वितीय पंचवर्षीय योजना के दौरान, जल विद्युत परियोजनाओं के अलावा, रूस, ब्रिटेन और जर्मनी के सहयोग से क्रमशः भिलाई, दुर्गापुर और रुड़की सहित पांच इस्पात संयंत्र शुरू किए गए। विशेष रूप से कोयले की खनन गतिविधियों में भी वृद्धि हुई। देश भर में विशेष रूप से उत्तर-पूर्वी क्षेत्र में रेल की पटरियां बिछाई गईं। दूसरी पंचवर्षीय योजना के दौरान, पंडित नेहरू के नेतृत्व वाली कांग्रेस सरकार ने देश के लिए एक औद्योगिक

नीति तैयार की। टाटा इंस्टीट्यूट ऑफ फंडामेंटल रिसर्च की स्थापना की गई। भारत को विज्ञान और प्रौद्योगिकी के क्षेत्र में विशेष रूप से परमाणु ऊर्जा में आगे बढ़ाने के लिए, प्रतिभाशाली छात्रों का चयन करने के उद्देश्य से प्रतिभा खोज परीक्षाएं और छात्रवृत्ति योजनाएं शुरू की गईं। दूसरी पंचवर्षीय योजना के लिए, 4800 करोड़ रुपये आवंटित किए गए और इससे औद्योगिक विकास, शिक्षा और अनुसंधान, संचार और अन्य सामाजिक कल्याण कार्यक्रमों को बल मिला।

पहली और दूसरी पंचवर्षीय योजना की सफलता ने यह दर्शाया कि पंडित जवाहरलाल नेहरू द्वारा देश के विकास के लिए अपनाई गई नीति उपयुक्त और वास्तविक थी तथा इसे दीर्घकालिक आधार पर लागू किया जाना चाहिए। दोनों योजनाओं की सफलता ने सरकार के साथ-साथ देशवासियों को भी उत्साहित किया। इससे प्रेरित होकर कांग्रेस सरकार ने तीसरी पंचवर्षीय योजना (1961-1966) लागू की। इस योजना के दौरान नदी और बांध परियोजनाएं जारी रहीं तथा कई सीमेंट और उर्वरक कारखाने बनाए गए। कृषि क्षेत्र में जबरदस्त विकास हुआ तथा पंजाब ने गेहूं उत्पादन में नए कीर्तिमान स्थापित किए। इस योजना के दौरान कांग्रेस सरकार ने ग्रामीण क्षेत्रों में बड़ी संख्या में प्राथमिक विद्यालय स्थापित किए। पंडित जवाहरलाल नेहरू ने पंचायत चुनाव शुरू किए ताकि देश के भीतरी इलाकों तक लोकतंत्र को मजबूत किया जा सके। राज्यों को अपने विकास के लिए अधिक जिम्मेदारी दी गई। इस योजना के दौरान राज्य बिजली बोर्ड तथा माध्यमिक और उच्च शिक्षा बोर्ड की जिम्मेदारी एक बार फिर राज्यों को दी गई। इस तीसरी पंचवर्षीय योजना के दौरान कांग्रेस सरकार ने राज्य परिवहन निगमों की स्थापना की तथा यह भी निर्णय लिया कि स्थानीय सड़कों के निर्माण और रख रखाव की जिम्मेदारी राज्य सरकारों की होगी।

पहली तीन पंचवर्षीय योजनाओं की शानदार उपलब्धियों के बावजूद, नई चुनौतियों ने भारतीय अर्थव्यवस्था के लिए गंभीर खतरा पैदा कर दिया। 60 के दशक के मध्य से 80 के दशक के मध्य तक भारत ने कई उपलब्धियाँ हासिल कीं। भारत की प्रधानमंत्री और एक महान नेता इंदिरा गांधी ने इसमें महत्वपूर्ण भूमिका निभाई। देश कई गंभीर चुनौतियों का सामना कर रहा था। 1965 और 1966 में मानसून औसत से कम रहा। कृषि उत्पादन और खाद्यान्न उत्पादन में क्रमशः 17% और 20% तक की कमी आई। दूसरा कारण 1962 में चीन और 1965 में पाकिस्तान के साथ युद्ध था। इससे देश के रक्षा बजट में भारी वृद्धि हुई। इसके कारण सकल घरेलू उत्पाद की तुलना में राजकोषीय घाटा अपने अधिकतम स्तर पर पहुँच गया।

पहली तीन पंचवर्षीय योजनाओं (1951-65) के दौरान, भारत में उद्योग 7.1 प्रतिशत प्रति वर्ष की दर से बढ़े। यह 19वीं सदी की गैर-औद्योगीकरण प्रक्रिया और 1914-47 के बीच धीमी औद्योगिक वृद्धि से बहुत दूर था। इससे भी महत्वपूर्ण बात यह है कि "1951 और 1969 के बीच औद्योगिक उत्पादन के समग्र सूचकांक में तीन गुना वृद्धि उपभोक्ता वस्तु उद्योगों में 70 प्रतिशत वृद्धि, मध्यवर्ती वस्तुओं के उत्पादन में चौगुनी वृद्धि और पूंजीगत वस्तुओं के उत्पादन में दस गुना वृद्धि का परिणाम थी"। औद्योगिक विकास के इस पैटर्न ने औपनिवेशिक विरासत में संरचनात्मक परिवर्तन को जन्म दिया। एक ऐसी स्थिति में, जहां भारत में कोई भी पूंजी निवेश करने के लिए वस्तुतः सम्पूर्ण उपकरण (90 प्रतिशत) आयात करना पड़ता था, उपकरण के रूप में कुल स्थायी निवेश में आयातित उपकरणों का हिस्सा 1960 में घटकर 43 प्रतिशत और 1974 में मात्र 9 प्रतिशत रह गया, जबकि इस अवधि (1960-74) में भारत में स्थायी निवेश का मूल्य लगभग ढाई गुना बढ़ गया।

दूसरी पंचवर्षीय योजना के बजट के विश्लेषण के आधार पर दासगुप्ता तर्क देते हैं- "जबकि योजना ने कुल निवेश का एक बड़ा हिस्सा सार्वजनिक क्षेत्र को आवंटित किया, इसने उद्योगों का राष्ट्रीयकरण करने या निजी क्षेत्र की मौजूदा पूंजी को ध्यान में रखने की कोशिश नहीं की।"

डी.के. रंगनेकर लिखते हैं-"पांच वर्ष की योजना के प्रति नेहरू के दृष्टिकोण में एक महत्वपूर्ण कमी यह थी कि इसमें संस्थागत परिवर्तनों पर लक्षित ध्यान का अभाव था, जो आत्मनिर्भर विकास के लिए परिस्थितियां पैदा कर सकते थे।"

ए.के. दासगुप्ता ने दोहराया-"योजना आयोग एक समाजवादी पैटर्न का समाज" चाहता था, जो सामाजिक-आर्थिक संबंधों को बदलने की एक क्रमिक और योजनाबद्ध प्रक्रिया के माध्यम से निजी लाभ को नहीं, बल्कि सामाजिक लाभ को प्राथमिकता देता था।"

उपभोक्ता वस्तुओं के उद्योगों में लगभग पूरा निवेश निजी क्षेत्र पर छोड़ दिया गया। कोई कह सकता है कि पूंजी का समाजीकरण अभी भी एक दूर की कौड़ी है। यदि समाजवाद आपका लक्ष्य है, तो आप निजी क्षेत्र को न केवल बने रहने की अनुमति देकर बल्कि उसका विस्तार करके भी आगे नहीं बढ़ सकते।

कुल मिलाकर यह कहा जा सकता है कि भारतीय अर्थव्यवस्था गंभीर खतरों का सामना कर रही थी। कुछ संकेतक हैं-उच्च मुद्रास्फीति दर, कम विदेशी मुद्रा भंडार, कम

खाद्यान्न भंडार जिसके कारण देश के कुछ हिस्सों में अकाल जैसी स्थिति पैदा हो गई, अत्यधिक आयात और आधे से अधिक आयात विदेशी सहायता के रूप में। उस समय अमेरिका दूसरों की सहायता करने वाला सबसे बड़ा देश था। ऐसी गंभीर परिस्थितियों में अमेरिका ने सहायता रोक दी। उसने पी एल 480 के तहत गेहूं देने से असहमति जताई। अमेरिका ने भारत पर अपनी नीतियों का पालन करने का दबाव भी बनाना शुरू कर दिया।

निवेश के वित्तपोषण के लिए आय के स्रोत

प्रथम पंचवर्षीय योजना में अपने बजट का लगभग 45% सिंचाई, ऊर्जा, कृषि और सामुदायिक विकास परियोजनाओं के लिए आवंटित किया गया था। हालाँकि, द्वितीय पंचवर्षीय योजना में, योजनाकारों का मानना था कि भारी उद्योगों पर ध्यान केंद्रित करके तीव्र औद्योगीकरण हासिल किया जा सकता है। दोनों योजनाओं की योजना प्रक्रिया के दौरान निवेश के लिए संसाधन जुटाने के बारे में सवाल उठते रहे, और पुलाप्रे बालकृष्णन का तर्क है कि योजनाकारों को चुनौतियों का एहसास था।

आय के स्तर को बढ़ाने की योजना के दो तत्वों से यह स्पष्ट है। सबसे पहले, किसी बड़ी विदेशी सहायता की परिकल्पना नहीं की गई थी। यह एक स्वतंत्र विकास के विचार के अनुरूप था, एक ऐसी परियोजना जो विदेशी सहायता या यहाँ तक कि प्रत्यक्ष विदेशी निवेश पर अत्यधिक निर्भरता के साथ असंगत थी। दूसरी पंचवर्षीय योजना को एक मामले के रूप में लेते हुए, 1956-57 से 1960-61 के लिए प्रस्तावित योजना बजट (योजना आयोग 1956) में कुल सार्वजनिक व्यय के 5 प्रतिशत से भी कम विदेशी सहायता निर्धारित की गई थी, जबकि निवेश दर को 50 प्रतिशत से अधिक बढ़ाकर सकल घरेलू उत्पाद के 7 से 11 प्रतिशत किया जाना था... ध्यान देने योग्य दूसरी बात यह है कि सार्वजनिक उद्यमों का परिकल्पित योगदान महत्वपूर्ण था, जो अर्थव्यवस्था में उनकी भूमिका के बारे में भारतीय राज्य की समझ को प्रकट करता है।

भारी उद्योगों में निवेश के बारे में चिंताएं

एम.एल. दांतवाला बताते हैं-"...हालांकि योजनाकार भारी उद्योगों में निवेश के स्रोतों के बारे में चिंताओं के बारे में आश्वस्त थे, लेकिन पंडित नेहरू का भारी उद्योगों पर ध्यान केंद्रित करने का निर्णय विवादास्पद था।"

अनेक राजनीतिक समूहों द्वारा व्याख्या की गई कि यह देश को सोवियत मार्ग पर ले जा रहा है और निहितार्थ रूप से अधिनायकवाद की ओर ले जा रहा है। देश में एक और

वर्ग था-नेकनीयत और ईमानदार-जो महसूस करता था कि औद्योगीकरण का ऐसा पैटर्न गांधीजी की इच्छा के बिल्कुल विपरीत था। भारी उद्योगों पर जोर को विभिन्न रूप से कृषि की उपेक्षा, खादी और ग्रामोद्योग की मृत्यु और बेरोजगारी की समस्या के प्रति उदासीनता के रूप में प्रस्तुत किया गया है। पंडित नेहरू ने कहा-

"राष्ट्रीय हित में विदेशी पूंजी के दायरे और तरीके को विनियमित करने की आवश्यकता पर बल, देश पर विदेशी प्रभुत्व के साथ विदेशी पूंजी और नियंत्रण के पुराने संबंध से उत्पन्न हुआ है। लेकिन आज परिस्थितियाँ बिलकुल अलग हैं। इसलिए हमारे विनियमन का उद्देश्य विदेशी पूंजी का उपयोग देश के लिए सबसे अधिक लाभकारी तरीके से करना होना चाहिए। भारतीय पूंजी को विदेशी पूंजी द्वारा पूरक बनाया जाना चाहिए, न केवल इसलिए कि हमारी राष्ट्रीय बचत देश के उस पैमाने पर तेजी से विकास के लिए पर्याप्त नहीं होगी, बल्कि इसलिए भी कि कई मामलों में वैज्ञानिक, तकनीकी और औद्योगिक ज्ञान और पूंजीगत उपकरण विदेशी पूंजी के साथ ही सबसे बेहतर तरीके से प्राप्त किए जा सकते हैं।"

पंडित जवाहरलाल नेहरू ने आगे कहा-

"मौजूदा विदेशी हितों के संबंध में, सरकार कोई प्रतिबंध लगाने या ऐसी कोई शर्तें लगाने का इरादा नहीं रखती है जो समान भारतीय उद्यम पर लागू न हों। सरकार अपनी नीति इस तरह से बनाएगी कि भारत में और अधिक विदेशी पूंजी का निवेश पारस्परिक रूप से लाभप्रद शर्तों पर किया जा सके। विदेशी हितों को केवल सभी के लिए समान विनियमन के अधीन लाभ कमाने की अनुमति होगी। हम लाभ के प्रेषण के लिए मौजूदा सुविधाओं को जारी रखने में कोई कठिनाई नहीं देखते हैं, और सरकार का विदेशी पूंजी निवेश की वापसी पर कोई प्रतिबंध लगाने का कोई इरादा नहीं है, लेकिन प्रेषण सुविधाएं स्वाभाविक रूप से विदेशी-विनिमय विचारों पर निर्भर होंगी।"

❐

अध्याय-14

कृषि : उन्नत खेती और उत्पादन

पंडित जवाहरलाल नेहरू के नेतृत्व में सरकार ने कृषि सुधार और तेजी से औद्योगिकीकरण शुरू करके भारत को तेजी से विकसित करने का प्रयास किया। एक सफल भूमि सुधार पेश किया गया। जिसने विशाल भूमि जोत को समाप्त कर दिया, लेकिन भूमि के स्वामित्व पर सीमाएँ लगाकर भूमि के पुनर्वितरण के प्रयास विफल रहे। बड़े पैमाने पर सहकारी खेती शुरू करने के प्रयासों को भूमि के मालिक ग्रामीण अभिजात वर्ग ने विफल कर दिया। जिन्होंने कांग्रेस के शक्तिशाली दक्षिणपंथी का मूल गठन किया और नेहरू के प्रयासों का विरोध करने में काफी राजनीतिक समर्थन हासिल किया। सन् 1960 के दशक के प्रारंभ तक कृषि उत्पादन का विस्तार हुआ, क्योंकि अतिरिक्त भूमि को खेती के अंतर्गत लाया गया। कुछ सिंचाई परियोजनाओं ने प्रभाव डालना शुरू कर दिया। संयुक्त राज्य अमेरिका में भूमि-अनुदान कॉलेजों की तर्ज पर कृषि विश्वविद्यालयों की स्थापना ने अर्थव्यवस्था के विकास में योगदान दिया। कृषि उत्पादन में लगातार प्रगति और वृद्धि के बावजूद, असफल मानसून की एक श्रृंखला गंभीर खाद्य कमी का कारण बनेगी।

पंडित नेहरू के बारे में फैलाई गई एक और झूठी अफवाह यह है कि उन्होंने औद्योगिक विकास पर ध्यान केंद्रित करते हुए कृषि की उपेक्षा की। पंडित जवाहरलाल नेहरू कृषि और औद्योगिक विकास की पूरकता के बारे में बहुत जागरूक थे। भारत की खाद्य सुरक्षा भी बहुत चिंता का विषय थी क्योंकि भारत की संप्रभुता और गुटनिरपेक्ष रहने की क्षमता और भारत के विशाल जनसमूह का कल्याण इसमें शामिल था। औपनिवेशिक शासन के दौरान भारतीय कृषि स्थिर हो गई थी और यहाँ तक कि इसमें गिरावट भी आई थी। स्वतंत्रता के समय भारत को कई क्षेत्रों में खाद्यान्न की भारी कमी और अकाल की स्थिति का सामना करना पड़ा था। सन् 1946 और सन् 1953 के बीच 14 मिलियन टन खाद्यान्न आयात करना पड़ा था। अगर भारत अपने अस्तित्व के लिए खाद्य सहायता पर निर्भर होता

तो कोई संप्रभुता नहीं हो सकती थी। भारतीय कृषि में क्रांतिकारी बदलाव की आवश्यकता थी। पंडित नेहरू ने युद्ध स्तर पर इस कार्य को शुरू किया। जैसा कि नेहरू ने 15 दिसंबर 1952 को संसद में स्पष्ट रूप से कहा था-

> "हम निश्चित रूप से उद्योग को महत्व देते हैं, लेकिन वर्तमान संदर्भ में हम कृषि और खाद्य तथा कृषि से संबंधित मामलों को कहीं अधिक महत्व देते हैं। यदि हमारी कृषि नींव मजबूत नहीं है, तो हम जो उद्योग बनाना चाहते हैं, उसका आधार भी मजबूत नहीं होगा। इसके अलावा, आज देश की स्थिति ऐसी है कि यदि हमारा खाद्य मोर्चा टूटा, तो बाकी सब भी टूट जाएगा। इसलिए हम अपने खाद्य मोर्चे को कमजोर करने की हिम्मत नहीं कर सकते। यदि हमारी कृषि मजबूत हो जाती है, जैसा कि हम उम्मीद करते हैं, तो हमारे लिए औद्योगिक मोर्चे पर अधिक तेजी से प्रगति करना अपेक्षाकृत आसान होगा, जबकि यदि हम केवल औद्योगिक विकास पर ध्यान केंद्रित करते हैं और कृषि को कमजोर स्थिति में छोड़ देते हैं, तो हम अंततः उद्योग को कमजोर कर देंगे। इसीलिए कृषि और खाद्य पर प्राथमिक ध्यान दिया गया है और मुझे लगता है कि वर्तमान समय में भारत जैसे देश में यह आवश्यक है।"

पंडित जवाहरलाल नेहरू ने भारत में भूमि सुधारों के अत्यंत कठिन कार्य को लोकतांत्रिक ढांचे के भीतर आगे बढ़ाया। जिसके लिए उन्होंने राष्ट्रीय और किसान आंदोलनों की लंबी और शक्तिशाली विरासत को आधार बनाया। सोवियत संघ या चीन में जबरन किए गए भूमि सुधारों के विपरीत यह एक उल्लेखनीय उपलब्धि थी। जिसमें लाखों लोगों की जान चली गई थी या जापान में सेना के कब्जे के तहत किए गए भूमि सुधार। सन् 1957 तक 150 साल से भी पुरानी जमींदारी प्रथा की कमर टूट चुकी थी। सहकारी और संस्थागत ऋण ने साहूकारों की पकड़ को काफी हद तक कमजोर कर दिया। ऐसी संस्थाओं द्वारा दिए जाने वाले ऋण में पंद्रह गुना से भी अधिक की वृद्धि हुई, जो सन् 1950-51 में 0.23 बिलियन रुपये से बढ़कर 1965-66 में 3.65 बिलियन रुपये हो गई। ऐसे संस्थागत सुधारों को वैज्ञानिक कृषि अनुसंधान, सिंचाई और बिजली परियोजनाओं में बड़े निवेश के साथ जोड़ा गया।

पंडित नेहरू ने कृषि और उद्योग के बीच कोई गलत द्वैधता नहीं की। उन्हें इस बात का पूरा अहसास था कि औद्योगिक और बुनियादी ढांचे में बदलाव के बिना कृषि में बदलाव संभव नहीं है, यानी बिजली, ट्रैक्टर, पंप, रासायनिक खाद आदि के बिना, उन्होंने कृषि

सुधारों के साथ-साथ औद्योगिक बदलाव पर भी जोर दिया। सन् 1950 और सन् 1965 के बीच उनके मार्गदर्शन में बिजली उत्पादन में 1300 प्रतिशत से अधिक की वृद्धि हुई।

संस्थागत परिवर्तनों (भूमि सुधार) और बड़े पैमाने पर राज्य प्रायोजित तकनीकी परिवर्तन के संयोजन ने भारतीय कृषि को तेजी से बदल दिया। पहली तीन योजनाओं के दौरान (सूखे वर्ष 1965-66 को छोड़कर), भारतीय कृषि 3 प्रतिशत से अधिक की वार्षिक दर से बढ़ी, जो भारत में उपनिवेशवाद के अंतिम चरण की आधी सदी (1891-1946) के दौरान हासिल की गई 0.37 प्रतिशत की वार्षिक वृद्धि दर से आठ गुना अधिक थी।

विकास के लिए कुछ प्राकृतिक लाभ वाले चुनिंदा क्षेत्रों को चुना गया था। पंडित जवाहरलाल नेहरू के जीवनकाल में तीसरी पंचवर्षीय योजना के दौरान प्रायोगिक आधार पर 15 जिलों में शुरू किया गया था। प्रत्येक राज्य के लिए एक-एक अभ्यास जिसे कुछ साल बाद बड़े पैमाने पर सामान्यीकृत किया जाना था। जैसा कि हरित क्रांति के प्रमुख विद्वानों में से एक जी एस भल्ला ने कहा-"भारत में गुणात्मक तकनीकी परिवर्तन-हरित क्रांति... उनके जीवनकाल में नहीं बल्कि उनकी मृत्यु के तुरंत बाद आई। लेकिन तकनीकी विकास की नींव नेहरू के समय में ही रखी गई थी।"

पंडित नेहरू ने न केवल भारतीय कृषि में प्रमुख संस्थागत सुधार (भूमि सुधार) लाए। जो 'हरित क्रांति' का आधार बने। जिसने भारत को उल्लेखनीय रूप से कम समय में खाद्य अधिशेष बना दिया। कोई आश्चर्य नहीं कि स्वतंत्रता के बाद से भारतीय कृषि के सबसे उत्सुक पर्यवेक्षकों में से एक डैनियल थॉर्नर ने कहा-"कभी-कभी कहा जाता है कि (प्रारंभिक) पंचवर्षीय योजनाओं में कृषि की उपेक्षा की गई। इस आरोप को गंभीरता से नहीं लिया जा सकता। तथ्य यह है कि भारत की स्वतंत्रता के पहले इक्कीस वर्षों में कृषि में बदलाव को बढ़ावा देने के लिए अधिक काम किया गया है और वास्तव में पिछले दो सौ वर्षों की तुलना में अधिक बदलाव हुए हैं।"

❑

अध्याय-15

ज्ञान क्रांति

पंडित जवाहरलाल नेहरू भारत के बच्चों और युवाओं के लिए शिक्षा के एक भावुक समर्थक थे। उनका मानना था कि यह भारत के भविष्य की प्रगति के लिए आवश्यक है। उनकी सरकार ने उच्च शिक्षा के अनेक संस्थानों की स्थापना की देखरेख की। जिनमें अखिल भारतीय आयुर्विज्ञान संस्थान, भारतीय प्रौद्योगिकी संस्थान, भारतीय प्रबंधन संस्थान और राष्ट्रीय प्रौद्योगिकी संस्थान शामिल हैं। नेहरू ने अपनी पंचवर्षीय योजनाओं में भारत के सभी बच्चों को मुफ्त और अनिवार्य प्राथमिक शिक्षा की गारंटी देने की प्रतिबद्धता भी रेखांकित की। इस उद्देश्य के लिए पंडित नेहरू ने बड़े पैमाने पर गाँव में नामांकन कार्यक्रम और हजारों स्कूलों के निर्माण की देखरेख की। पंडित जवाहरलाल नेहरू ने कुपोषण से लड़ने के लिए बच्चों को मुफ्त दूध और भोजन के प्रावधान जैसी पहल भी शुरू की। ग्रामीण क्षेत्रों में विशेष रूप से वयस्कों के लिए वयस्क शिक्षा केंद्र और व्यावसायिक और तकनीकी स्कूल भी आयोजित किए गए।

पंडित जवाहरलाल नेहरू ने उन्नत दुनिया पर निर्भरता कम करके संप्रभुता हासिल करने और उसे बनाए रखने के लिए उच्चतम स्तर पर वैज्ञानिक शिक्षा पर ध्यान केंद्रित करना एक आवश्यक हिस्सा माना। वह विज्ञान और प्रौद्योगिकी में भारत के पिछड़ेपन के बारे में गहराई से जानते थे। एक ऐसा क्षेत्र जिसे औपनिवेशिक काल में जानबूझकर बंजर छोड़ दिया गया था, और इसलिए उन्होंने इस कमी को दूर करने के लिए बड़े पैमाने पर प्रयास किए। स्वतंत्रता के बाद के शुरुआती वर्षों में स्थापित विश्वविद्यालयों और संस्थानों में विज्ञान और प्रौद्योगिकी में शैक्षिक अवसरों में अभूतपूर्व वृद्धि हुई। इस क्षेत्र के लगभग सभी प्रमुख संस्थान भारतीय प्रौद्योगिकी संस्थान (आई आई टी), भारतीय प्रबंधन संस्थान (आई आई एम), वैज्ञानिक तथा औद्योगिक अनुसंधान परिषद (सी एस आई आर), परमाणु ऊर्जा आयोग, भाभा परमाणु अनुसंधान केंद्र, भारतीय राष्ट्रीय अंतरिक्ष अनुसंधान समिति (भारतीय अंतरिक्ष अनुसंधान संगठन, इसरो का पूर्ववर्ती), राष्ट्रीय भौतिक प्रयोगशाला,

राष्ट्रीय रासायनिक प्रयोगशाला, राष्ट्रीय धातुकर्म प्रयोगशाला, राष्ट्रीय विषाणु विज्ञान संस्थान, रक्षा अनुसंधान एवं विकास संगठन (डी आर डी ओ) और ऐसे कई अन्य संस्थान सभी नेहरूवादी युग में स्थापित किए गए थे। पहला परमाणु रिएक्टर 1956 में शुरू हुआ था और पहला रॉकेट 1963 में थुम्बा से परीक्षण किया गया था।

पंडित जवाहरलाल नेहरू के लिए 'ज्ञान' का विकास वैज्ञानिक क्षेत्र तक सीमित नहीं था। 1950 के दशक में उनकी पहल पर साहित्य अकादमी, संगीत नाटक अकादमी, राष्ट्रीय नाट्य विद्यालय, ललित कला अकादमी और राष्ट्रीय अनुप्रयुक्त आर्थिक अनुसंधान परिषद, एन सी एई आर, भारतीय सांख्यिकी संस्थान की स्थापना की गई। इसी प्रकार सन् 1960 में फिल्म और टेलीविजन संस्थान यानी एफ टी आई आई, सन् 1961 में राष्ट्रीय डिजाइन संस्थान और राष्ट्रीय शैक्षिक अनुसंधान और प्रशिक्षण परिषद यानी एन सी ई आर टी की स्थापना की गई।

ज्ञान में वृद्धि का लाभ भारत आज उठा रहा है। दुनिया एक 'ज्ञान' समाज की ओर बढ़ रही है, एक ऐसा कदम जिसका नेहरू ने अनुमान लगाया था। यह इसलिए है क्योंकि पंडित नेहरू ने ज्ञान क्रांति का अनुमान लगाया था कि भारत आज इस वैश्विक घटना में भाग लेने में सक्षम है। भारत के सकल घरेलू उत्पाद का लगभग आधा हिस्सा सेवा क्षेत्र से उत्पन्न होता है जिसका एक महत्वपूर्ण हिस्सा ज्ञान क्रांति पर आधारित है। यह पंडित जवाहरलाल नेहरू के बावजूद नहीं बल्कि उनकी दूरदर्शिता के कारण है कि भारत उस स्थान पर पहुंच गया है जहां वह है।

सन् 1931 के कराची प्रस्ताव के दिनों से ही प्राथमिक शिक्षा के प्रति नेहरू की प्रतिबद्धता, जिसने राज्य को मुफ्त और अनिवार्य बुनियादी शिक्षा प्रदान करने के लिए प्रतिबद्ध किया था, अटल रही। नेहरूवादी युग के दौरान प्राथमिक स्कूल शिक्षा की सरकारी प्रणाली अपर्याप्त थी। आज के भारत में उस प्रणाली के लगभग विनाश के विपरीत है, जहां गरीब भी तेजी से लालची निजी क्षेत्र से जो भी थोड़ी बहुत शिक्षा प्राप्त कर पाते हैं, उसे प्राप्त करने के लिए मजबूर हैं। स्कूलों में नामांकन 1950-51 में 23.5 मिलियन से बढ़कर 1965-66 में 67.7 मिलियन हो गया, जो 188.1 प्रतिशत की उल्लेखनीय वृद्धि थी। जबकि इसी अवधि में इंजीनियरिंग और प्रौद्योगिकी के लिए डिग्री स्तर पर प्रवेश में 502.4 प्रतिशत की वृद्धि हुई।

❐

अध्याय-16

विज्ञान, वैज्ञानिक और पंडित जवाहरलाल नेहरू

पंडित जवाहरलाल नेहरू ने विज्ञान और प्रौद्योगिकी पर अपना व्यक्तिगत ध्यान दिया और इसका परिणाम यह है कि आज भारत में इंजीनियरिंग प्रतिभा और मानव संसाधन का विशाल संचय है। थोड़े समय के भीतर, हमने कुछ परिष्कृत क्षेत्रों में जटिल औद्योगिक संयंत्रों और मशीनरी को डिजाइन करने, स्थापित करने और चालू करने के क्षेत्र में दक्षता स्थापित की है। यह सब एक जबरदस्त राष्ट्रीय संपत्ति है और हर भारतीय इस पर गर्व करता है। व्यापार और आयकर बढ़ाने पर ध्यान देने के साथ, नेहरू ने एक मिश्रित अर्थव्यवस्था की कल्पना की जिसमें सरकार रणनीतिक उद्योगों विशेष रूप से खनन, बिजली और भारी उद्योगों का प्रबंधन करेगी, जो सार्वजनिक हित में काम करेगी और निजी उद्यम पर अंकुश लगाएगी। उन्होंने भूमि पुनर्वितरण का प्रयास किया और सिंचाई नहरों, बांधों के निर्माण और कृषि उत्पादन बढ़ाने के लिए उर्वरकों के उपयोग को फैलाने के कार्यक्रम शुरू किए ताकि भारत अनाज उत्पादन में आत्मनिर्भर बन सके।

वैज्ञानिक दृष्टिकोण

'वैज्ञानिक सोच' विकसित करने की आवश्यकता पर पंडित जवाहरलाल नेहरू का जोर, एक शब्द जिसे उन्होंने अपनी पुस्तक डिस्कवरी ऑफ इंडिया में गढ़ा था, जिसे भारतीय संविधान के अनुच्छेद 51ए में दोहराया गया है, जिसमें भारत के प्रत्येक नागरिक के मौलिक कर्तव्यों को निर्धारित किया गया है, का आज मजाक उड़ाया जा रहा है। पंडित जवाहरलाल नेहरू ने कहा-

"वैज्ञानिक मनोवृत्ति मनुष्य को वह मार्ग दिखाती है जिस पर उसे चलना चाहिए... यह वैज्ञानिक दृष्टिकोण है, विज्ञान की साहसिक और फिर भी आलोचनात्मक मनोवृत्ति है, सत्य और नए ज्ञान की खोज है, बिना परीक्षण

और परीक्षण के किसी भी चीज़ को स्वीकार करने से इनकार करना है, साक्ष्य के सामने पिछले निष्कर्षों को बदलने की क्षमता है, पूर्व-कल्पित सिद्धांत पर नहीं बल्कि देखे गए तथ्य पर भरोसा करना है, मन का कठोर अनुशासन है-यह सब केवल विज्ञान के अनुप्रयोग के लिए ही नहीं बल्कि स्वयं जीवन और उसकी अनेक समस्याओं के समाधान के लिए भी आवश्यक है।"

पंडित जवाहरलाल नेहरू ने जीवन भर इस भावना को अपनी सोच और कार्य में आत्मसात करने का प्रयास किया। आज कितना विरोधाभास है। द गार्जियन ने वर्तमान प्रधानमंत्री को उद्धृत किया, जिन्होंने मुंबई में एक नए आधुनिक अस्पताल का उद्घाटन करते हुए देवी-देवताओं के बारे में पौराणिक कथाओं को इतिहास और विज्ञान के साथ मिला दिया। प्रधानमंत्री पंडित जवाहरलाल नेहरू ने मुंबई के एक अस्पताल में डॉक्टरों और अन्य पेशेवरों की एक सभा में कहा था-

"हम इस बात पर गर्व कर सकते हैं कि हमारे देश ने एक समय में चिकित्सा विज्ञान में क्या हासिल किया था...हम सभी ने महाभारत में कर्ण के बारे में पढ़ा है। अगर हम थोड़ा और सोचें, तो हमें पता चलेगा कि महाभारत में कहा गया है कि कर्ण अपनी माँ के गर्भ से पैदा नहीं हुआ था। इसका मतलब है कि उस समय आनुवंशिक विज्ञान मौजूद था। यही कारण है कि कर्ण अपनी माँ के गर्भ से बाहर पैदा हो सका... हम भगवान गणेश की पूजा करते हैं। उस समय कोई प्लास्टिक सर्जन रहा होगा जिसने एक इंसान के शरीर पर हाथी का सिर लगाया और प्लास्टिक सर्जरी का चलन शुरू किया।"

वैज्ञानिक स्वभाव शब्द को मोटे तौर पर एक विनम्र खुले दिमाग वाला स्वभाव, नई रोशनी, नया ज्ञान, नए प्रयोग विकसित करना, भले ही उनके परिणाम पूर्वकल्पित राय और लंबे समय से पोषित सिद्धांतों के प्रतिकूल हों, के रूप में परिभाषित किया गया है। यह जीवन का एक तरीका है। इसका उद्देश्य वैज्ञानिक सोच के मूल्यों को विकसित करना, वैज्ञानिक विकास की सराहना करना और अंधविश्वास, धार्मिक कट्टरता और सभी प्रकार के छद्म विज्ञान को दूर भगाना है।

वैज्ञानिक स्वभाव एक अवधारणा के रूप में लंबे समय से अस्तित्व में है। इस शब्द की उत्पत्ति अज्ञात है। 19वीं शताब्दी के मध्य में सटीक शब्दावली का अक्सर इस्तेमाल किया जाने लगा। जेसुइट विद्वान थॉमस एलॉयसियस ह्यूजेस ने सन् 1893 में एक संक्षिप्त परिभाषा

देते हुए कहा-"वैज्ञानिक स्वभाव...का अर्थ है एक ईमानदार और कठोर सटीकता... [जो] सटीक विज्ञान का परिणाम है।"

सन् 1946 की शुरुआत में, स्वतंत्र भारत के पहले प्रधानमंत्री जवाहरलाल नेहरू ने इस धारणा को और अधिक प्रचारित करने के लिए "वैज्ञानिक स्वभाव" वाक्यांश के उपयोग को लोकप्रिय बनाया। उन्होंने डिस्कवरी ऑफ इंडिया में एक वर्णनात्मक व्याख्या दी-

"वैज्ञानिक स्वभाव मनुष्य को वह मार्ग दिखाता है जिस पर उसे चलना चाहिए। यह एक स्वतंत्र मनुष्य का स्वभाव है। हम एक वैज्ञानिक युग में रहते हैं, ऐसा हमें बताया जाता है, लेकिन लोगों में या यहाँ तक कि उनके नेताओं में भी इस स्वभाव के बहुत कम प्रमाण मिलते हैं। जिसकी आवश्यकता है, वह है वैज्ञानिक दृष्टिकोण, विज्ञान का साहसिक और फिर भी आलोचनात्मक स्वभाव, सत्य और नए ज्ञान की खोज, बिना परीक्षण और परीक्षण के किसी भी चीज़ को स्वीकार करने से इनकार करना, नए साक्ष्य के सामने पिछले निष्कर्षों को बदलने की क्षमता, पूर्व-कल्पित सिद्धांत पर नहीं बल्कि देखे गए तथ्य पर भरोसा करना, मन का कठोर अनुशासन-यह सब केवल विज्ञान के अनुप्रयोग के लिए ही नहीं बल्कि स्वयं जीवन और उसकी कई समस्याओं के समाधान के लिए आवश्यक है।"

पंडित जवाहरलाल नेहरू ने लिखा कि वैज्ञानिक सोच उन क्षेत्रों से परे जाती है। जहाँ तक विज्ञान को पारंपरिक रूप से सीमित माना जाता है और यह परम उद्देश्यों, सौंदर्य, अच्छाई और सत्य के विचार से भी संबंधित है। उन्होंने तर्क दिया कि वैज्ञानिक सोच धर्म की पद्धति के विपरीत है, जो भावना और अंतर्ज्ञान पर निर्भर करती है और इसे "जीवन की हर चीज़ पर, यहाँ तक कि उन चीज़ों पर भी जो बौद्धिक जाँच और अवलोकन के योग्य हैं।" गलत तरीके से लागू किया जाता है। जबकि धर्म मन को बंद कर देता है और "असहिष्णुता, भोलापन और अंधविश्वास, भावुकता और तर्कहीनता" और "एक आश्रित, स्वतंत्र व्यक्ति का स्वभाव" पैदा करता है, वैज्ञानिक सोच "एक स्वतंत्र व्यक्ति का स्वभाव है।" उन्होंने यह भी संकेत दिया कि वैज्ञानिक सोच वस्तुनिष्ठता से परे जाती है और रचनात्मकता और प्रगति को बढ़ावा देती है। उन्होंने कल्पना की कि वैज्ञानिक सोच के प्रसार के साथ धर्म के क्षेत्र का सिकुड़ना और "ताज़ा और कभी न रुकने वाली खोजों का रोमांचक रोमांच, नए परिदृश्यों का खुलना और जीने के नए तरीके, [जीवन की]

पूर्णता में वृद्धि और इसे और अधिक समृद्ध और पूर्ण बनाना" होगा। उन्होंने यह भी कहा, "केवल विज्ञान ही भूख और गरीबी, अस्वच्छता और निरक्षरता, अंधविश्वास और घातक रीति-रिवाज और परंपरा, बर्बाद हो रहे विशाल संसाधनों और भूखे लोगों से आबाद एक समृद्ध देश की समस्याओं को हल कर सकता है।"

उन्होंने लोगों की आकांक्षाओं को ध्यान में रखते हुए भारत के विभिन्न हिस्सों में प्रमुख औद्योगिक परिसर और भारी उद्योग भी स्थापित किए। परिणाम हमारे सामने हैं। अब हम परमाणु शक्ति हैं, अपने उपग्रहों को चंद्रमा और अन्य ग्रहों पर भेज रहे हैं। अंतरिक्ष में, हम केवल यूएसए और रूस के बाद दूसरे स्थान पर हैं। स्वास्थ्य सेवा और चिकित्सा विज्ञान में हम वैश्विक शक्ति हैं। यह सब पंडित नेहरू की दूरदर्शिता और गतिशील नेतृत्व के कारण संभव हुआ है। भारत ने आज जो हासिल किया है, उसकी मजबूत नींव किसी और ने नहीं बल्कि भारत के पहले प्रधानमंत्री पंडित जवाहरलाल नेहरू ने रखी थी। पंडित नेहरू ने एक बार सही कहा था-**"अगर भारत जीता तो कौन मरेगा? अगर भारत जीता तो कौन जीता?"**

वैज्ञानिक उपलब्धि के साथ-साथ, वैज्ञानिक मानसिकता तथा चिंतन की वैज्ञानिक प्रवृत्ति का विकास भी उतना ही जरूरी है। विज्ञान मात्र सत्य की खोज नहीं है, बल्कि व्यक्ति की बेहतरी के लिए भी है। सरकार द्वारा एक विज्ञान नीति अपनायी गयी तथा देशभर में वैज्ञानिक प्रयोगशालाएं स्थापित की गयी। इंजीनियरिंग में जनशक्ति के सृजन के लिए भारतीय प्रौद्योगिकी संस्थानों की स्थापना की गयी। अंतरिक्ष और परमाणु इंजीनियरिंग जैसे अग्रिम विषय प्रधानमंत्री की व्यक्तिगत निगरानी में आ गये। तकनीकी प्रशिक्षण देने के लिए सरकार ने आवश्यक संस्थाओं की स्थापना की। सन् 1952 में खड़गपुर में प्रथम आई आई टी की स्थापना की गई। इसके पश्चात मद्रास, मुंबई, कानपुर और दिल्ली में भी आई आई टी की स्थापना की गई। नेहरू के वैज्ञानिक दृष्टिकोण के कारण ही संस्थाओं और प्रयोगशालाओं का तेजी से विस्तार हुआ।

परमाणु संयंत्र

पंडित जवाहरलाल नेहरू परमाणु ऊर्जा के महत्व को बखूबी समझते थे और उसके दूरगामी प्रभाव से भी परिचित थे। उन्होंने परमाणु ऊर्जा के क्षेत्र को बहुत महत्व दिया। सन् 1948 में भारत सरकार ने परमाणु ऊर्जा आयोग की स्थापना की और इसके अध्यक्ष प्रसिद्ध वैज्ञानिक होमी जहांगीर भाभा बनाए गए। शांतिपूर्ण परमाणु ऊर्जा विकसित करने के लिए यह आयोग वैज्ञानिक अनुसंधान विभाग के तहत बनाया गया। यह सीधे पंडित नेहरू

के निर्देशन में काम करता था। भारत का पहला परमाणु रिएक्टर ने मुंबई में अगस्त, 1956 में काम करना शुरू कर दिया था। यह परमाणु रिएक्टर एशिया का भी पहला रिएक्टर था। परमाणु ऊर्जा संयंत्रों के माध्यम से बिजली उत्पादन का लक्ष्य रखा गया जिसके माध्यम से देश की आधारभूत संरचना का विकास किया जा सकता था।

अंतरिक्ष अनुसंधान

पंडित जवाहरलाल नेहरू ने अंतरिक्ष अनुसंधान के क्षेत्र में भी कदम बढ़ाया। इसके लिए इंडियन नेशनल कमिटी फॉर स्पेस रिसर्च की स्थापना 1962 में की गई और थुंबा में रॉकेट लॉन्चिंग फैसिलिटी स्थापित की गई। इसी दौरान सैन्य अनुसंधान और विकास के लिए भी कई कदम उठाए गए जिससे सैन्य उपकरणों के उत्पादन में भारत को आत्मनिर्भरता प्राप्त हो सके।

विज्ञान प्रसार

लोगों के बीच वैज्ञानिक सोच को लोकप्रिय बनाने के लिए भारत सरकार के तहत पहला बड़ा कार्यक्रम 1953 में विज्ञान मंदिर प्रयोग था। इसे दिल्ली में वैज्ञानिक और औद्योगिक अनुसंधान परिषद (सी एस आई आर) के तत्कालीन प्रमुख एसएस भटनागर ने बनाया था। 15 अगस्त को नेहरू ने इसका शुभारंभ किया था। इसका उद्देश्य "ग्रामीण आबादी में रुचि की वैज्ञानिक जानकारी का प्रसार करना" था और केंद्रों को वैज्ञानिक उपकरण, फिल्में और किताबें प्रदान की गई थीं।

सी एस आई आर ने सन् 1952 में हिंदी में एक लोकप्रिय विज्ञान पत्रिका विज्ञान प्रगति का प्रकाशन शुरू किया। इसने सन् 1964 में एक अंग्रेजी मासिक पत्रिका साइंस रिपोर्टर और फिर एक उर्दू त्रैमासिक पत्रिका साइंस की दुनिया शुरू की।

परमाणु ऊर्जा

पंडित जवाहरलाल नेहरू का भारत के परमाणु कार्यक्रम से गहरा संबंध था। उन्होंने 1948 में परमाणु ऊर्जा आयोग की स्थापना की और परमाणु ऊर्जा के शांतिपूर्ण उपयोग के लिए भारत की प्रतिबद्धता को मजबूत किया। 23 मार्च 1948 को प्रधानमंत्री नेहरू ने भारतीय संसद में परमाणु ऊर्जा विधेयक पेश किया और इसे भारतीय परमाणु ऊर्जा अधिनियम के रूप में पारित किया गया। अगस्त 1948 में, परमाणु ऊर्जा आयोग की स्थापना की गई और इसे वैज्ञानिक अनुसंधान विभाग से अलग कर दिया गया, जिसके पहले अध्यक्ष भाभा थे। पंडित जवाहरलाल नेहरू और होमी भाभा दोनों ही वैज्ञानिक

थे और उन्होंने मिलकर भारत के परमाणु कार्यक्रम की नींव रखी। भाभा भारत के पहले परमाणु ऊर्जा कार्यक्रम के प्रमुख थे और पंडित नेहरू ने उनके काम को पूरी तरह से समर्थन दिया।

भारत का परमाणु कार्यक्रम

नेहरू ने परमाणु ऊर्जा के क्षेत्र में अनुसंधान और विकास को प्रोत्साहित किया। भारत का पहला परमाणु रिएक्टर अप्सरा 1956 में स्थापित किया गया था, और बाद में कई परमाणु ऊर्जा संयंत्र स्थापित किए गए।

नरौरा एटामिक प्लांट

नरौरा एटॉमिक पावर प्लांट उत्तर प्रदेश के बुलंदशहर जिले में स्थित है। जिसे 1991 में चालू किया गया था। पंडित जवाहरलाल नेहरू ने परमाणु ऊर्जा कार्यक्रम को बढ़ावा दिया था और वह परमाणु ऊर्जा के शांतिपूर्ण उपयोग के लिए प्रतिबद्ध थे। नरौरा परमाणु ऊर्जा स्टेशन भारत के परमाणु ऊर्जा कार्यक्रम का एक महत्वपूर्ण हिस्सा है और यह भारत की ऊर्जा जरूरतों को पूरा करने में योगदान देता है। इस संयंत्र को भारत सरकार द्वारा न्यूक्लियर पावर कॉर्पोरेशन ऑफ इंडिया लिमिटेड द्वारा संचालित किया जाता है।

नरौरा ताप विद्युत संयंत्र भारत के उत्तर प्रदेश राज्य के बुलन्दशहर जिले के नरौरा में स्थित है। इसकी प्रथम ईकाई 01 जनवरी 1991 से कार्य करना आरम्भ कर दी। दूसरी ईकाई 01 जुलाई 1992 से आरम्भ हुई। प्रत्येक ईकाई की क्षमता 220 मेगावाट (विद्युत) है। यह स्वदेशी डिजाईन, उन्नत दबावयुक्त तथा भारी जल (D2O,ड्यूरटीरियम आक्साइड) आधारित है। यह गंगा के तट पर है। इसकी वर्तमान में कुल विद्युत उत्पादन क्षमता 440 मेगावाट है, इसमें राजस्थान का अंश 10% (44)मेगावाट है।

परमाणु हथियारों के खिलाफ आवाज

पंडित जवाहरलाल नेहरू ने परमाणु हथियारों के प्रसार और उपयोग के खिलाफ आवाज उठाई। उन्होंने परमाणु हथियारों के निषेध और उन्मूलन के लिए बातचीत करने का आह्वान किया।

इंजीनियर क्यों हो गए थे पंडित नेहरू पर गुस्सा

पंजाब और हरियाणा के बीच विवाद का मुद्दा बना रहने वाला भाखड़ा डैम बनने के पीछे भी कई दिलचस्प कहानियां हैं। डैम बनाने वाले इंजीनियर ने गुस्से में तत्कालीन प्रधानमंत्री पंडित नेहरू खत क्यों लिखा था। इस डैम को बनाने के लिए पंडित

जवाहरलाल नेहरू ने विदेशी इंजीनियर को बुलाया था। इस इंजीनियर का नाम है हार्वे स्लोकम। इन्हीं की देखरेख यह इस डैम का निर्माण हुआ था।

हार्वे स्लोकम एक मशहूर अमेरिकी इंजीनियर थे, जिन्हें अमेरिका के साथ-साथ यूरोप में भी डैम बनाने के काम का अच्छा-खासा अनुभव था लेकिन दिलचस्प बात यह है कि इतनी शोहरत होने के बावजूद हार्वे के पास कोई भी इंजीनियरिंग की डिग्री नहीं थी। एक फैक्ट्री मजदूर के तौर पर अपने करियर का आगाज करने वाले हार्वे तेजी के साथ-साथ आगे बढ़ते चले गए और दुनियाभर में अपना नाम रोशन किया। उन्होंने अपनी मेहनत और हुनर को जल्द ही पहचाना और उन्हें वॉशिंगटन में ग्रैंड कूली डैम का सुपरिंटेंडेंट इंजीनियर बना दिया गया। इसके बाद उन्होंने कई बड़े प्रोजेक्ट्स में काम किया और डैम बनाने के एक्सपर्ट्स में गिने जाने लगे। इसी कड़ी में उन्हें भारत के पहले प्रधानमंत्री पंडित जवाहरलाल नेहरू ने हार्वे को 1952 में भाखड़ा डैम बनाने के लिए बुलाया था।

हार्वे अपने सख्त अनुशासन और काम के प्रति समर्पण के लिए जाने जाते थे। उन्होंने डैम को जल्दी बनाने के लिए लगभग 13000 मजदूरों की टीम बनाई। जिसमें 300 भारतीय इंजीनियर और 30 विदेशी एक्सपर्ट्स भी शामिल थे। डैम बनाने के लिए 3 शिफ्टों में काम किया जाता था, ताकि काम दिन-रात चलता रहे। इसके अलावा हार्वे ने यह भी रूल बनाया था कि सभी अधिकारी और मजदूर यूनिफॉर्म पहनकर काम करेंगे। हार्वे यह सख्ती ना सिर्फ वहां काम करने वालों के लिए करते थे बल्कि खुद पर लागू करते थे। वह खुद सुबह 8 बजे उठकर साइट पर पहुंच जाते थे और देर शाम तक वहीं काम की देख-रेख करते थे।

अभियंता हार्वे और पंडित नेहरू का एक किस्सा ऐसा भी है जिसे आज तक याद किया जाता है। जब एक बार भाखड़ा-नंगल साइट की टेलीफोन सर्विस कई घंटे तक बंद रही, तो हार्वे इतने नाराज हो गए थे कि उन्होंने सीधे प्रधानमंत्री नेहरू को खत लिख दिया था। कहा जाता है कि इस चिट्ठी में हार्वे में साफतौर पर अपनी परेशानियों को जिक्र किया था। कहा था कि अगर इसी तरह परेशानियां चलती रहीं तो भगवान भी इस डैम को समय पर पूरा नहीं कर पाएंगे।

छोटी सी भूल : पंडित नेहरू समय रहते समझ नहीं पाए

रांची में हैवी इंजीनियरिंग कॉर्पोरेशन की आधारशिला रखी गई। 'मदर ऑफ ऑल इंडस्ट्री' के उद्घाटन के साथ ही देश के औद्योगिक विकास की शुरूआत हुई। छह दशक

बाद आज एच ई सी को अस्तित्व बचाने के लिए संघर्ष करना पड़ रहा है। कंपनी कई मुश्किलों के दौर से गुजर रही है।

साल 1963 में एच ई सी को राष्ट्र को समर्पित करते हुए पंडित जवाहरलाल नेहरू ने इसे 'आधुनिक भारत का मंदिर' बताया। 'मदर ऑफ ऑल इंडस्ट्री' के रूप में एच ई सी की स्थापना के साथ विकास के कई सपने देखे गए। कंपनी की शुरुआत से 22 हजार लोगों को रोजगार मिला था। वहां अब कुछ हजार कामगार ही बचे हैं। उन्हें भी 12-13 महीने से वेतन नहीं मिल पा रहा है। एच ई सी की स्थापना के लिए रांची के आसपास के 32 गांवों के हजारों लोगों ने अपनी जमीन दी। जमीन देने परिवारों को मुआवजा और नौकरी भी मिला, लेकिन एच ई सी का हाल देख कर सभी दुःखी है।

प्रारंभ में ही कुछ बड़ी भूल हो गई। किसी भी कंपनी को चलाने के लिए उसके जीवन-चक्र को विकसित करना जरूरी होता है। पंडित नेहरू ने दूरदर्शिता का परिचय देते हुए एच ई सी का नागराज राव को अध्यक्ष सह प्रबंध निदेशक बनाया। संस्थापक सीएमडी के रूप में नागराज राव ने 'मदर ऑफ ऑल इंडस्ट्री' के रूप में निर्धारित समय-सीमा के अंदर ना सिर्फ प्लांट की स्थापना करने में सफलता हासिल की। बल्कि आधुनिक टाउनशिप का भी निर्माण कराया। एच ई सी के सी एम डी के आग्रह पर तत्कालीन प्रधानमंत्री पंडित जवाहरलाल नेहरू 15 नवंबर को 1963 को रांची पहुंचे।

जानकार बताते हैं कि उद्घाटन समारोह संपन्न हो गया, तो पंडित जवाहरलाल नेहरू ने संस्थापक सी एम डी से पूछा कि उन्होंने तो छह परियोजनाओं के उद्घाटन की बात कही थी, पांच का ही उद्घाटन हुआ। इस पर सी एम डी ने बताया कि तकनीकी कारणों से छठी परियोजना का ऑटोमेटिक उदघाटन हो गया। उनकी बात सुनकर पंडित जवाहरलाल नेहरू नाराज हो गए। कहा जाता है कि इसी कारण दिल्ली लौटने के तुरंत बाद संस्थापक सी एम डी का तबादला कर दिया गया। प्रशासनिक अधिकारियों ने नियमित तबादले का तर्क देकर नागराज राव को हटाने के फैसले को सही करार देने की कोशिश की।

संस्थापक सी एम डी नागराज राव ने तमाम मुश्किलों का सामना करते हुए समय-सीमा के अंदर एचईसी की स्थापना में बड़ी भूमिका निभाई। करीब 7000 एकड़ में फैले एच ई सी प्लांट और 11 हजार परिवारों के लिए टाउनशिप के लिए सारी आधारभूत संरचना तैयार की। नागराज राव ने एच ई सी आवासीय परिसर में रहने वाले 11 हजार मकानों से निकलने वाले कूड़े और नालियों के लिए समुचित प्रबंध किया। उन्होंने इन

क्वार्टरों के कचड़े से कृषि खाद का उत्पादन करने की योजना बनाई थी। यह एचईसी की महत्वकांक्षी योजना थी। एचईसी के जीवन चक्र के सफल संचालन में यह महत्वपूर्ण कड़ी साबित होगी। लेकिन पूरी परियोजना उद्घाटन के पहले ही समाप्त हो गई। जानकार बताते है कि यदि कूड़े से खाद बनाने की योजना शुरू हो जाती, तो यह कंपनी के लिए काफी फायदेमंद हो सकता था। लेकिन एचईसी के उद्घाटन के तत्काल बाद संस्थापक सीएमडी को पद से मुक्त कर देना आत्मघाती निर्णय साबित हुआ। जिस सीएमडी ने तीन-चार सालों तक कड़ी मेहनत कर एच ई सी की स्थापना में सबसे महत्वपूर्ण भूमिका निभाई, उसे कंपनी चलाने का मौका देने की बजाए हटा दिया गया। जिसके बाद आज भी एचईसी के किनारे अवस्थित टोंटो गांव में कूड़ा निष्पादन प्लांट खंडहर के रूप में खड़ा है। सिवरेज और ड्रेनेज के लिए तैयार आधारभूत संरचना अब भी मौजूद है, लेकिन छह दशक बीत जाने के बावजूद उसका समुचित उपयोग नहीं हो पाया। नागराज राव ने एचईसी के लिए कैप्टिव पावर स्थापित करने की भी योजना बनाई थी। जिससे कंपनी को बिजली के लिए दूसरे पर निर्भर रहने की जरूरत नहीं होती। लेकिन वह योजना भी पूरी नहीं हो सकी। इसके अलावा नागराज ने कंपनी से निकलने वाले स्क्रैप के उपयोग की भी योजना बनाई थी। इसका फायदा भी एचईसी को नहीं मिल पाया। एचईसी क्षेत्र में रहने वाले लोगों के लिए जो डैम तैयार किया गया था, उससे आज भी शहर की बड़ी आबादी को पेयजल आपूर्ति की जा रही है।

❒

अध्याय-17

सामाजिक नीतियां

"लोगों की कला उनके मन का सच्चा दर्पण है।"

-पंडित जवाहरलाल नेहरू

पंडित जवाहरलाल नेहरू के नेतृत्व में भारतीय संसद ने जातिगत भेदभाव को अपराधी बनाने और महिलाओं के कानूनी अधिकारों और सामाजिक स्वतंत्रता को बढ़ाने के लिए हिंदू कोड बिल के माध्यम से हिंदू कानून में कई बदलाव किए। पंडित नेहरू प्रशासन ने हिंदू समुदाय को एकजुट करने के लिए इस तरह के संहिताकरण को आवश्यक माना, जो आदर्श रूप से राष्ट्र को एकीकृत करने की दिशा में पहला कदम होगा। वह 1955-56 में चार हिंदू कोड बिल पारित करने में सफल रहे। हिंदू विवाह अधिनियम, हिंदू उत्तराधिकार अधिनियम, हिंदू अल्पसंख्यक और संरक्षकता अधिनियम और हिंदू दत्तक ग्रहण और रख रखाव अधिनियम। जो लोग सिख धर्म, जैन धर्म और बौद्ध धर्म का पालन करते हैं उन्हें कोड बिल के अधिकार क्षेत्र के तहत हिंदुओं के रूप में वर्गीकृत किया गया है।

पंडित जवाहरलाल नेहरू ने राज्य नीति के निर्देशक सिद्धांतों के तहत भारतीय संविधान के अनुच्छेद 44 को विशेष रूप से लिखा था। जिसमें कहा गया है-"राज्य भारत के पूरे क्षेत्र में नागरिकों के लिए एक समान नागरिक संहिता सुनिश्चित करने का प्रयास करेगा।" इस अनुच्छेद ने भारत में धर्मनिरपेक्षता का आधार बनाया है।

जबकि पंडित नेहरू ने मुस्लिम कानून को कानून से मुक्त रखा और वह अपरिवर्तित रहे, उन्होंने सन् 1954 में विशेष विवाह अधिनियम पारित किया। इस अधिनियम के पीछे का विचार भारत में सभी को एक नागरिक विवाह के तहत व्यक्तिगत कानून के बाहर शादी करने की क्षमता देना था। कई मामलों में अधिनियम हिंदू विवाह अधिनियम, सन् 1955 के लगभग समान था। यह दर्शाता है कि हिंदुओं के संबंध में कानून कितना धर्मनिरपेक्ष हो गया था। विशेष विवाह अधिनियम ने मुसलमानों को इसके तहत शादी करने और उन सुरक्षाओं

को रखने की अनुमति दी, जो आमतौर पर मुस्लिम महिलाओं के लिए फायदेमंद होती हैं, जो व्यक्तिगत कानून में नहीं मिल सकती थीं। अधिनियम के तहत, बहुविवाह अवैध था और विरासत और उत्तराधिकार संबंधित मुस्लिम व्यक्तिगत कानून के बजाय भारतीय उत्तराधिकार अधिनियम द्वारा शासित होंगे। तलाक धर्मनिरपेक्ष कानून द्वारा शासित होगा और तलाकशुदा पत्नी का रखरखाव नागरिक कानून में निर्धारित लाइनों के अनुसार होगा।

भाषा नीति

पंडित जवाहरलाल नेहरू ने कांग्रेस पार्टी के उस गुट का नेतृत्व किया, जिसने हिंदी को भारतीय राष्ट्र की भाषा के रूप में बढ़ावा दिया। गैर-हिंदी भाषियों के साथ एक विस्तृत और विभाजनकारी बहस के बाद, हिंदी को सन् 1950 में भारत की आधिकारिक भाषा के रूप में अपनाया गया। अंग्रेजी 15 वर्षों तक एक सहयोगी आधिकारिक भाषा के रूप में जारी रही, जिसके बाद हिंदी एकमात्र आधिकारिक भाषा बन गई। सन् 1965 के बाद हिंदी को एकमात्र आधिकारिक भाषा बनाने के लिए भारत सरकार के प्रयास कई गैर-हिंदी भारतीय राज्यों को अस्वीकार्य थे। जो अंग्रेजी का निरंतर उपयोग चाहते थे। द्रविड़ मुनेत्र कड़गम जो द्रविड़ कड़गम के वंशज हैं, ने हिंदी के विरोध का नेतृत्व किया। उनके डर को दूर करने के लिए, पंडित नेहरू ने सन् 1965 के बाद अंग्रेजी के निरंतर उपयोग को सुनिश्चित करने के लिए सन् 1963 में आधिकारिक भाषा अधिनियम पारित किया।

पंडित नेहरू ने लिखा था-**"मैं किसी भी तरह के आरक्षण को नापसंद करता हूं।"** तो क्या वह वास्तव में कोटा के खिलाफ थे? प्रधानमंत्री पंडित जवाहरलाल नेहरू ने कहा था-**"पिछड़े समूह की मदद करने का असली तरीका उन्हें अच्छी शिक्षा के अवसर प्रदान करना है।"**

क्या पंडित जवाहरलाल नेहरू बतौर प्रधानमंत्री नव-स्वतंत्र भारत गरीबी और सामाजिक-आर्थिक मतभेदों की समस्याओं से जूझ रहा था, उस समय क्या वह वास्तव में सकारात्मक कार्रवाई के खिलाफ थे?

पंडित नेहरू ने पत्र में कहा-"इसके लिए यह आवश्यक है कि हम इस जाति या उस समूह को आरक्षण और विशेष विशेषाधिकार देने की पुरानी आदत से बाहर निकलें।"

आरक्षण की प्रथा के प्रति अपना वैचारिक विरोध व्यक्त करते हुए नेहरू ने जाति-आधारित आरक्षण के स्थान पर आर्थिक आधार पर सहायता प्रदान करने की वकालत की।

पिछड़े समूहों के लिए आर्थिक सहायता

पत्र से उद्धरण देते हुए पंडित जवाहरलाल नेहरू ने आरक्षण और उसके परिणामों पर अपना रुख स्पष्ट करते हुए कहा-**"मैं किसी भी प्रकार के आरक्षण को नापसंद करता हूं, विशेषकर सेवा में। मैं ऐसी किसी भी चीज के खिलाफ कड़ी प्रतिक्रिया व्यक्त करता हूं जो अकुशलता और दोयम दर्जे के मानकों को जन्म देती है।"**

पत्र से पता चलता है कि जवाहरलाल नेहरू का मानना था कि आरक्षण से कार्यकुशलता प्रभावित होगी और इसका परिणाम यह होगा कि राष्ट्र उत्कृष्टता के लिए प्रयास करने के बजाय सामान्यता को ही स्वीकार कर लेगा। पंडित नेहरू ने पत्र में आगे लिखा-"मैं चाहता हूं कि मेरा देश हर चीज में प्रथम श्रेणी का देश बने। जिस क्षण हम दोयम दर्जे को बढ़ावा देते हैं, हम खो जाते हैं।" उसी पत्र में नेहरू ने पिछड़े समूहों को आर्थिक सहायता और आर्थिक मानदंडों के आधार पर आरक्षण की आवश्यकता पर भी जोर दिया।

पत्र में लिखा है-**"राष्ट्रीय एकीकरण पर विचार करने के लिए हमने हाल ही में जो बैठक की थी, उसमें यह तय किया गया था कि सहायता जाति के आधार पर नहीं, बल्कि आर्थिक आधार पर दी जानी चाहिए।"**

गरीबों पर ध्यान केंद्रित रखना

नेहरू ने अनेक विपरीत परिस्थितियों के बावजूद भारत को लोकतांत्रिक, नागरिक स्वतंत्रता के रास्ते पर बनाए रखने में सफलता प्राप्त की। जिससे यह सुनिश्चित हुआ कि गरीबों को विकास प्रक्रिया से पूरी तरह बाहर नहीं रखा गया अथवा उनकी स्थिति को पूरी तरह नजरअंदाज नहीं किया गया।

पंडित नेहरू राजनीतिक लोकतंत्र को लोगों के सशक्तिकरण के लिए एक आवश्यक शर्त मानते थे। लेकिन इसे किसी भी तरह से पर्याप्त नहीं माना जाता था। उन्होंने सन् 1952 में कहा था-

"यदि गरीबी और निम्न स्तर जारी रहे तो लोकतंत्र, अपनी सभी बेहतरीन संस्थाओं और आदर्शों के बावजूद, मुक्तिदायी शक्ति नहीं रह जाएगा। इसलिए इसे गरीबी उन्मूलन पर निरंतर ध्यान केंद्रित करना चाहिए... दूसरे शब्दों में, राजनीतिक लोकतंत्र पर्याप्त नहीं है। इसे आर्थिक लोकतंत्र में भी विकसित होना चाहिए।"

नेहरू इस बात से गहराई से वाकिफ थे कि सक्रिय प्रयास किए जाने चाहिए और

संस्थागत ढांचे बनाए जाने चाहिए, जिससे आम जनता को सम्मानपूर्ण जीवन जीने में मदद मिले। उन्होंने सन् 1952 में विशाल सामुदायिक विकास कार्यक्रम की शुरुआत की। जिसका उद्देश्य दूरदराज के गांवों में लोगों के जीवन के सभी पहलुओं को बेहतर बनाना था। जिसमें कृषि पद्धतियों में सुधार से लेकर संचार, शिक्षा और स्वास्थ्य तक शामिल थे। इस कार्यक्रम के माध्यम से उनका मूल उद्देश्य "हमारे लोगों के बीच नीचे से ताकतों को मुक्त करना" था। ताकि ऐसी परिस्थितियाँ बनाई जा सकें जिनमें नीचे से स्वतःस्फूर्त विकास संभव हो सके। अंतिम लक्ष्य "अवसर और अन्य चीजों में समानता का एक उपाय उत्तरोत्तर उत्पन्न करना" था। इस कार्य को पूरा करने के लिए ग्रामीण इलाकों में ग्राम स्तर के कार्यकर्ताओं (ग्राम सेवकों) और खंड विकास अधिकारियों की एक वास्तविक सेना फैली हुई थी। जब इस कार्यक्रम में नौकरशाही की प्रवृत्ति उभरने लगी, तो नेहरू ने इसे पंचायती राज संस्थाओं (चुने हुए स्थानीय स्वशासी निकाय) के साथ एकीकृत करने की कोशिश की और बैंकिंग, विपणन और अन्य सेवाओं में सहकारी समितियों का एक बड़ा कार्यक्रम स्थापित किया, जिससे लाखों किसानों को लाभ और सशक्तीकरण मिला। स्थानीय ग्राम स्तरीय स्वशासी सहकारी संस्थाओं की महत्वपूर्ण भूमिका पर बल देते हुए नेहरू ने कहा-

"मुझे लगता है कि हमें ऊपर से ज़्यादा नीचे से काम करना चाहिए। बेशक ऊपर का हिस्सा महत्वपूर्ण है और आधुनिक दुनिया में केंद्रीकरण का एक बड़ा उपाय अपरिहार्य है। फिर भी बहुत ज़्यादा केंद्रीकरण का मतलब है जड़ों का क्षय और अंततः शाखाओं, पत्तियों और फूलों का मुरझाना। इसलिए हमें गाँव में इन बुनियादी अंगों को प्रोत्साहित करना होगा।"

इन स्थानीय संस्थाओं को वंचितों के पक्ष में काम करने के लिए तैयार करना एक ऐसा संघर्ष था जो वर्ग, जाति और लिंग के आधार पर बहुत विभाजित समाज में आसान नहीं था।

पंडित जवाहरलाल नेहरू भारत में समाजवादी आदर्श को इतनी व्यापक स्वीकार्यता दिलाने में आंशिक रूप से इसलिए सक्षम हुए क्योंकि उन्होंने मार्क्सवाद की संकीर्ण, सांप्रदायिक और कठोर व्याख्या से बहुत पहले ही नाता तोड़ लिया था। जिसे आधुनिक और समकालीन काल के भारत के अग्रणी इतिहासकार बिपिन चंद्र ने "स्टालिन मार्क्सवाद" कहा था। पंडित नेहरू सौभाग्यशाली थे कि वह गांधीवादी स्वतंत्रता संग्राम के साक्षी और उसका हिस्सा थे। जो तब तक और शायद आज भी "अर्ध-लोकतांत्रिक या लोकतांत्रिक प्रकार की राज्य संरचना के प्रतिस्थापन या रूपांतरण का एकमात्र वास्तविक

ऐतिहासिक उदाहरण है। जिसमें व्यापक रूप से ग्राम्शी के सैद्धांतिक परिप्रेक्ष्य में युद्ध की स्थिति को सफलतापूर्वक लागू किया जा रहा है।"

1930 के दशक के अंत तक पंडित नेहरू इस स्थिति की ओर झुकने लगे कि समाजवाद को बलपूर्वक या जबरदस्ती से नहीं लाया जा सकता। आप बलपूर्वक सर्वसम्मति तक कैसे पहुँच सकते हैं? उन्होंने तर्क दिया कि समाजवादी परिवर्तन के वांछित लक्ष्य को प्राप्त करने के लिए किसी को घृणा और हिंसा के साधनों को नहीं अपनाना चाहिए और अहिंसक और शांतिपूर्ण साधनों के माध्यम से समाज का समाजवादी स्वरूप प्राप्त किया जा सकता है। गांधीवादी धारणा के साथ पूरी तरह से तालमेल बिठाते हुए कि गलत साधनों से सही लक्ष्य प्राप्त नहीं किया जा सकता, उन्होंने घोषणा की-

"हम जिस लक्ष्य को प्राप्त करना चाहते हैं और उसे प्राप्त करने के लिए अपनाए गए साधनों के बीच हमेशा एक घनिष्ठ और अंतरंग संबंध होता है। भले ही लक्ष्य सही हो और साधन गलत हों, यह लक्ष्य को बिगाड़ देगा या हमें गलत दिशा में ले जाएगा।"

समाजवादी आम सहमति पर पहुंचने का मतलब यह होगा कि इसे एक प्रक्रिया के रूप में देखना होगा, न कि किसी 'क्रांतिकारी क्षण' में घटित घटना के रूप में। यह एक लंबी प्रक्रिया होगी, जिसमें उतार-चढ़ाव होंगे, एक ऐसी प्रक्रिया जिसे कभी-कभी अपने तात्कालिक लक्ष्यों को धीमा, मध्यम या कम करना पड़ सकता है, ताकि लोगों के बड़े हिस्से को साथ लेकर चला जा सके, जिसमें विरोधी रुख रखने वाले लोग भी शामिल हैं। 1940 के दशक में जेल से नेहरू ने कांग्रेस द्वारा 1938 में गठित राष्ट्रीय योजना समिति को समाजवादी दिशा में कैसे आगे बढ़ना चाहिए, इस बारे में अपनी समझ का वर्णन करते हुए लिखा, तर्क दिया-

"...यह लोकतांत्रिक स्वतंत्रता के संदर्भ में और कम से कम उन समूहों के बड़े पैमाने पर सहयोग के साथ प्रयास किया जाना था जो आमतौर पर समाजवादी सिद्धांत का विरोध करते थे। मुझे लगा कि यह सहयोग सार्थक है, भले ही इसमें कुछ मामलों में योजना को कमज़ोर करना या कमज़ोर करना शामिल हो।"

पंडित जवाहरलाल नेहरू ने अपने जीवन भर अपने लक्ष्यों के प्रति दृढ़ रहते हुए अपनी कार्यशैली को बनाए रखा, जिसके कारण उन्हें लाखों लोगों का समर्थन, प्यार और प्रशंसा मिली, जो केवल गांधीजी से ही अधिक थी। गुरु के सच्चे शिष्य के रूप में, समाज

के सभी वर्गों से अपील करते हुए, वह अपनी नज़र गरीबों, उत्पीड़ितों और वंचितों पर केंद्रित रखने में सफल रहे। उनकी सबसे बड़ी उपलब्धि यह थी कि उन्होंने भारतीय समाज, व्यक्तियों और संस्थानों के एक बहुत बड़े हिस्से को अपने समाजवादी दृष्टिकोण को साझा करने के लिए प्रेरित किया। नेहरूवादी काल में, योजना आयोग और सार्वजनिक क्षेत्र की नौकरशाही से लेकर मीडिया और लोकप्रिय फिल्मों तक, समाजवादी उद्देश्य को एक वांछनीय उद्देश्य के रूप में देखा गया, जिसे किसी संकीर्ण कट्टरपंथी तरीके से परिभाषित नहीं किया गया था। बल्कि नेहरू ने इसे व्यापक रूप से रेखांकित किया था।

भूमि सुधार, हरित क्रांति, सामुदायिक विकास कार्यक्रम, सार्वजनिक क्षेत्र का उदय, शिक्षा और स्वास्थ्य को सार्वजनिक जिम्मेदारी के रूप में महत्व देना, श्रमिक वर्ग के अधिकारों की रक्षा, समाजवादी आदर्श को लोकप्रिय बनाना। पंडित नेहरू द्वारा उठाए गए विशाल कदम थे, जिन्होंने समतामूलक समाज की दिशा में बहुत योगदान दिया। इनमें से कई कदम आज उलटे जा रहे हैं, जैसे सार्वजनिक क्षेत्र के उद्यमों का निजीकरण और इससे भी अधिक चौंकाने वाली बात यह है कि शिक्षा और स्वास्थ्य को लालची निजी क्षेत्र को सौंपना, बिना ट्रेड यूनियन अधिकारों के श्रम का तेजी से अनौपचारिकता और समाजवादी आदर्श का मजाक उड़ाना।

सशक्तिकरण के लिए शिक्षा पर ध्यान

पंडित नेहरू के दृष्टिकोण का सार इस विश्वास में निहित है कि शिक्षा पिछड़े समूहों को सशक्त बनाने का प्राथमिक साधन है। उन्होंने पत्र में कहा-"पिछड़े समूह की मदद करने का एकमात्र वास्तविक तरीका उन्हें अच्छी शिक्षा के अवसर प्रदान करना है।"

"सार्वभौमिक निःशुल्क प्राथमिक शिक्षा" और "छात्रवृत्ति" प्रदान करने के अपनी सरकार के निर्णय पर जोर देते हुए नेहरू ने कहा-"यह केवल साहित्यिक शिक्षा पर ही लागू नहीं होता, बल्कि तकनीकी, वैज्ञानिक और चिकित्सा प्रशिक्षण पर भी लागू होता है। मैं प्रतिभाशाली और योग्य लड़के और लड़कियों पर जोर देता हूं। मुझे इसमें कोई संदेह नहीं है कि इस देश में संभावित प्रतिभाओं का विशाल भंडार है, बशर्ते हम उन्हें अवसर प्रदान कर सकें।" नेहरू ने उत्कृष्टता प्राप्त करने की क्षमता रखने वाले लोगों को अवसर प्रदान करने की आवश्यकता को स्वीकार किया। पंडित जवाहरलाल नेहरू ने स्पष्ट तौर पर कहा-"आरक्षण उज्ज्वलता को नष्ट कर देता है।"

उसी पत्र में जवाहरलाल नेहरू ने सांप्रदायिक आरक्षण के परिणामों के बारे में भी

चिंता व्यक्त की थी। जवाहरलाल नेहरू ने चेतावनी देते हुए कहा था-"लेकिन यदि हम सांप्रदायिक और जातिगत आधार पर आरक्षण लागू करते हैं, तो हम प्रतिभाशाली और योग्य लोगों को पीछे छोड़ देंगे और दूसरे या तीसरे दर्जे के रह जाएंगे।"

जहां नेहरू ने सांप्रदायिक और जाति-आधारित आरक्षण के प्रति अपना वैचारिक विरोध व्यक्त किया, वहीं उन्होंने नव-स्वतंत्र राष्ट्र में सकारात्मक कार्रवाई की आवश्यकता को भी स्वीकार किया।

नेहरू ने पत्र में लिखा-"यह सच है कि अनुसूचित जातियों और जनजातियों की मदद करने के बारे में हम कुछ नियमों और परंपराओं से बंधे हुए हैं। वे मदद के हकदार हैं, लेकिन फिर भी मैं किसी भी तरह के आरक्षण को नापसंद करता हूं, खासकर नौकरी में।"

ग्रामीण क्षेत्र

ग्रामीण क्षेत्रों के विकास के लिए दो बड़े कार्यक्रम सामुदायिक विकास कार्यक्रम और पंचायती राज क्रमशः सन् 1952 और सन् 1959 में शुरू किया गया। यह कार्यक्रम गांव में कल्याणकारी राज्य की नींव डालने वाले थे। इस कार्यक्रम में लोगों द्वारा आत्म निर्भरता तथा आत्म सहायता और उत्तरदायित्व पर मुख्य रूप से जोर दिया जाना था। सन् 1952 और उसके बाद के वर्षों में पंडित नेहरू बार-बार सामुदायिक विकास कार्यक्रम और राष्ट्रीय विस्तार सेवा की चर्चा नई सरकार और एक महान क्रांति के रूप में किया करते थे। इन कार्यक्रमों के माध्यम से अच्छी सफलता प्राप्त हुई बेहतर बीज, खाद आदि होने के परिणामस्वरुप खेती का विकास तेजी से हुआ और खाद्यान्न उत्पादन बढ़ा। ❐

अध्याय-18

प्रेस की स्वतंत्रता

प्रेस की स्वतंत्रता नागरिक स्वतंत्रता का एक अनिवार्य पहलू थी। प्रेस की स्वतंत्रता का मतलब समझाते हुए पंडित जवाहरलाल नेहरू ने सन् 1940 में कहा था-

"प्रेस की स्वतंत्रता का मतलब यह नहीं है कि हम अपनी पसंद की चीज़ों को प्रकाशित होने दें। यहाँ तक कि एक तानाशाह भी इस तरह की स्वतंत्रता के लिए सहमत है। नागरिक स्वतंत्रता और प्रेस की स्वतंत्रता का मतलब है कि हम जो पसंद नहीं करते हैं उसे प्रकाशित होने दें, खुद की आलोचना को सहन करें...।"

स्वतंत्र प्रेस के प्रति नेहरू की प्रतिबद्धता पूर्ण थी और जब वह सरकार में थे, तब भी उतनी ही मजबूत थी, जितनी तब थी जब वह औपनिवेशिक राज्य के खिलाफ संघर्ष का नेतृत्व कर रहे थे।

लोकतंत्र और नागरिक स्वतंत्रता को अपने आप में आवश्यक मूल्य मानने के अलावा, नेहरू का दृढ़ विश्वास था कि भारत जैसे विविधतापूर्ण देश को केवल अहिंसक, लोकतांत्रिक जीवन शैली से ही एक साथ रखा जा सकता है, न कि बल या जबरदस्ती से। केवल एक लोकतांत्रिक संरचना जो विभिन्न भाषाई, धार्मिक, सांस्कृतिक, राजनीतिक और सामाजिक-आर्थिक प्रवृत्तियों को खुद को अभिव्यक्त करने के लिए जगह देती है। भारत को एक साथ रख सकती है। लगभग आज राष्ट्र के सामने आने वाले खतरे का अनुमान लगाते हुए उन्होंने कहा-

"यह इतना बड़ा देश है जिसमें बहुत सारी वैध विविधताएं हैं और किसी भी तथाकथित 'मजबूत आदमी' को लोगों और उनके विचारों को कुचलने की अनुमति नहीं दी जा सकती है।"

वह खुद को लोकलुभावनवाद या जनमत संग्रह/बहुसंख्यकवादी लोकतंत्र का शिकार

न बनने देने के प्रति सावधान थे। गांधी जी और वल्लभभाई पटेल की मृत्यु के बाद वह भारतीय राजनीतिक स्पेक्ट्रम पर छा गए थे। आसानी से अपने और अपनी नीतियों के विरोध को दबा सकते थे। उन्होंने सही ढंग से देखा कि लोकतंत्र का मूल मतभेदों का सम्मान करने में निहित है, भले ही वह अल्पसंख्यक का ही क्यों न हो। उन्होंने 2 जून 1950 को पहले आम चुनावों से पहले कहा-

"मैं इस देश में विपक्ष से नहीं डरता और मुझे इस बात से कोई आपत्ति नहीं है कि विपक्षी समूह किसी सिद्धांत, व्यवहार या रचनात्मक विषय के आधार पर विकसित होते हैं। मैं नहीं चाहता कि भारत ऐसा देश बने जिसमें लाखों लोग एक आदमी की हाँ में हाँ मिलाएँ, मैं एक मजबूत विपक्ष चाहता हूँ।"

विपक्ष का सम्मान करने वाले नेहरू का एक जीता जागता उदाहरण और उनका यह दृढ़ विश्वास कि भारत को किसी 'तानाशाह' या किसी 'मजबूत व्यक्ति' के उभरने की किसी भी प्रवृत्ति को बर्दाश्त नहीं करना चाहिए, वह एक छद्म नाम से खुद के बारे में लिखी गई उनकी आलोचना थी। उस समय जब वह अपनी लोकप्रियता के शिखर पर थे। ऐसा लग रहा था जैसे वह खुद को और आम भारतीय लोगों को खुद में और भारतीय राजनीति में उभरने वाली ऐसी किसी भी प्रवृत्ति के खिलाफ चेतावनी दे रहे थे। लगातार दो वर्षों तक भारतीय राष्ट्रीय कांग्रेस के अध्यक्ष चुने जाने के बाद, उन्होंने अक्टूबर 1937 में एक लोकप्रिय पत्रिका में 'राष्ट्रपति' या 'प्रेसिडेंट' शीर्षक से एक लेख (छद्म नाम चाणक्य का उपयोग करते हुए) लिखा, जिसमें चेतावनी दी गई थी-

"जवाहरलाल जैसे लोग, जिनमें महान और अच्छे काम करने की पूरी क्षमता होती है, लोकतंत्र में असुरक्षित होते हैं...जवाहरलाल को थोड़ा-सा घुमाकर धीमी गति से चलने वाले लोकतंत्र के साजो-सामान को किनारे करके तानाशाह बना दिया जा सकता है। वे अभी भी लोकतंत्र और समाजवाद की भाषा और नारे का इस्तेमाल कर सकते हैं, लेकिन हम सभी जानते हैं कि इस भाषा पर फासीवाद कैसे पला-बढ़ा है...उनमें तानाशाह बनने के सभी गुण मौजूद हैं-अपार लोकप्रियता, एक सुस्पष्ट उद्देश्य के लिए दृढ़ इच्छाशक्ति, ऊर्जा, गर्व, संगठनात्मक क्षमता, योग्यता, कठोरता और भीड़ के प्रति उनका सारा प्यार, दूसरों के प्रति असहिष्णुता और कमज़ोर और अक्षम लोगों के प्रति एक निश्चित अवमानना... काम

करवाने की उनकी अत्यधिक इच्छा, जो उन्हें पसंद नहीं है उसे दूर करके नए सिरे से निर्माण करने की इच्छा, शायद ही लोकतंत्र की धीमी प्रक्रिया को लंबे समय तक बर्दाश्त कर पाएगी...सीज़रवाद हमेशा दरवाजे पर खड़ा रहता है, और क्या यह संभव नहीं है कि जवाहरलाल खुद को सीज़र मान लें?"

नेहरू खुद को और अपने लोगों को लोकतंत्र और नागरिक स्वतंत्रता के साथ किसी भी तरह के समझौते के खिलाफ चेतावनी दे रहे थे। वे खुद लोकतांत्रिक मार्ग पर पूरी निष्ठा से डटे रहने और लोकतांत्रिक मार्ग को भारतीय लोगों की सामान्य समझ का हिस्सा बनाने में काफी हद तक सफल रहे, लेकिन वे जिन खतरों की ओर इशारा कर रहे थे। वह नेहरू युग के अंत के साठ साल बाद भी आज भारत के लिए अपनी प्रासंगिकता नहीं खो चुके हैं।

स्वतंत्र मीडिया के माध्यम से विचारों की मुक्त अभिव्यक्ति के माध्यम से एक मजबूत विपक्ष को विकसित करने के अलावा, पंडित नेहरू ने संसद जैसे एक कार्यशील लोकतंत्र की अन्य महत्वपूर्ण संस्थाओं पर भी बहुत ध्यान दिया। संसद और संसदीय अभ्यास और आचार संहिता को उन्होंने अपनी मृत्यु तक जो सम्मान दिया, वह पौराणिक था और हमारे वर्तमान सांसदों के लिए एक गंभीर सबक हो सकता है। उन्होंने सरकार की कैबिनेट प्रणाली को संस्थागत बनाने के लिए बहुत सावधानी बरती। न केवल उन्होंने सभी शक्तियों को अपने पास नहीं रखा, बल्कि उन्होंने अपने कई सहयोगियों की इस प्रवृत्ति के आगे झुकने से भी इनकार कर दिया कि वे महत्वपूर्ण नीतिगत निर्णय उन पर छोड़ देते हैं।

सी डी देशमुख सन् 1950-56 तक पंडित नेहरू के मंत्रिमंडल में वित्त मंत्री थे। उन्होंने अपनी आत्मकथा में उल्लेख किया है- "मंत्रिमंडल के प्रमुख के रूप में नेहरू सौम्य, विचारशील और लोकतांत्रिक थे, उन्होंने कभी भी अपने सहयोगियों पर कोई निर्णय थोपा नहीं..."

नेहरू लोकतांत्रिक संस्थाओं के निर्माण में बहुत सावधान थे। जिसमें राज्य का हस्तक्षेप यथासंभव कम हो, चाहे वह न्यायपालिका हो, नौकरशाही हो या अन्य संस्थाएँ। यह शैक्षणिक संस्थाओं के लिए विशेष रूप से सच था। जिनसे हम सभी यहाँ विशेष रूप से जुड़े हुए हैं। उन्होंने दिसंबर 1947 में कहा था:

"विश्वविद्यालय मानवतावाद के लिए खड़ा है। सहिष्णुता के लिए, तर्क के लिए, विचारों के साहस के लिए और सत्य की खोज के लिए ... अगर

विश्वविद्यालय अपने कर्तव्य का उचित तरीके से निर्वहन करते हैं, तो राष्ट्र और लोगों के लिए यह अच्छा है। लेकिन अगर शिक्षा का मंदिर ही संकीर्ण कट्टरता और तुच्छ उद्देश्यों का घर बन जाता है, तो फिर राष्ट्र कैसे समृद्ध होगा या लोग कैसे कद में बढ़ेंगे?"

उनके समय में कुछ बेहतरीन संस्थान बनाए गए और उनका पालन-पोषण किया गया।

प्रधानमंत्री जवाहर लाल नेहरू का पहला टीवी साक्षात्कार

आजादी के 6 साल बाद बीबीसी ने देश के पहले प्रधानमंत्री पंडित जवाहरलाल नेहरू का पहला टेलीविजन साक्षात्कार किया था।

यह बीबीसी की 'प्रेस कॉन्फ्रेंस' सिरीज़ थी। जिसका संचालन विलियम क्लार्क कर रहे थे। इस साक्षात्कार में प्रधानमंत्री पंडित जवाहरलाल नेहरू से सवाल पूछने के लिए विलियम क्लार्क के अलावा तीन पत्रकार और मौजूद थे। न्यू स्टेट्समैन एंड नेशन के एडिटर किंग्स्ले मार्टिन, संडे टाइम्स के एडिटर एचवी हडसन, इकनॉमिस्ट के फॉरेन एडिटर डॉनल्ड मैकलॉक्लन।

साक्षात्कार के दौरान ही पंडित जवाहरलाल नेहरू ख़ुद यह बताते दिख रहे हैं कि यह इनका पहला टेलीविजन साक्षात्कार है। वह यह भी कहते हैं कि उन्हें टेलीविजन के बारे में कम ही जानकारी है। साक्षात्कार में पंडित जवाहरलाल नेहरू से यह भी पूछा गया कि वह आज़ादी के बाद से अब तक के भारत की प्रगति को कैसे देखते हैं? पंडित जवाहरलाल नेहरू कहा-"इन सालों में देश ने प्रगति भी की है और देश करना चाहता था उसमें थोड़ी कमी भी रह गई है।" पंडित जवाहरलाल नेहरू आगे बताते हैं-"भारत किस तरह एक साथ लोकतंत्र की तरफ़ बढ़ा है।" नेहरू इस मौके पर महात्मा गांधी, अपनी जेल यात्रा और पड़ोसी देशों का भी ज़िक्र करते नज़र आ रहे हैं।

आलोचक

पंडित जवाहरलाल नेहरू ने मीडिया पर भी कभी किसी तरह का दबाव बनाने की कोशिश नहीं की। दूसरे शब्दों में उस समय गोदी मीडिया का चलन उन्होंने शुरू नहीं किया।

बॉम्बे के जाने माने पत्रकार डी एफ कराका (1911-1974) पंडित नेहरू के सबसे बड़े आलोचकों में से एक थे। सन् 1953 में प्रकाशित हुई उनकी किताब 'नेहरू : द लोटस ईटर फ्रॉम कश्मीर' में पंडित जवाहरलाल नेहरू की कई मामलों में कड़ी आलोचना करती है। यहां तक की कई जगह पर तो पंडित नेहरू के बारे में कई अपशब्द कहे गए हैं, लेकिन नेहरू ने कभी उस किताब पर पाबंदी लगाने के बारे में नहीं सोचा।

दुर्गा दास हिंदुस्तान टाइम्स अख़बार में लगातार नेहरू के खिलाफ लिख रहे थे। पंडित नेहरू ने एक बार अख़बार के मालिक जी डी बिड़ला से अपनी नाराज़गी का इज़हार किया। बिड़ला ने साफ कह दिया कि वह अख़बार के संपादकीय मामले में कोई दख़ल नहीं देते हैं। पंडित जवाहरलाल नेहरू यह जवाब सुनकर ख़ामोश हो गए और फिर कभी इसका जिक्र नहीं किया।

अमरीकी पत्रकार नॉरमन कज़िन्स ने एक बार नेहरू से पूछा था कि वह अपनी कौन-सी विरासत छोड़ कर जाना चाहेंगे। इस पर नेहरू का जवाब था-**"40 करोड़ भारतीय जो ख़ुद से शासन करना जानते हों।"**

पंडित जवाहरलाल नेहरू ने नफरत फैलाने वाली विचारधारा के खिलाफ बहुत जोरदार तरीके से बात की और इसके खिलाफ सख्त कदम उठाने की वकालत की। भले ही इसमें प्रेस की स्वतंत्रता पर अंकुश लगाना शामिल हो। जबकि उनका मानना था-

"हर इंसान को अपनी राय व्यक्त करने का अधिकार है, भले ही वह मेरे खिलाफ आलोचना हो" और "अखबारों की अभिव्यक्ति की स्वतंत्रता को दबाने का विचार उन्हें पसंद नहीं था, भले ही उनके विचार गलत हों।"

फिर भी उन्होंने एक अपवाद बनाया। दूसरे आम चुनाव से ठीक पहले 23 सितंबर 1956 को दिल्ली के रामलीला मैदान से दिए गए एक लंबे भाषण में, नेहरू ने "हिंदू महासभा, जनसंघ, राष्ट्रीय स्वयंसेवक संघ और मुस्लिम संगठनों की बात की। जिन्होंने अब मुस्लिम लीग की जगह ले ली है और अगर ऐसा होना संभव है, तो वह मुस्लिम लीग से भी बदतर हैं। जो "धार्मिक भावनाओं को भड़काते हैं और उपद्रव भड़काते हैं।" इस संदर्भ में उन्होंने कहा-

"मैं इस बात से बहुत परेशान हूँ कि कुछ अख़बार हिंसा भड़काते हैं और झूठी अफ़वाहें और सरासर झूठ फैलाते हैं। इसलिए मैं इस नतीजे पर पहुँचा हूँ कि सांप्रदायिक नफ़रत और हिंसा फैलाने वाले अख़बारों पर लगाम लगनी चाहिए। मैं हर तरह की आज़ादी के पक्ष में हूँ, लेकिन अगर उस आज़ादी का मतलब दंगा करना और लोगों को भड़काना या दूसरों की आज़ादी छीनना या नफ़रत फैलाना है, तो उन्हें कानून के ज़रिए रोका जाना चाहिए और उनसे सख्ती से निपटा जाना चाहिए... हम सांप्रदायिक हिंसा या नफ़रत नहीं फैलने देंगे, चाहे वो हिंदू हों, मुसलमान हों या सिख या ईसाई जो ऐसी

हरकतें करते हैं... मैं अपने गृह मंत्री श्री गोविंद बल्लभ पंत को सुझाव देता हूँ कि जल्द से जल्द एक कानून बनाया जाए क्योंकि यह स्थिति अब और बर्दाश्त नहीं की जा सकती कि अख़बार जानबूझकर झूठ और अफ़वाहें फैलाएँ और दुश्मनी पैदा करें और सज़ा पाने के बजाय इस सब से पैसे कमाएँ।"

❒

अध्याय-19

कश्मीर : पंडित जवाहरलाल नेहरू और वल्लभभाई पटेल

पंडित जवाहरलाल नेहरू के नेतृत्व वाली कांग्रेस सरकार ने तत्कालीन गृह मंत्री सरदार वल्लभभाई पटेल की बात नहीं मानी। पटेल चाहते थे कि पाकिस्तान के कब्जे वाले कश्मीर पर पूरी तरह से कब्जा होने तक सेना की कार्रवाई जारी रहे। अगर यह फैसला लिया गया होता तो शायद आज आतंक का दर्द नहीं झेलना पड़ता। कश्मीर पर पटेल का रुख असल में क्या था और यह प्रधानमंत्री नेहरू के रुख से किस तरह अलग था?

जम्मू और कश्मीर के राजा हरि सिंह को सैन्य सहायता देने से लेकर पाकिस्तान द्वारा कब्जाए गए कश्मीर को वापस लेने तक, सैन्य अभियान जारी रखने और इस मुद्दे को संयुक्त राष्ट्र (यूएन) में ले जाने तक... पटेल के विचार नेहरू से काफी अलग थे।

दिलचस्प बात यह है कि कश्मीर को लेकर खुद पटेल के विचारों में बड़ा बदलाव आया।

कश्मीर और पाक अधिकृत कश्मीर पर पटेल के विचार समय के साथ बदलते रहे। 'पटेल: ए लाइफ' के लेखक और इतिहासकार राजमोहन गांधी के अनुसार-"13 सितंबर 1947 तक पटेल की कश्मीर को लेकर रुचि बहुत कम थी। समय के साथ उनके विचारों में काफी बदलाव आया और वास्तव में 13 सितंबर 1947 के बाद उनके विचार पूरी तरह से बदल गए।

राजमोहन गांधी ने अपनी पुस्तक में लिखते हैं-"वल्लभभाई की कश्मीर को लेकर 13 सितंबर 1947 तक रुचि बहुत कम रही। उस सुबह उन्होंने बलदेव सिंह को एक पत्र में संकेत दिया कि 'अगर (कश्मीर) दूसरे डोमिनियन (पाकिस्तान) में जाना चाहता है तो वे उसे स्वीकार कर लेंगे।' लेकिन उसी दिन बाद में जब उन्हें यह जानकारी मिली कि पाकिस्तान ने जूनागढ़ के विलय को स्वीकार कर लिया है तो उनका नजरिया बदल गया।

अपनी तार्किकता के लिए विख्यात सरदार पटेल के रुख में बदलाव के पीछे स्पष्ट और व्यावहारिक तर्क था।"

राजमोहन गांधी ने अपनी पुस्तक में आगे लिखा है-"अगर जिन्ना एक हिंदू-बहुल राज्य (जिसका शासक मुस्लिम था) पर दावा कर सकते हैं तो सरदार एक मुस्लिम-बहुल राज्य (जिसका शासक हिंदू था) में रुचि क्यों नहीं रख सकते? उसी दिन से जूनागढ़ और कश्मीर-मोहरा और रानी-दोनों उनके लिए समान रूप से महत्वपूर्ण हो गए।"

राजमोहन गांधी आगे लिखते हैं-"वह (पटेल) एक को वापस ले लेते और दूसरे की रक्षा करते। हैदराबाद की भी रक्षा करते, जो उनके लिए शतरंज की बाजी में 'राजा' था। अगर जिन्ना 'राजा' और 'प्यादा' को भारत जाने देते तो पटेल (जैसा कि हमने देखा) 'रानी' (कश्मीर) को पाकिस्तान जाने देते, लेकिन जिन्ना ने यह सौदा ठुकरा दिया।"

सरदार वल्लभभाई पटेल ने पंडित जवाहरलाल नेहरू से असहमति जताई। सितंबर 1947 में पंडित नेहरू ने सरदार वल्लभभाई पटेल को सूचित किया-**"पाकिस्तानी सेनाएं कश्मीर में बड़े पैमाने पर घुसने की तैयारी कर रही हैं।"**

26 अक्टूबर को नेहरू के निवास पर एक अहम बैठक हुई। जम्मू-कश्मीर के महाराजा हरि सिंह के प्रधानमंत्री मेहर चंद महाजन ने श्रीनगर में तुरंत भारतीय सेना की तैनाती की मांग की। महाजन ने चेतावनी दी कि अगर भारत ने तेजी से कार्रवाई नहीं की तो कश्मीर जिन्ना की शर्तों पर विचार कर सकता है।

इस पर पंडित नेहरू गुस्से में आ गए और महाजन से कहा-"यहां से चले जाइए।" लेकिन सरदार वल्लभभाई पटेल ने तुरंत हस्तक्षेप किया और कहा-"महाजन! आप पाकिस्तान नहीं जा रहे हैं।"

राजमोहन गांधी के अनुसार-"पटेल कई निर्णयों से असंतुष्ट थे। लेकिन उन्होंने हस्तक्षेप नहीं किया क्योंकि कश्मीर अब 'नेहरू का विषय' बन चुका था।"

26 अक्टूबर 1947 को कश्मीर के भारत में विलय के बाद भी पाकिस्तानी सेना ने क्षेत्र में आगे बढ़ना जारी रखा, जिससे भारत को हमलावरों को पीछे धकेलने के लिए अपनी सेना भेजनी पड़ी। जैसे-जैसे संघर्ष बढ़ता गया, पंडित नेहरू ने इस मुद्दे को अंतरराष्ट्रीय मंच पर ले जाकर शांतिपूर्ण समाधान की उम्मीद में 1 जनवरी 1948 को इसे संयुक्त राष्ट्र में ले जाने का फैसला किया। भारत ने संयुक्त राष्ट्र चार्टर के अनुच्छेद 35 के तहत शिकायत दर्ज कराई, जिसमें पाकिस्तान पर आक्रमण में मदद करने का आरोप लगाया।

कश्मीर मुद्दे को संयुक्त राष्ट्र में ले जाने का विचार लॉर्ड माउंटबेटन ने दिया था और

उन्होंने ही इसके लिए नेहरू को प्रोत्साहित किया। राजमोहन गांधी ने अपनी पुस्तक में लिखा है-"जहां तक कश्मीर का सवाल है, पंडित जवाहरलाल नेहरू ने माउंटबेटन के कहने पर इस मुद्दे को संयुक्त राष्ट्र में ले जाने पर सहमति जताई।" कश्मीर पर पाकिस्तानी हमले के तुरंत बाद माउंटबेटन ने पंडित नेहरू के साथ लाहौर जाकर जिन्ना से बात करने का प्रस्ताव भी रखा। लेकिन सरदार वल्लभभाई पटेल ने इसका कड़ा विरोध किया और कहा-"जब हम सही हैं और मजबूत स्थिति में हैं, तब प्रधानमंत्री का जिन्ना के आगे झुकना...भारत की जनता कभी माफ नहीं करेगी।" पंडित नेहरू ने स्वास्थ्य कारणों से यह दौरा नहीं किया।

सरदार वल्लभभाई पटेल ने कश्मीर मुद्दे को संयुक्त राष्ट्र में ले जाने का भी विरोध किया था। उनका मानना था कि जमीन पर समय रहते कार्रवाई की जानी चाहिए। लेकिन जैसा कि राजमोहन गांधी लिखते हैं-"कश्मीर अब तक पंडित जवाहरलाल नेहरू का फेवरिट सब्जेक्ट बन चुका था और सरदार वल्लभभाई पटेल ने ज्यादा जोर नहीं दिया।"

सरदार पटेल की आशंकाएं जल्द ही सच साबित हुईं

राजमोहन गांधी आगे लिखते हैं-"जब भारत ने संयुक्त राष्ट्र से मदद मांगी तो सरदार वल्लभभाई पटेल की आशंकाएं पूरी तरह सही साबित हुईं। पाकिस्तान ने भारत की शिकायत के जवाब में आरोपों की एक पूरी सीरीज लगा दी।"

वैश्विक बहस की दिशा बदल गई। कश्मीर में हमले को रोकने का सवाल 'भारत-पाकिस्तान विवाद' में बदल गया। संयुक्त राष्ट्र की बहसों में 'गोपालस्वामी और अब्दुल्ला, पाकिस्तान के जफरुल्ला खान से पीछे रह गए। हालांकि भारतीय नेतृत्व में इस मुद्दे को लेकर बहुत ज्यादा शंकाएं थीं। लेकिन नेहरू की अनुपस्थिति में कार्यवाहक प्रधानमंत्री की भूमिका निभा रहे सरदार वल्लभभाई पटेल ने अंततः कश्मीर को विशेष दर्जा देने के प्रस्ताव को स्वीकार कर लिया। किताब में आगे लिखा है-इस विशेष दर्जे में वह रियायतें भी शामिल थीं जो पंडित नेहरू ने पहले नहीं मानी थीं। अब्दुल्ला ने इन रियायतों के लिए दबाव डाला, गोपालस्वामी और आजाद ने उनका समर्थन किया और सरदार वल्लभभाई पटेल ने इसका विरोध नहीं किया। अंततः यह स्पष्ट था कि सरदार वल्लभभाई पटेल कश्मीर को लेकर लिए गए कई फैसलों से असहज थे। सरदार पटेल कश्मीर पर भारत सरकार के कई कदमों से असंतुष्ट थे। जिनमें जनमत संग्रह की पेशकश, मामला संयुक्त राष्ट्र में ले जाना, युद्धविराम (जिसके चलते कश्मीर का बड़ा हिस्सा पाकिस्तान के कब्जे में चला गया) और महाराजा को हटाया जाना शामिल था। लेकिन उन्होंने कभी स्पष्ट रूप से

अपना समाधान नहीं बताया। यहां तक कि अगस्त 1950 में उन्होंने जयप्रकाश नारायण से कहा-"कश्मीर एक असुलझी समस्या है।"

जयप्रकाश नारायण ने सरदार वल्लभभाई पटेल के निधन के बाद उनकी स्थिति पर विचार करते हुए कहा-"पटेल के करीबी लोग भी यह नहीं कह सकते कि वे कश्मीर मुद्दे को कैसे संभालते।"

जयप्रकाश का मानना था कि सरदार शायद अपनी सोच जाहिर नहीं करना चाहते थे या फिर उनकी व्यावहारिक सोच यह कहती थी कि जब तक उन्हें समस्या सुलझाने की जिम्मेदारी ना दी जाए, तब तक उस पर ध्यान देना निरर्थक होगा। आखिरकार कश्मीर पंडित नेहरू का विषय था और वल्लभभाई पटेल ने इसे हाथ में लेने की कोई कोशिश नहीं की। यह बात सामने आई है कि सरदार वल्लभभाई पटेल कई मामलों में पंडित जवाहरलाल नेहरू से असहमत थे। सबसे महत्वपूर्ण बात यह थी कि सरदार वल्लभभाई पटेल चाहते थे कि भारतीय सेना की कार्रवाई तब तक जारी रहे, जब तक पाकिस्तान द्वारा अवैध रूप से कब्जा किए गए कश्मीर के हिस्सों को पूरी तरह वापस न ले लिया जाए। साथ ही उन्होंने कश्मीर मुद्दे को अंतरराष्ट्रीय मंच पर ले जाने का भी विरोध किया।

राजा हरी सिंह का असमंजस और अनिर्णय उनके और रियासत की जनता दोनों के लिए भारी पड़ा। लार्ड माउन्टबेटन इसी साल 18-23 जून तक कश्मीर में थे। उन्होंने राजा से कहा था कि अगर वह पाकिस्तान में भी शामिल होने का फैसला करते हैं तो भारत को उसमें ऐतराज नही होगा। उन्होंने इसके लिए सरदार वल्लभभाई पटेल के पक्के आश्वासन का हवाला दिया था।

उधर पंडित नेहरू का कश्मीर से भावनात्मक लगाव था। शेख अब्दुल्ला की दोस्ती ने इसे और गाढ़ा किया। राजा हरी सिंह इस नाजुक मसले को लगातार टाल रहे थे। वह "कोई फैसला न करने में" अच्छे नतीजे की उम्मीद लगाए थे। पाकिस्तान का मुस्लिम देश होना उन्हें उस ओर जाने से रोक रहा था। जम्मू-कश्मीर की हिन्दू आबादी का भविष्य उन्हें चिन्तित कर रहा था। दूसरी ओर भारत की ओर जाने में उन्हें बहुसंख्य मुस्लिम आबादी के गुस्से से ज्यादा शेख़ अब्दुल्ला की तब बढ़ने वाली अहमियत परेशान कर रही थी।

पंडित नेहरू का शेख़ अब्दुल्ला पर गहरा विश्वास था। अब्दुल्ला नजदीक थे तो राजा हरी सिंह को नेहरू नापसन्द करते थे। सरदार वल्लभभाई पटेल दूसरे छोर पर थे। राजा से उन्हें सहानुभूति थी तो शेख अब्दुल्ला के प्रति अविश्वास। राजा भारत-पाकिस्तान बीच एक स्वतंत्र राज्य की भी आस संजोए थे।

यह सच है कि शुरुआत में सरदार वल्लभभाई पटेल कश्मीर को लेकर उत्साहित नहीं थे। उनके प्रतिनिधि के तौर पर रियासतों के भारत में विलय में महत्वपूर्ण भूमिका निभाने वाले वी पी मेनन ने लिखा-"हमारे पास कश्मीर के बारे में सोचने के लिए समय नहीं था।" 13 सितम्बर 1947 की सुबह रक्षामंत्री सरदार बलदेव सिंह को लिखे पत्र में सरदार वल्लभभाई पटेल ने संकेत दिया कि कश्मीर अगर पाकिस्तान में शामिल होने का फैसला करता है तो इस सच को वह स्वीकार करेंगे।"

यही तारीख़ थी, जिस दिन हिन्दू बहुल पर मुस्लिम शासित रियासत जूनागढ़ के विलय को पाकिस्तान ने मंजूरी दे दी। सरदार वल्लभभाई पटेल को जैसे ही इसकी जानकारी मिली, उन्होंने कहा-"अगर हिन्दू बहुमत और मुस्लिम शासक वाली जूनागढ़ को पाकिस्तान ले सकता है, तो मुस्लिम बहुमत और हिन्दू शासक की रियासत में सरदार की दिलचस्पी क्यों नही हो सकती?" भारत-पाकिस्तान के बीच सत्ता की बिसात पर हैदराबाद-बादशाह था तो कश्मीर-रानी और जूनागढ़-प्यादा। सरदार वल्लभभाई पटेल ने प्यादे और बादशाह की हिफाजत तो रानी हासिल करने को अपनी प्राथमिकताओं में शामिल कर लिया।

सरदार वल्लभभाई पटेल तेजी से सक्रिय हुए। पंजाब हाइकोर्ट के जज मेहर चंद महाजन (बाद में सुप्रीम कोर्ट के चीफ़ जस्टिस) ने सरदार वल्लभभाई पटेल की सलाह पर राजा हरी सिंह का प्रधानमंत्री पद स्वीकार किया। इसके लिए उन्हें हाईकोर्ट से आठ महीने की छुट्टी दिलाई गई। सरदार वल्लभभाई पटेल ने 21 सितम्बर 1947 को राजा हरी सिंह को लिखा-"जस्टिस मेहर चन्द आपको कश्मीर के हित में हमारी बातचीत का ब्यौरा देंगे। मैंने उन्हें पूर्ण सहयोग-समर्थन का आश्वासन दिया है।"

विभाजन में गुरुदासपुर भारत के हिस्से में आया था।। जम्मू-कश्मीर को भारत से जोड़ने वाली इकलौती सड़क यहीं से निकलती थी। उन दिनों यह सड़क बैलगाड़ी से चलने लायक भी नहीं थी। सरदार वल्लभभाई पटेल ने तेजी से जीर्णोद्धार कराया। उनकी पहल पर कई हवाई उड़ानों को मोड़कर दिल्ली-श्रीनगर से जोड़ा गया। अमृतसर-जम्मू लिंक पर वायरलेस और तार सयंत्र स्थापित किए गए। पठानकोट-जम्मू के बीच टेलीफोन लाइनें खींची गईं।

उस वक्त के कार्य-ऊर्जा-खनन मंत्री बी एन गाडगिल ने याद किया। अक्टूबर के आख़िरी हफ्ते में सरदार वल्लभभाई पटेल ने नक्शा निकाला और जम्मू-पठानकोट इलाके को इंगित करते हुए कहा कि दोनों को जोड़ देने वाली भारी वाहनों लायक 65 मील लम्बी सड़क आठ महीने में तैयार हो जानी चाहिए। गाडगिल ने कहा-"बीच में पड़ने वाली

नदी-नाले-पहाड़ नक्शे में नजर नही आ रहे हैं।" सरदार वल्लभभाई पटेल ने दो टूक कहा- "आपको करना है।" राजस्थान से विशेष ट्रेनों से लगभग दस हजार मजदूर लाए गए। रात में काम जारी रखने के लिए फ्लड लाइट लगाई गईं। डिस्पेंसरी-बाजार और जरूरी इंतजाम किए गए। समय से सड़क बनकर तैयार हुई।

शेख अब्दुल्ला ने कश्मीर में लोकतांत्रिक अधिकारों के लिए सन् 1930 में मुस्लिम कॉन्फ्रेंस की स्थापना की थी। सन् 1938 में इसका नाम नेशनल कॉन्फ्रेंस कर दिया गया। शेख प्रायः अपने आंदोलन के सिलसिले राजा की जेल में रहे। उनके समर्थन में पंडित नेहरू भी जून 1946 में बन्दी बनाए गए। कश्मीर के बढ़ते संकट के बीच अब्दुल्ला और उनके अनेक साथियों को राजा हरी सिंह ने 29 सितम्बर 1947 को रिहा किया। सितम्बर के आखिरी हफ़्ते में पंडित नेहरू को जानकारी मिली कि पाकिस्तानी सेना बड़ी संख्या में कश्मीर में प्रवेश की तैयारी कर रही हैं। सरदार वल्लभभाई पटेल को जानकारी देते हुए पंडित जवाहरलाल नेहरू ने कहा-

"जाड़ा नजदीक है। कश्मीर को बचाने के लिए जल्द-से-जल्द बड़ा कदम उठाना होगा।...जितनी जल्दी मुमकिन हो कश्मीर का भारत में विलय, शेख अब्दुल्ला के सहयोग से किया जाए।"

शेख के विषय में अपनी विपरीत सोच के बाद भी सरदार वल्लभभाई पटेल इस मौके पर पंडित नेहरू की राय का विरोध नहीं कर पाए। सरदार वल्लभभाई पटेल ने 2 अक्टूबर को राजा हरी सिंह को लिखा- "शेख अब्दुल्ला जल्द ही दिल्ली आने वाले हैं। उनसे बात करके उनकी ओर से आने वाली दिक्कतों का रास्ता खोजेंगे। उसके बाद कैसे आगे बढ़ सकते हैं। इस बारे में लिखूंगा।" शेख के साथ अपनी कई बैठकों के बाद सरदार वल्लभभाई पटेल ने तब तक कश्मीर के प्रधानमंत्री की जिम्मेदारी संभाल चुके महाजन को लिखा- "शेख बाहरी खतरे का मुकाबला करने के लिए सहयोग को तैयार हैं। वह चाहते हैं कि कुछ प्रभावी कर सकें। इसके लिए उन्हें शक्ति दी जाए।" सरदार वल्लभभाई पटेल ने शेख की बात समझ में आने वाली मानी। राजा हरी सिंह की हैसियत को बरकरार रखते हुए उन्होंने सत्ता में शेख की हिस्सेदारी की सलाह दी।

महाजन को यह चिट्ठी मिलने के पहले ही 22 अक्टूबर को कश्मीर पर हमला हो गया। पाकिस्तान की ओर से तीन सौ से अधिक लारियों में लगभग पांच हजार हमलावर कश्मीर में दाखिल हुए। भारी मात्रा में हथियार-गोला बारूद उनके साथ थे। वह सब कबाइली थे। असलियत में उनमें बड़ी संख्या में प्रशिक्षित फौजी थे। उसी दिन हमलावरों ने मुजफ्फराबाद

पर कब्जा करके शहर को आग के हवाले कर दिया। रियासत की सेना की कमान लेफ्टिनेंट नारायण सिंह के हाथों में थी। उनकी बटालियन के मुस्लिम जवानों ने उन्हें गोली मार दी।

सेना के मुस्लिम अफ़सर-जवान जिनकी संख्या दो हजार से अधिक थी। वह हमलावरों से मिल गए। वास्तव में वह अग्रिम दस्ते के रूप में पाकिस्तानियों की मदद कर रहे थे। विडम्बना देखिए कुछ दिन पहले ही राजा ने लेफ्टिनेंट कर्नल नारायण सिंह सिंह से पूछा था-"क्या वह अपने मुस्लिम सहयोगियों पर भरोसा कर सकते हैं?" नारायण सिंह का जबाब था-"डोगरा से ज्यादा।" चीफ ऑफ स्टाफ ब्रिगेडियर राजेन्द्र सिंह ने अपने सिर्फ डेढ़ सौ जवानों के साथ हमलावरों को रोकने के लिए मोर्चा लिया।

उरी में उन्होंने वीरतापूर्वक संघर्ष कर पाकिस्तानियों को दो दिन तक आगे बढ़ने से रोके रखा। वह हमलावरों को बारामुला नहीं पहुंचने देना चाहते थे। वहां से श्रीनगर प्रवेश आसान हो जाता। ब्रिगेडियर राजेन्द्र सिंह और सभी साथी शहीद हो गए। पर शत्रुओं को दो दिन तक रोककर श्रीनगर को बचाने में उनका योगदान अद्भुत था। 23 अक्टूबर को महाजन ने सरदार वल्लभभाई पटेल को लिखा-"हमारी मुस्लिम सेना और पुलिस ने या तो हमारा साथ छोड़ दिया है या फिर सहयोग नहीं कर रहे। 24 अक्टूबर को हमलावरों ने महुरा पावर हाउस पर कब्जा करके श्रीनगर को अंधेरे की चादर ओढा दी। रात तक वे राजधानी श्रीनगर से सिर्फ चालीस मील दूर थे।

भारत सरकार को हमले की जानकारी 24 अक्टूबर की शाम हताश राजा हरी सिंह की मदद की अपील के जरिए मिली। ठीक उसी समय भारतीय सेना के कमांडर इन चीफ जनरल लॉकहार्ट के पास उनके पाकिस्तानी सहयोगी के जरिये यह सूचना पहुंची। 25 अक्टूबर को कैबिनेट की डिफेन्स कमेटी की बैठक में सरदार वल्लभभाई पटेल ने कश्मीर के राजा की मदद की जबरदस्त पैरोकारी की। इस बैठक के पहले वह महात्मा गांधी की भी सहमति ले चुके थे। महात्मा गांधी कश्मीर के जरिये द्विराष्ट्र के सिद्धान्त को गलत साबित करना चाहते थे।

पंडित जवाहरलाल नेहरू ने कहा-**"राजा हरी सिंह को दुश्मन के मुकाबले के लिए शेख अब्दुल्ला को साथ लेना चाहिए।"** कमेटी के चेयरमैन माउन्टबेटन ने कहा कि ऐसा राज्य जिसका भारत में विलय नहीं हुआ है, वहां भारत की सेना कैसे जा सकती है? सरदार वल्लभभाई पटेल ने बहुत ही दृढ़ता के साथ कहा-"विलय हुआ हो अथवा नहीं। कश्मीर को सैन्य सहायता में कुछ भी बाधक नहीं हो सकता।"

आखिर में तय हुआ कि मेनन तुरन्त श्रीनगर रवाना हों। वहां हथियार भी भेजे जाएं।

25 अक्टूबर को मेनन को श्रीनगर में सिर्फ सन्नाटा मिला। राज्य पुलिस का कहीं पता नहीं था। नेशनल कॉन्फ्रेंस के कुछ वालंटियर सड़कों पर लाठियां लिए तैनात थे। राजा अकेले पड़ जाने से गुम-सुम थे। महाजन निराश थे। मेनन ने हरी सिंह को परिवार और जेवर-नकदी लेकर जल्दी-से-जल्दी श्रीनगर छोड़ कर जम्मू पहुंचने की सलाह दी। राजा शाम को ही श्रीनगर छोड़ चुके थे। मेनन अगली सुबह फिर दिल्ली में थे। पंडित नेहरू के आवास पर 26 अक्टूबर को अपराह्न तीन बजे महत्वपूर्ण बैठक हुई। बैठक में पंडित नेहरू, सरदार वल्लभभाई पटेल, बलदेव सिंह के साथ शेख अब्दुल्ला, महाजन और कश्मीर के उपप्रधानमंत्री बत्रा मौजूद थे।

शेख और महाजन ने कहा-"कश्मीर को फौरन फौजी मदद की जरूरत है।" माउन्टबेटन के रूख और कश्मीर के प्रति गहन लगाव के बाद भी पंडित नेहरू की हिचकिचाहट ने महाजन को असहज कर दिया। महाजन ने कहा-"भारत अगर सहायता नहीं करता तो कश्मीर जिन्ना की शर्तों को जानेगा।" नेहरू की इस पर प्रतिक्रिया तीव्र थी। उन्होंने महाजन को वहाँ से चले जाने को कहा। महाजन जाने के लिए उठ खड़े हुए। सरदार वल्लभभाई पटेल ने उन्हें रोका। और कहा-"यकीनन आप पाकिस्तान नही जा रहे।" सरदार वल्लभभाई पटेल अपना मन पहले ही बना चुके थे। सरदार वल्लभभाई पटेल की साफ़गोई और शेख के समझाने पर पंडित नेहरू अनिर्णय से उबरे। मेनन को तुरन्त कश्मीर वापस जाने और महाराजा को सूचित करने के लिए कहा गया कि भारतीय सेना रास्ते में है। माउन्टबेटन ने सरदार वल्लभभाई पटेल के विरोध के बाद भी यह सहमति हासिल कर ली कि सेना भेजने के पहले राजा से विलय पत्र हासिल कर लिया जाए। दूसरा आश्वासन वहां की हालत सामान्य होने पर जनमतसंग्रह के विषय में था।

अगले दिन सौ नागरिक और सैन्य विमानों से सेना और हथियार कश्मीर भेजने का सिलसिला शुरु हुआ। यह अभूतपूर्व सैन्य अभियान था। जिसकी कोई तैयारी नहीं थी, पर सेना ने अद्भुत और अप्रतिम शौर्य का परिचय दिया। शुरुआती लड़ाई में यह साफ़ हो गया कि यह कबाइलियों का सामान्य अतिक्रमण नहीं है। प्रशिक्षित शत्रु सेना का मुकाबला किया जाना है। चुनौती के मुताबिक ही दिल्ली से अतिरिक्त सैनिक और हथियार पहुंचते गए। बहादुर सैन्य अफसर के एस थिमैय्या, जो बाद में सेना प्रमुख बने, टैंकों को 11,575 फीट की ऊंचाई तक जोजिला पास तक ले गए।

वह भी बर्फ़ीली सर्दियों में और जल्दी ही जीत हासिल करने में सफल रहे। भारतीय सेना पूरा कश्मीर लेने की जगह बीच में क्यों रुक गई? यह सवाल पूछा था मशहूर पत्रकार

कुलदीप नैय्यर ने कश्मीर अभियान का नेतृत्व करने वाले लेफ्टिनेंट जनरल कुलवंत सिंह से लड़ाई के कई वर्षों बाद। जनरल का जबाब था,-"प्रधानमंत्री ने उन्हें सिर्फ उस इलाके तक जाने के लिए कहा था जहां कश्मीरी बोली जाती है।" पंडित नेहरू पंजाबी भाषी इलाके (गुलाम कश्मीर) में जाने के इच्छुक नहीं थे। एक तरह से पंडित नेहरू की दिलचस्पी सिर्फ कश्मीर घाटी में थी। अक्टूबर 1947 में लन्दन में हुई कामनवेल्थ कॉन्फ्रेंस में उनका दृष्टिकोण खुलकर सामने आ गया था।

उन्होंने पाकिस्तान के प्रधानमंत्री लियाकत अली खान से कहा था-"एक तरह से कश्मीर का बंटवारा हो गया है। (एक जिंदगी काफी नहीं-कुलदीप नैय्यर-पेज 88)। यह जानना दिलचस्प होगा कि हमेशा से अहिंसा के पक्षधर गांधी जी ने भारत की सैन्य कार्रवाई का समर्थन किया। उन्होंने कहा-"किसी समुदाय की रक्षा करने में अगर कायरता आड़े आ रही हो तो उसे बचाने के लिए लड़ाई का सहारा लेना कहीं बेहतर होगा।"

सरदार पटेल पहले 28 अक्टूबर और फिर 2 दिसम्बर को कश्मीर पहुंचे। उन्होंने सेना के अफसरों-जवानों में जोश भरा। राजा और शेख अब्दुल्ला के बीच की तल्खी भी कम करने की कोशिश की। शेख प्रधानमंत्री पद पर अपनी ताजपोशी की औपचारिक मंजूरी चाहते थे। उन्हें पंडित नेहरू का पूर्ण समर्थन था। 2 दिसम्बर 1947 को पंडित जवाहरलाल नेहरू ने राजा हरी सिंह को लिखा-

"शेख़ अब्दुल्ला को सरकार बनाने के लिए आमन्त्रित किया जाना चाहिए। वह प्रधानमंत्री होंगे। मेहर चंद महाजन कैबिनेट के एक मंत्री हो सकते हैं। वह कैबिनेट की मीटिंग की अध्यक्षता कर सकते हैं। अगर महाजन खुद को प्रधानमंत्री के तौर पर पेश करते हैं, तो इससे भ्रम फैलेगा। अंतरिम सरकार को पूरे अधिकार होंगे। आप सांविधानिक राज्य प्रमुख होंगे।"

पंडित नेहरू ने शेख़ अब्दुल्ला को कश्मीर के भविष्य की कुंजी माना। यह मानते हुए कि सरदार वल्लभभाई पटेल, शेख के साथ सही तरीके से काम नहीं कर पायेंगे। पंडित नेहरू ने कश्मीर का मामला अपने हाथ में ले लिया। पंडित जवाहरलाल नेहरू ने जल्दी ही वहां से महाजन को हटाने का फैसला किया। सरदार वल्लभभाई पटेल ने अप्रसन्नता जाहिर की लेकिन महाजन से कहा कि अगर आप बाधक समझे जा रहे हैं। तो आप हटने में देर न कीजिए। अपनी सहायता के लिए पंडित नेहरू ने कश्मीर के पूर्व दीवान और संविधान विशेषज्ञ एन गोपाल स्वामी आयांगर को बिना विभाग के मंत्री के तौर पर कैबिनेट में

शामिल किया। दिसम्बर 1947 के पहले पखवारे की गोपालस्वामी की दो कश्मीर यात्राओं की जानकारी पंडित नेहरू ने सरदार वल्लभभाई पटेल को दी। आयांगर को लेकर पंडित नेहरू की योजना को समझने में सरदार वल्लभभाई पटेल चूक गए।

आयांगर ने पूर्वी पंजाब के प्रीमियर को एक तार भेजकर कश्मीर के लिए 150 वाहन भेजने को कहा। सरदार वल्लभभाई पटेल को यह उचित नहीं लगा। उन्होंने आयांगर को भविष्य में गृह मन्त्रालय से पत्रव्यवहार के लिए कहा। खिन्न आयांगर ने कैबिनेट मंत्री के तौर पर पोस्ट ऑफिस की भूमिका निभाने से इनकार कर दिया। सरदार वल्लभभाई पटेल को अगर जानकारी रही होती तो यकीनन वह इस स्थिति से बचते। 23 दिसम्बर को सरदार वल्लभभाई पटेल ने उन्हें लिखा-"मैं अपना पत्र वापस लेता हूँ।" पर इस समय तक आयांगर अपना 22 दिसम्बर का पत्र प्रधानमंत्री को भेज चुके थे।

पंडित नेहरू ने सरदार के पत्र को काफी गम्भीरता से लिया। 23 दिसम्बर को उन्हें लिखा-

"गोपालस्वामी आयांगर को कश्मीर की आन्तरिक स्थिति की जानकारी और अनुभव के कारण खासतौर पर वहां के विषय में सहायता के लिए कहा गया है। उन्हें इसके लिए पूरी छूट देनी होगी। मैं समझने में विफल हूं कि इसमें गृह मंत्रालय बीच में कहां से आता है? सिवाय इसके कि उसे की जाने वाली कार्रवाई की जानकारी दी जाती रहे। यह सब मेरी पहल पर हो रहा है। ऐसा विषय जिसके लिए मैं जिम्मेदार हूं, उसे करने में मैं दख़ल नहीं चाहूंगा। मैं कहना चाहूंगा कि सहयोगी गोपालस्वामी के साथ ऐसा व्यवहार नहीं किया जाना चाहिए था।"

सरदार वल्लभभाई पटेल ने तुरन्त ही अपने हाथ से पंडित जवाहरलाल नेहरू को पत्र लिखा-"अभी दोपहर एक बजे आपका पत्र मिला और मैं आपको तुरन्त यह बताने को लिख रहा हूं। इसने मुझे पर्याप्त पीड़ा दी है...आपके पत्र से साफ है कि मुझे सरकार में आगे नहीं रहना चाहिए। इसलिए मैं त्यागपत्र दे रहा हूँ। मैं सरकार में रहने के दौरान जो कि काफी तनाव का समय रहा है, के दौरान प्राप्त आपकी शिष्टता-उदारता के लिए आभारी हूं।"

उसी दिन पंडित नेहरू ने फिर पत्र लिखकर सरदार से अफसोस जताया। स्वीकार किया कि हमारी कार्यशैली में अंतर है। फिर भी हम एक-दूसरे का बहुत आदर करते हैं। आपने इस्तीफे की पेशकश करते हुए उन्होंने कहा कि यदि वह प्रधानमंत्री के पद पर काम

करेंगे तो चाहेंगे कि उनकी स्वतंत्रता बाधित न हो और काम करने की आजादी हो। अन्यथा मेरा अवकाश प्राप्त कर लेना बेहतर होगा। यदि हममें से किसी को सरकार से हटना पड़े तो हम वह काम गरिमा और विश्वास के साथ करें। अपनी ओर से मैं त्यागपत्र देने और पदभार आपको सौंपने को तैयार हूँ। सरदार ने 24 दिसम्बर को पंडित नेहरू को फिर पत्र लिखा- "उन्होंने पहले भी कभी उनकी (पंडित नेहरू) की आजादी में बाधा नहीं डाली है और न ही ऐसी कोई इच्छा रखते हैं। नेहरू के इस्तीफे या पद छोड़ने का कोई प्रश्न न होने का जिक्र करते हुए सरदार वल्लभभाई पटेल ने सहमति जाहिर की कि जो भी निर्णय हो वह गरिमा के साथ हो। साथ ही उन्हें याद दिलाया कि वह खुद (पंडित नेहरू भी) नहीं चाहेंगे कि एक निष्प्रभावी सहयोगी के रुप में मैं काम करता रहूँ।"

उसी शाम सरदार वल्लभभाई पटेल ने गांधी जी से भेंट की। गांधी जी की पंडित नेहरू से भी अलग से मुलाकात हुई। किसी का इस्तीफ़ा नहीं हुआ। पर सरदार की कश्मीर में भूमिका खत्म हो चुकी थी। मन्त्रिमण्डल के सहयोगी के तौर पर सरदार वल्लभभाई पटेल फिर भी खामोश नहीं रहे। माउन्टबेटन के साथ पंडित नेहरू की प्रस्तावित लाहौर यात्रा का उन्होंने कड़ा विरोध किया। कहा-"जब हम सही हैं। मजबूत हैं। तो जिन्ना के सामने रेंगने क्यों जायें? देश की जनता हमे क्षमा नहीं करेगी।" पंडित जवाहरलाल नेहरू की बीमारी के साथ ही सरदार वल्लभभाई पटेल के कड़े विरोध ने पंडित नेहरू का माउन्टबेटन के साथ लाहौर जाना रोका। माउन्टबेटन की सलाह पर कश्मीर के सवाल को सयुंक्त राष्ट्र संघ को सिपुर्द करने का भी सरदार ने कड़ा विरोध किया था। वह इस सवाल को समय से कार्रवाई के जरिये कश्मीर की जमीन पर ही हल करने के हिमायती थे। पर सरदार वल्लभभाई पटेल की नहीं चली। पंडित नेहरू कश्मीर की जिम्मेदारी ले चुके थे। इसमें दख़ल उन्हें नापसन्द था।

भारत के प्रथम प्रधानमंत्री जवाहरलाल नेहरू के आलोचकों की कमी नहीं है। लेकिन वास्तविकता को समझना हो तो इतिहास के उन पन्नों को पलटना होगा जहां इसके बीज मौजूद थे। अंबेडकर और जिन्ना की प्रतियोगिता गाँधी से थी। पंडित नेहरू से नहीं। कांग्रेस में ही कई लोगों को पंडित नेहरू से कई मामलों में मतभेद था। सरदार वल्लभभाई पटेल, डॉ. राजेंद्र प्रसाद, संपूर्णानंद और पुरुषोत्तम दास टंडन जैसे नेताओं का नज़रिया नेहरू से अलग था। कई अवसरों पर ये मतभेद सतह पर भी आए। आगे चलकर पंडित नेहरू के सबसे विश्वस्त ही उनके कट्टर विरोधी हो गए। ऐसे लोगों में राम मनोहर लोहिया सबसे

अग्रणी रहे। बाहरी विरोधियों की बात करें तो शुरू से ही राष्ट्रीय स्वयं सेवक संघ और जनसंघ ने नेहरू की मुख़ालफ़त की।

गाँधी और नेहरू

गाँधी और नेहरू का रिश्ता द्वन्द्वात्मक था। उनके लिए एक-दूसरे से पूरी तरह सहमत होना कभी ज़रूरी न था। असहमति के बावजूद दोनों को ही अपनी राजनीति के लिए दूसरे का महत्व मालूम था। यह संबंध सन् 1948 में गाँधी की हत्या के साथ ही ख़त्म नहीं हो गया।

पंडित नेहरू की राष्ट्रीय और अंतरराष्ट्रीय नीतियों पर ग़ौर करें और उनसे संबंधित पंडित नेहरू की दलीलों को पढ़ें तो जान पड़ता है कि विदेश नीति तक में वह गाँधी के अहिंसा के सिद्धांत के उपयोग पर विचार करते रहे थे और एक संवेदनशील राष्ट्र के निर्माण में भी गाँधी जी के सिद्धांतों की मदद लेने की कोशिश करते रहे। गाँधी जी पंडित नेहरू के विरोधी नहीं थे। जैसा साबित करने की कोशिश गाँधीवादी ही पिछले साठ साल से करते रहे हैं। किसी व्यक्ति पर बात करते हुए उसकी प्रशंसा का चरम माना जाता है उसका अजातशत्रु होना। वह तो ईसा और गाँधी भी न हुए, जिनकी मौत हिंसक ही हुई।

नेहरू के आलोचक

पंडित जवाहरलाल नेहरू के प्रतिद्वंद्वी कई थे। यह स्वाभाविक है क्योंकि हर व्यक्ति के आलोचक और दुश्मन होते ही हैं। पंडित नेहरू भी इसके अपवाद नहीं थे। जिन्ना की प्रतियोगिता नेहरू से नहीं, गाँधी से थी। उसी तरह अंबेडकर भी गाँधी के प्रतिपक्षी थे, नेहरू के नहीं। यह दोनों ही गाँधी के अनुयायियों के रूप में ख़ुद को नहीं देखते थे।

पंडित नेहरू से उन्हें अगर परेशानी थी तो इस कारण कि अंग्रेज़ों के जाने की हालत में नए राष्ट्र का सिद्धांत-निरूपण गाँधी के उत्तराधिकारी के रूप में पंडित जवाहरलाल नेहरू करने वाले थे और एक तरह से वह गाँधी के आधिकारिक प्रवक्ता थे। स्वाधीनता आंदोलन में पंडित नेहरू के प्रतिपक्षी के रूप में सुभाषचन्द्र बोस का नाम लिया जाता है। पंडित नेहरू-बोस के पत्राचार को पढ़ने से दोनों के राजनैतिक दृष्टिकोण का फ़र्क़ समझ आता है। लेकिन उसे सबसे सटीक तरीक़े से समझा था तरुण भगत सिंह ने। वह सुभाष को जुनूनी राष्ट्रवादी और नेहरू को अन्तरराष्ट्रीयतावादी मानते थे और नेहरू को ही नौजवानों के लिए उपयुक्त नेता मानते थे। पंडित नेहरू का राष्ट्रवाद कभी भी सुभाष की तरह बदहवास नहीं हो सकता था कि हिटलर का सहयोग करने को तैयार हो जाए।

❐

अध्याय-20

इंदिरा और नेहरू

इंदिरा की उम्र महज 16 वर्ष ही थी कि उन्हें फिरोज ने शादी का प्रपोजल दे दिया। इंदिरा और उनकी मां ने यह कहते हुए इसे अस्वीकार कर दिया था कि वह बहुत छोटी हैं। बाद में दोनों के प्रेम ने सात फेरे तक का सफर तय किया। यह शादी हुई थी इंदिरा के पिता जवाहरलाल नेहरू की मर्जी के खिलाफ। जिन्होंने न सिर्फ देश की आजादी की लड़ाई में अहम भूमिका निभाई बल्कि उनकी प्रेम कहानी भी बहुत चर्चित रही।

12 सितंबर 1912 को पैदा हुए स्वतंत्रता सेनानी, राजनेता और पत्रकार फिरोज जहांगीर गांधी एक पारसी परिवार से आते थे। सन् 1920 के दशक की शुरुआत में उन्होंने अपने पिता को खो दिया। इसके बाद वह अपनी मां के साथ इलाहाबाद आ गए। साल 1930 आते-आते फिरोज की मुलाकात इविंग क्रिश्चियन कॉलेज के बाहर धरना दे रही प्रदर्शनकारियों में शामिल कमला नेहरू और इंदिरा से हुई। इसी दौरान उनके और इंदिरा गांधी के बीच नजदीकियां बढ़ीं। बर्टिल फॉल्क की किताब "फिरोज द फॉर्गोटेन गांधी" में प्रेम कहानी के अनछुए पहलुओं का जिक्र है।

बताया जाता है कि दोनों के बीच कई बार मुलाकातें हुई। लेकिन, फिरोज ने पहली बार 1933 में इंदिरा के सामने शादी का प्रस्ताव रखा था। शुरुआत में इंदिरा और उनकी मां ने उनके प्रस्ताव को ठुकरा दिया। फिरोज, पंडित नेहरू परिवार के करीब आ गए। खासकर इंदिरा की मां कमला नेहरू के। इसी दौरान इंदिरा और फिरोज के बीच इंग्लैंड में रहते हुए एक-दूसरे के बीच नजदीकियां बढ़ीं। उनके प्रेम ने सात फेरे तक का सफर किया और इंदिरा ने अपने पिता जवाहरलाल नेहरू की मर्जी के खिलाफ जाकर फिरोज से 1942 में शादी कर ली। बताया जाता है कि फिरोज और इंदिरा की शादी के बाद महात्मा गांधी ने ही उन्हें अपना सरनेम दिया था।

भारत छोड़ो आंदोलन के दौरान इंदिरा और फिरोज साथ में जेल भी गए। शादी के

दौरान दोनों के बीच मनमुटाव भी हुआ। इस बीच उनके दो बेटे राजीव और संजय का जन्म हुआ। देश की आजादी के बाद पंडित जवाहरलाल नेहरू भारत के पहले प्रधानमंत्री बने और 1952 में हुए पहले आम चुनाव में फिरोज ने रायबरेली निर्वाचन क्षेत्र का प्रतिनिधित्व किया। फिरोज ने अपने ससुर की सरकार की आलोचना की और भ्रष्टाचार के खिलाफ अभियान भी छेड़ा।

सन् 1957 में वे रायबरेली से फिर से चुने गए। सन् 1958 में उन्होंने संसद में हरिदास मूंदड़ा घोटाले का मुद्दा उठाया। इस खुलासे के कारण तत्कालीन वित्त मंत्री टीटी कृष्णमाचारी को इस्तीफा देना पड़ा था। सन् 1958 में फिरोज को दिल का दौरा पड़ा। 8 सितंबर 1960 में दिल्ली के वेलिंगटन अस्पताल में फिरोज की मृत्यु हो गई, 48वें जन्मदिन से ठीक चार दिन पहले। बाद में उनकी राख को इलाहाबाद के पारसी कब्रिस्तान में दफनाया गया।

❐

अध्याय-21

पंडित जवाहरलाल नेहरू : हमारे मार्गदर्शक

रविन्द्र नाथ टैगोर ने जिसे अंग्रेजों द्वारा छोड़ी गई 'कीचड़ और गंदगी' कहा था, उससे भारत को ऊपर उठाने के पंडित जवाहरलाल नेहरू के शानदार प्रयास की जगह अब भारतीय लोगों को अज्ञानता, रूढ़िवादिता, अशक्तिकरण, अस्वतंत्रता और सबसे बढ़कर सांप्रदायिक घृणा के उसी 'कीचड़ और गंदगी' में धकेल दिया गया है।

आज भारत के विचार को बहुत खतरा है और इतिहास के अनुशासन को पहचान से परे धकेला जा रहा है और धार्मिक सांप्रदायिक ताकतों द्वारा भारत के विचार को नष्ट करने के लिए हथियार बनाया जा रहा है। हम पंडित जवाहरलाल नेहरू से क्या सीख सकते हैं? जो भारत के विचार के साथ-साथ एक वैज्ञानिक और सार्थक इतिहास के अग्रणी चैंपियनों में से एक थे। मेरा मानना है कि हमारे वर्तमान को समझाने और भविष्य की दृष्टि तैयार करने के लिए उनसे बहुत कुछ सीखा जा सकता है।

पंडित नेहरू और इतिहास का अनुशासन

पंडित नेहरू और उनके द्वारा स्थापित मूल्यों को केवल इतिहास को विकृत करके ही बदनाम किया जा सकता है और सांप्रदायिक ताकतों ने यही किया है।

प्रोफेसर इरफान हबीब ने पंडित जवाहरलाल नेहरू द्वारा लिखित पुस्तकों की ग्राम्शी की प्रतिष्ठित 'प्रिजन नोटबुक्स' के साथ एक बहुत ही महत्वपूर्ण तुलना की-"ये जेल रचनाएँ मात्रा और गुणवत्ता दोनों में उस तरह के लेखन से तुलना को आमंत्रित करती हैं जो एंटोनियो ग्राम्स्की ने फासीवादी इटली में एक कम्युनिस्ट कैदी के रूप में लिखा था। दोनों में सच्ची समानताएँ हैं कि दोनों... काम करने वाले पुरुषों के रूप में अपने मन में उठने वाले सवालों के जवाब खोजने के लिए इतिहास में गए थे"।

पंडित जवाहरलाल नेहरू ने स्वयं कहा था-

"क्योंकि भाग्य और परिस्थितियों ने मुझे पिछले बीस या तीस वर्षों में भारत की गाथा या नाटक में एक अभिनेता बनने की स्थिति में रखा, कई अन्य लोगों की तरह, इतिहास में मेरी रुचि अतीत की चीजों में अकादमिक रुचि नहीं रही... बल्कि एक गहन व्यक्तिगत रुचि बन गई। मैं उन घटनाओं को आज के संदर्भ में समझना चाहता था और आज को जो हुआ था उसके संदर्भ में समझना चाहता था, और भविष्य में झाँकने की कोशिश करना चाहता था... वर्तमान को समझने और भविष्य क्या होना चाहिए, यह समझने के लिए (इतिहास में) वापस जाना होगा।"

पंडित जवाहरलाल नेहरू ने इतिहासकारों से इतिहास को इस तरह से देखने का आग्रह किया। जब भारत सांप्रदायिक संघर्ष और उसके आधार पर देश के विभाजन के कारण पैदा हुई प्रलय जैसी स्थिति से उभर रहा था और नवजात भारतीय राज्य एक धर्मनिरपेक्ष, समावेशी देश के निर्माण के मार्ग पर आगे बढ़ने वाला था, तो दिसंबर 1948 में नेहरू ने इतिहासकारों से कहा-

"इतिहास हमें जोड़ने वाली प्रक्रिया और विघटनकारी प्रक्रिया दोनों दिखाता है... आज थोड़ा और स्पष्ट रूप से-जोड़ने वाली या रचनात्मक ताकतें काम कर रही हैं, साथ ही विघटनकारी या विखंडनकारी ताकतें भी, और हम जिस भी गतिविधि में शामिल हैं, उसमें हमारे पास जोड़ने वाले और रचनात्मक पहलू या दूसरे पर जोर देने का विकल्प है।"

इतिहासकारों को पहले पर जोर देने के लिए प्रोत्साहित करते हुए, वह इतिहास के अनुशासन की कठोरता के अनुसार चेतावनी देते हैं।

"हमें निश्चित रूप से इच्छाधारी सोच का रास्ता नहीं अपनाना चाहिए और उस चीज़ पर जोर नहीं देना चाहिए जिस पर हम जोर देना चाहते हैं... जिसका तथ्य से कोई संबंध नहीं है।"

औपनिवेशिक/सांप्रदायिक व्याख्या ने बार-बार हिंदू-मुस्लिम संघर्ष के परिणामस्वरूप अनुभव किए गए 'आघात' पर जोर दिया। आघात के यह सिद्धांत अक्सर तथाकथित

दर्दनाक घटनाओं के सदियों बाद बनाए गए थे। एक मामला 'हिंदुओं' द्वारा महसूस किए गए कथित आघात का है, जो एक 'मुस्लिम' आक्रमणकारी, महमूद, गजनी (अब अफगानिस्तान में) के सुल्तान द्वारा एक हजार साल से भी पहले 1026 में सोमनाथ मंदिर के विनाश के कारण हुआ था। आजादी के बाद, मांग की गई थी कि सोमनाथ में एक भव्य मंदिर का निर्माण किया जाए। के एम मुंशी ने 1951 में दावा किया-"... एक हजार वर्षों से महमूद द्वारा मंदिर के विनाश को [हिंदू] जाति के सामूहिक अवचेतन में एक अविस्मरणीय राष्ट्रीय आपदा के रूप में जला दिया गया है।"

वास्तव में, एक हजार साल पुराने आघात का कोई सबूत नहीं था। क्योंकि 1026 में इस 'मुस्लिम' आक्रमण के कारण 'हिंदू आघात' का अब तक का सबसे पहला उल्लेख, जिसका बदला लिया जाना था, लगभग 800 साल बाद, 1843 में मिलता है, जब यह मुद्दा ब्रिटिश हाउस ऑफ कॉमन्स में उठाया गया था। 19वीं शताब्दी से औपनिवेशिक इतिहास लेखन ने ऐसी घटनाओं का उपयोग हिंदुओं और मुसलमानों के बीच स्थायी टकराव की धारणा विकसित करने के लिए किया है, जिसने 'दो राष्ट्र' सिद्धांत का आधार रखा, जिसमें तर्क दिया गया कि हिंदू और मुसलमान दो अलग-अलग राष्ट्र हैं। संप्रदायवादियों ने इस विषय को उठाया और इसे बढ़ाया। प्रख्यात इतिहासकार रोमिला थापर ने कई स्रोतों का उपयोग करते हुए स्पष्ट रूप से प्रदर्शित किया है कि सोमनाथ मंदिर के विनाश के परिणामस्वरूप हिंदुओं और मुसलमानों के बीच ऐसा कोई स्थायी टकराव ऐतिहासिक रूप से नहीं हुआ। 250 साल बाद उसी मंदिर की संपदा से संबंधित भूमि पर एक मुस्लिम व्यापारी को मस्जिद बनाने के लिए स्थानीय हिंदू शासक, स्थानीय व्यापारियों और पुजारियों की स्वीकृति से भूमि दी गई। हिंदुओं की 'सामूहिक स्मृति' में 'आघात' का कोई संकेत तब तक दिखाई नहीं देता जब तक कि यह एक 'स्मृति' नहीं थी जिसे उनके सहयोगियों, धार्मिक सांप्रदायिक ताकतों द्वारा औपनिवेशिक संरक्षण के तहत बहुत बाद में बनाया गया था। धार्मिक स्थलों का विनाश नियमित रूप से विभिन्न धर्मों और संप्रदायों में किया जाता था, अक्सर इन संस्थानों की संपत्ति लूटने या प्राचीन और मध्यकालीन समय में अधिकार स्थापित करने के लिए और शायद इसी तरह से व्यवहार किया जाता था। नेहरू ने खुद महमूद गजनी के बारे में औपनिवेशिक/सांप्रदायिक गठबंधन द्वारा चित्रित की गई तुलना में बहुत अधिक सूक्ष्म विवरण दिया था, जहां वे उसे "आस्थावान व्यक्ति से कहीं अधिक योद्धा" के रूप में देखते हैं, जिसने तिलक नामक एक हिंदू सेनापति के तहत भारत में अपनी सेना का इस्तेमाल "मध्य एशिया में अपने ही सह-धर्मियों के खिलाफ" किया था।

औपनिवेशिक काल में राष्ट्रवादी बुद्धिजीवियों ने भारतीय इतिहास की औपनिवेशिक सांप्रदायिक व्याख्या से बिल्कुल अलग व्याख्या पेश की, जहां वे वर्तमान में मतभेद पैदा करने के लिए ऐतिहासिक 'आघात' की यादें बनाने की कोशिश नहीं कर रहे थे। इसके विपरीत उन्होंने भारतीय समाज की वास्तविकता को सामने रखा और बताया कि कैसे उसने बौद्ध धर्म, जैन धर्म और सिख धर्म जैसे नए धर्मों के जन्म या सूफी और भक्ति आंदोलनों जैसे कई शताब्दियों तक चले आंदोलनों के माध्यम से धार्मिक, जाति और अन्य मतभेदों को व्यवस्थित रूप से निपटाया। पंडित नेहरू ने भारतीय इतिहास से जो सबक सीखने की कोशिश की, वह ज्ञान के मूल्यों, 'भारत के विचार' के आधार पर एक आधुनिक लोकतांत्रिक देश के रूप में भारत के भविष्य की उनकी कल्पना से जुड़े थे। तर्क और तर्कसंगतता के प्रति खुलापन, प्रश्न करने वाला मन और सत्य के कई दावों को स्वीकार करना, एक-दूसरे के साथ बातचीत और चर्चा करने की संवादात्मक परंपरा, मतभेदों के साथ रहने, समायोजित करने, समायोजित करने, हल करने और मतभेदों को हिंसक रूप से कुचलने के बजाय बदलने की क्षमता। पंडित नेहरू ने उपरोक्त को स्पष्ट करने के लिए सिंधु घाटी सभ्यता, ऋग्वेद, उपनिषदों, महाकाव्यों रामायण और महाभारत, गीता, बुद्ध, अशोक, अलाउद्दीन खिलजी, अमीर खुसरो, अकबर, विवेकानंद से लेकर गांधी तक का हवाला दिया। उन्होंने इस बात पर भी जोर दिया कि कैसे भाषा, संगीत, कविता, चित्रकला, वास्तुकला, दर्शन और धर्म और जाति से परे रोजमर्रा के व्यवहार में साझा परंपराओं ने एक समग्र संस्कृति के निर्माण में योगदान दिया। अमीर खुसरो द्वारा रचित गीतों की बात करते हुए उन्होंने कहा-

"मुझे नहीं पता कि 600 साल पहले (हिंदी की सामान्य बोली में) लिखे गए गीतों का कहीं और कोई दूसरा उदाहरण है उन्होंने भारतीय सभ्यता के उद्भव के बारे में बात की जो सदियों से भारत पर व्यापार, आक्रमण, प्रवास और आपसी मेलजोल के माध्यम से पड़ने वाले सभी प्रभावों के 'अवशोषण', 'समावेश' और 'संश्लेषण' के माध्यम से हुई। पाँच हज़ार साल पहले सिंधु घाटी की सभ्यता से लेकर द्रविड़, आर्यन-मध्य एशियाई, ईरानी, ग्रीक, पार्थियन, बैक्ट्रियन, सीथियन, हूण, अरब, तुर्क, आरंभिक ईसाई, यहूदी, पारसी, अफ़ग़ान, मुग़ल, आदि सभी ने अपनी छाप छोड़ी "जैसे कोई प्राचीन पालिम्प्सेस्ट जिस पर विचार और कल्पना

की परत दर परत लिखी गई हो, और फिर भी कोई भी अगली परत पहले लिखी गई बातों को पूरी तरह से छिपा या मिटा नहीं पाई।"

यह वह जैविक प्रक्रिया है जिसके माध्यम से भारतीय लोगों ने विभिन्न धर्मों, भाषाओं, जातियों आदि के मतभेदों को सुलझाना सीखा था, जिस पर उपनिवेशवाद एक आघात के रूप में आया। यह ऐसा है जैसे कि भारतीय इतिहास 'समाप्त' हो गया, जैसा कि अफ्रीकी क्रांतिकारी, अमिलकर कैब्राल ने लगभग 200 वर्षों तक चले औपनिवेशिक शासन के दौरान इस्तेमाल किया था। उपनिवेशवाद ने न केवल मतभेदों को सुलझाने की गतिशील प्रक्रिया को रोका बल्कि वास्तव में इन मतभेदों को समाप्त कर दिया या और भी बढ़ा दिया। और सांप्रदायिक ताकतें इस कार्य को पूरा करने के लिए उनके हाथों में मुख्य साधन थीं। दुनिया ने बहुत भारी कीमत चुकाकर सीखा है, सबसे पुराने उपनिवेश आयरलैंड से लेकर हाल ही में फिलिस्तीन की घटनाओं और भारत सहित एशिया और अफ्रीका के बड़े हिस्से के अनुभव से, कि उपनिवेशवाद की सबसे लंबी चलने वाली विरासत यह रही है कि इसने लोगों को विभाजित कर दिया है।

पंडित नेहरू इतिहास को "राजाओं और युद्धों और इसी तरह के कार्यों के अभिलेखों के पुराने और पूरी तरह से अप्रचलित दृष्टिकोण" से देखने के सख्त आलोचक थे। उन्होंने कहा-

"एक देश के इतिहास की पूरी अवधारणा बड़ी संख्या में राजाओं और सम्राटों के नामों तक सीमित है और उन्हें कंठस्थ करना, मुझे लगता है, बहुत पहले ही खत्म हो चुका है। मुझे पूरा यकीन नहीं है कि भारत के स्कूलों और कॉलेजों में इसका अस्तित्व समाप्त हो गया है या नहीं, लेकिन मुझे उम्मीद है कि यह खत्म हो चुका है, क्योंकि राजाओं के क्षेत्रों और युद्धों के अभिलेखों के बारे में बच्चों के अध्ययन से अधिक निरर्थक कुछ भी मैं कल्पना नहीं कर सकता"

इसके विपरीत पंडित नेहरू ने, जो अब विश्व स्तर पर आधुनिक इतिहासलेखन में स्वीकृत मानदंड बन गया है, उसका पूर्वानुमान लगाते हुए, "इतिहास के सामाजिक पहलू" पर जोर दिया। "आम आदमी के दैनिक जीवन में बहुत करीब से शोध करने की आवश्यकता है। शायद सौ या हज़ार साल पहले के पारिवारिक बजट में...जो हमें कुछ हद तक एहसास कराता है कि पिछले युग में मानवता का जीवन कैसा था।" जैसा कि उन्होंने अपने विशिष्ट सुंदर गद्य में कहा, "केवल तभी हम इतिहास की सूखी हड्डियों को जीवन, मांस और रक्त से भर सकते हैं।"

नेहरू इतिहास लेखन में विभिन्न पूर्वाग्रहों से गहराई से परिचित थे और यूरोकेन्द्रित

तथा औपनिवेशिक दृष्टिकोणों के बहुत आलोचक थे, जो अक्सर एक दूसरे से जुड़े होते थे, तथा दुर्भाग्य से आज तक पूर्व उपनिवेशों सहित काफी प्रभाव रखते हैं। एशियाई इतिहास कांग्रेस में अपना उद्घाटन भाषण देते हुए नेहरू ने कहा-

"इतिहास कांग्रेस का तात्कालिक उद्देश्य एशियाई इतिहास को यूरोपीय लोगों के हाथों मिली सभी विकृतियों को ठीक करना होना चाहिए। जबकि उनमें से कुछ बहुत अच्छे इतिहासकार हैं, फिर भी उनका दृष्टिकोण यूरोप को दुनिया का केंद्र मानने पर आधारित रहा है।"

उन्होंने आगे कहा-

"भारत के मामले में,एक पश्चिमी विद्वान, विशेष रूप से यूनाइटेड किंगडम से, अनिवार्य

रूप से भारत के इतिहास को इस तरह से देखने की प्रवृत्ति रखता है मानो पिछले कुछ हज़ार साल भारत में आने वाले ब्रिटिश प्रभुत्व की एक तरह की तैयारी थे।" हालांकि, नेहरू ने चेतावनी दी कि "इसकी प्रतिक्रिया में कभी-कभी हमारे अपने इतिहासकार बहुत आगे निकल जाते हैं... राष्ट्रवादी इतिहास है, जो एक मजबूत राष्ट्रवादी पूर्वाग्रह से शुरू होकर, अन्य चीजों की कीमत पर राष्ट्रीय हर चीज की प्रशंसा करता है।"

सन्1930 के दशक की शुरुआत में, अतीत में एक 'स्वर्ण युग' की कल्पना करने की राष्ट्रवादी प्रवृत्ति पर प्रतिक्रिया व्यक्त करते हुए, जिसका उपयोग सांप्रदायिक लोग धार्मिक विभाजन पैदा करने के लिए करते थे, एक प्रवृत्ति जो आज व्याप्त हो गई है। उन्होंने कहा-

"हर जगह ऐसे लोग मिलेंगे जो अपने देश को सर्वश्रेष्ठ मानते हैं, और इसे पवित्र मिट्टी मानते हैं। वे केवल अपने प्राचीन इतिहास का अध्ययन करते हैं और इसे एक उच्च स्थान देते हैं-यह सत्ययुग या रामराज्य बन जाता है; और आशा बनी रहती है कि इसे बहाल किया जा सकता है।" उन्होंने तर्क दिया, "ये दोनों दृष्टिकोण... राष्ट्रवादी दृष्टिकोण और साम्राज्यवादी दृष्टिकोण इतिहास को विकृत करते हैं। वे कभी-कभी इतिहास को दबा देते हैं।"

अंग्रेजों के आने से बहुत बड़ा बदलाव आया और पुरानी व्यवस्था कई तरह से जड़ से उखाड़ दी गई। वे पश्चिम से एक बिल्कुल अलग आवेग लेकर आए, जो धीरे-धीरे यूरोप में विकसित हुआ था...और औद्योगिक क्रांति की शुरुआत में आकार ले रहा था। अंग्रेज भारत में बाहरी, पराए और अनुपयुक्त बने रहे, और उन्होंने इससे अलग होने का कोई प्रयास नहीं किया। सबसे बढ़कर, भारत के इतिहास में पहली बार, उसका राजनीतिक नियंत्रण बाहर से किया गया और उसकी अर्थव्यवस्था एक दूर के स्थान पर केंद्रित थी। उन्होंने भारत को आधुनिक युग का एक विशिष्ट उपनिवेश बनाया, जो अपने लंबे इतिहास में पहली बार एक अधीन देश था।"

जब हम स्वतंत्रता के बाद भारत के विचार को लागू करने में नेहरू की भूमिका का मूल्यांकन करते हैं, तो हमें खुद को अर्थशास्त्रियों द्वारा बताई गई 'प्रारंभिक स्थितियों' की याद दिलानी चाहिए, जिससे उन्हें स्वतंत्रता के बाद उनके सामने आने वाले विशाल कार्य का अंदाजा लग सके। कवि रवींद्रनाथ टैगोर ने अपनी मृत्यु से कुछ समय पहले ब्रिटिश शासन के अंत में भारत की स्थिति का स्पष्ट रूप से अनुमान लगाया था। उन्होंने कहा:

"एक दिन अंग्रेजों को अपना भारतीय साम्राज्य छोड़ने के लिए मजबूर कर देंगे। वे अपने पीछे कैसा भारत छोड़ जाएंगे, कैसी विकट विपत्तियां? जब उनकी सदियों पुरानी प्रशासनिक धारा सूख जाएगी, तो वे अपने पीछे कितनी गंदगी और कीचड़ छोड़ जाएंगे।"

हमारे स्वतंत्रता सेनानियों ने स्वतंत्र भारत की जो कल्पना की थी। उसके अनुसार भारत को इस दुख से उबारना वाकई एक बहुत बड़ा काम था। पंडित नेहरू को इस बात का श्रेय जाता है कि उन्होंने भारत को इस दलदल से उबारने के लिए एक बहुआयामी रणनीति विकसित की, जो वास्तव में औपनिवेशिक शासन से आज़ादी पाने वाले कई अन्य देशों के लिए एक उदाहरण बन गई।

पंडित जवाहरलाल नेहरू ने यह अद्भुत और कई मायनों में ऐतिहासिक रूप से अद्वितीय कार्य किया-एक बहुलतावादी समाज में एक आधुनिक लोकतांत्रिक राष्ट्र राज्य का निर्माण करना, जो औपनिवेशिक राज्य की सक्रिय मिलीभगत के कारण गहराई से विभाजित हो गया था। एक पिछड़ी और औपनिवेशिक रूप से संरचित अर्थव्यवस्था में लोकतंत्र के मापदंडों के भीतर आधुनिक औद्योगिकीकरण को बढ़ावा देना। एक दरिद्र, अकालग्रस्त देश में विकास और समानता के बीच संतुलन खोजना। लोगों को सशक्त

बनाना और फिर भी उनसे पूरे राष्ट्र के हित के लिए अपनी कमर कसने की अपेक्षा करना। उच्चतम स्तर की वैज्ञानिक शिक्षा को बढ़ावा देना, जो कि उपनिवेशवाद द्वारा बंजर छोड़ दिया गया क्षेत्र था। उपनिवेशवाद को विघटित करना और तेजी से आर्थिक विकास लाना, लेकिन इसे बल का प्रयोग किए बिना, सहमति से करना, जिसे राष्ट्र के महत्वपूर्ण प्रारंभिक वर्षों में "नेहरूवादी आम सहमति" कहा गया है, को बरकरार रखना। इस जटिल कार्य को पूरा करने के लिए एक अथक प्रयास की आवश्यकता थी और जवाहरलाल नेहरू ने इस प्रयास में अपना सर्वस्व लगा दिया, और इस प्रक्रिया में न केवल भारतीय लोगों के लिए बल्कि उपनिवेशवाद द्वारा उत्पीड़ित दुनिया के सभी लोगों के लिए एक विरासत छोड़ी, जो अपने अतीत से मुक्ति पाने के लिए प्रयास कर रहे थे, लेकिन एक मानवीय और लोकतांत्रिक तरीके से।

❐

अध्याय-22

सोशल मीडिया : झूठ और सच्चाई

समाचार पत्र एवं पत्रिकाएं सभी पाठकों एवं नागरिकों की प्रतिक्रियाएं प्रकाशित नहीं कर सकते। यह सदियों से होता आया है। समाचार पत्र और पत्रिकाएं सीमित पृष्ठों की प्रकाशित होती रही हैं और आज भी हो रही हैं। आज सोशल मीडिया ने समाचार पत्रों और पत्रिकाओं को बहुत पीछे छोड़ दिया है। यही कारण है कि आज सोशल मीडिया के माध्यम से एक वर्ग विशेष अपने अस्तित्व को बचाए रखने के लिए अनर्गल बातों को पेश कर रहा है। आमजन इन तथ्यों पर आँख मूंद कर विश्वास कर लेता है। सच्चाई जानने की कोई कोशिश नहीं करता। ऐसे भ्रामक तथ्य देश के लिए हानिकारक हैं।

सोशल मीडिया पर खबरें फैलाई जाती है कि पंडित जवाहरलाल नेहरू के दादा मुस्लिम थे। उनका नाम गियासुद्दीन गाजी था। गाजी मुगलों के कोतवाल थे। बाद में उन्होंने अपना नाम बदलकर गंगाधर नेहरू रख लिया था। उपरोक्त वर्णन से स्पष्ट है कि सोशल मीडिया पर जानबूझ कर ऐसा भ्रम सत्ता लोलुपता के कारण ऐसा किया जा रहा है। ऐसी अफवाहें फैलाने वालों के पास कोई साक्ष्य नहीं होते। यह भी संभव है कि वह धन के लालच में ऐसी अफवाहें फैलाते हैं।

सोशल मीडिया पर कई ऐसे वीडियो और फोटो मिल जाएंगे जिसमें पंडित जवाहरलाल नेहरू को सबसे अय्याश आदमी बताने की कोशिश की गई है। सोशल मीडिया पर पंडित नेहरू के कई स्त्रियों से प्रेम संबंध की बात कही जाती है। अमेरिका के राष्ट्रपति कैनेडी की पत्नी और मृणालिनी साराभाई के साथ उनकी तस्वीरों का इस्तेमाल देश के प्रथम प्रधानमंत्री की छवि को धूमिल करने के लिए किया जाता है। हवाई अड्डे पर एक महिला को गले लगाते नेहरू की तस्वीर हो या फिर एक महिला के सिगरेट को जलाने में मदद करते नेहरू की तस्वीर। उस तस्वीर में नेहरू तत्कालीन डिप्टी ब्रिटिश हाई कमिश्नर की पत्नी का सिगरेट जला रहे हैं। इस तस्वीर का गलत इस्तेमाल कर उन्हें अय्याश साबित

करने की कोशिश की जाती है। पंडित जवाहरलाल नेहरू को चूमने वाली महिला की जो तस्वीर सोशल मीडिया पर अक्सर दिखती है। उस फोटो में महिला कोई विदेशी नहीं बल्कि नेहरू की बहन विजय लक्ष्मी पंडित की दूसरी बेटी नयनतारा सहगल है। पंडित नेहरू के एडिवना से संबंधों को लेकर भी तरह-तरह की बातें कही जाती हैं। इस संबंध में इतिहास की प्रोफेसर मृदुला मुखर्जी का कहना है-"नेहरू को लेकर जितनी भी गंभीर जीवनी हैं उनमें पंडित नेहरू और एडिवना के संबंधों को प्लेटोनिक यानी निष्काम या अशरीरी बताया गया है।"

इतिहासकार रामचंद्र गुहा का मत है कि विभाजन के बाद और खासकर गांधी जी की हत्या के बाद पंडित नेहरू इस बात को लेकर पुख्ता कोशिशें कर रहे थे कि भारत किसी भी हाल में हिंदू पाकिस्तान न बने। उन्होंने आरएसएस को एक खतरे के तौर पर देखा। उसके बहुसंख्यकवादी विचारों के कारण पंडित नेहरू ने सार्वजनिक रूप से संघ की बार-बार आलोचना की।

आरएसएस के पूर्व सरसंघचालक के एस सुदर्शन ने दावा किया था-"पंडित जवाहरलाल नेहरू ने गांधी की हत्या की थी। भारतीय जनता पार्टी के वरिष्ठ नेता सुब्रमण्यम स्वामी ने भी गांधी की मौत को लेकर सवाल खड़े थे। स्वामी का कहना था-"गांधी की मौत के बाद उनके शव का पोस्टमार्टम क्यों नहीं कराया गया? जबकि सामने आया था कि गांधी जी का परिवार नहीं चाहता था कि उनके शव का पोस्टमार्टम हो। यहीं वजह थी कि उनकी मौत के बाद गांधी जी के शव को बिड़ला हाउस में रखवा दिया गया था। वहीं गांधी जी के सबसे छोटे बेटे देवदास गांधी से मुलाकात में गोड़से ने कहा था-"मेरी वजह से आपने अपने पिता को खो दिया।"

सोशल मीडिया पर कई ऐसी खबरें और पोस्ट मिल जाएंगी जिसमें नेहरू और पटेल को एक दूसरे का दुश्मन बताया जाता है। आरएसएस और भारतीय जनता पार्टी की तरफ से इस संबंध में बातें कही जाती हैं। सन् 2014 के लोकसभा चुनाव के लिए प्रचार करते समय नरेंद्र मोदी ने दावा किया था कि पंडित जवाहरलाल नेहरू सन् 1950 में मुंबई में सरदार वल्लभभाई पटेल के अंतिम संस्कार में शामिल नहीं हुए थे। न्यूज सेंट्रल 24×7 ने नेहरू के उस बयान का उल्लेख किया है जो उन्होंने संसद में दिया था। पंडित नेहरू ने कहा था-"वे (पटेल को) स्वतंत्रता के संघर्ष में हमारी सेनाओं के एक महान कप्तान के रूप में, मुसीबत के समय और जीत के क्षणों में हमें अच्छी सलाह देने वाले, एक मित्र और सहकर्मी के रूप में,

जिस पर कोई हमेशा भरोसा कर सकता है, एक मीनार के रूप में याद किया जाएगा।" यहां एक वीडियो है जो सरदार पटेल के अंतिम संस्कार में नेहरू जी की उपस्थिति को दर्शाता है।

पंडित जवाहरलाल नेहरू को लेकर एक और बात सामने आती है कि उन्होंने जनरल थिमैया का अपमान किया था। नरेंद्र मोदी ने भी अपने एक भाषण में इसको लेकर सवाल उठाए थे। नरेंद्र मोदी ने अपने भाषण में कहा था-"कर्नाटक वीरता का पर्याय है, लेकिन कांग्रेस सरकारों ने फील्ड मार्शल करिअप्पा और जनरल थिमैया के साथ कैसा व्यवहार किया?" नरेंद्र मोदी ने आगे कहा था-"इतिहास में इस बात का सबूत है कि सन् 1948 में पाकिस्तान को हराने के बाद जनरल थिमैया का प्रधानमंत्री पंडित जवाहरलाल नेहरू और रक्षा मंत्री कृष्ण मेनन ने अपमान किया था।" जबकि सच्चाई यह है कि जनरल थिमैया सन् 1957 में सेना प्रमुख बने। वहीं वी के कृष्ण मेनन भी सन् 1957 में रक्षा मंत्री बने थे। शिव कुमार वर्मा की पुस्तक '1962 The War That Wasn't' में जनरल थिमैया के सन् 1959 में इस्तीफा देने की घटना का विस्तार से जिक्र किया गया है। पुस्तक में वर्णित है कि थिमैया ने रक्षा मंत्री मेनन से मुलाकात के बाद इस्तीफा दे दिया था। यह जानकारी मिलते ही प्रधानमंत्री पंडित जवाहरलाल नेहरू ने तत्काल उनको अपने पास बुलाया था। उन्होंने लंबी बातचीत के बाद देश हित में चीनी खतरे को देखते हुए इस्तीफा वापस लेने का आग्रह किया था। इसके बाद जनरल थिमैया ने इस्तीफा वापस ले लिया था।

नेहरू जिस बात के लिए खड़े थे, उसी के कारण आज सांप्रदायिक ताकतें उन्हें इतनी बेशर्मी से शैतान बना रही हैं। सांप्रदायिक ताकतों के पास मौजूद विशाल प्रचार तंत्र का इस्तेमाल करके उनके बारे में हर तरह की झूठी बातें और गालियाँ फैलाई जा रही हैं। देश के विभाजन से लेकर पाकिस्तान की समस्या, चीन की समस्या, भारतीय कृषि में संकट, कश्मीर समस्या, शिक्षा प्रणाली में संकट, गरीबी की निरंतरता, हाल के वर्षों में बढ़ते धार्मिक ध्रुवीकरण, लोकतंत्र को रोकने के लिए संविधान में संशोधन, देश की लगभग हर समस्या के लिए पंडित नेहरू को दोषी ठहराया जाता है। यह सब उनके निधन के लगभग 60 साल बाद हुआ है! सोशल मीडिया पर 'भारत का अंतिम वायसराय' उपशीर्षक के साथ डिस्मेंटलिंग पंडित नेहरू नामक एक वेबसाइट आरएसएस द्वारा स्वतंत्रता के बाद से फैलाई गई एक झूठी अफवाह को दोहरा रही है, जिसे वह काला दिन मानते थे, जब उन्होंने राष्ट्रीय ध्वज फहराने से इनकार कर दिया था। पंडित जवाहरलाल नेहरू की 97 बड़ी गलतियाँ नामक एक किताब का अब विस्तार करके नेहरू फाइल्स : नेहरू की 127 ऐतिहासिक गलतियाँ (नेहरू की 127 ऐतिहासिक गलतियाँ) कर दिया गया है। जैसे-जैसे

नए 'तथ्य' गढ़े जा रहे हैं, यह सूची बढ़ती जा रही है। यहां तक कहा जाता है कि उनका गुप्त मुस्लिम वंश था। उनके बारे में ऐसी नफरत फैलाई गई है कि एक भारतीय जनता पार्टी नेता, जैसा कि आर एस एस की एक पत्रिका में बताया गया है, यह कहने की हद तक चला गया कि नाथूराम गोडसे को नेहरू पर बंदूकताननी चाहिए थी। उनके बारे में झूठ फैलाने के अलावा, भारतीय लोगों के दिमाग से उनकी याद को मिटाने का भी प्रयास किया जा रहा है। प्रतिष्ठित नेहरू मेमोरियल संग्रहालय और पुस्तकालय उस परिसर में बनाया गया था जहां वह भारत के पहले प्रधानमंत्री के रूप में रहते थे, अब नहीं रहा। पंडित जवाहरलाल नेहरू उस जगह में बौने हो गए हैं, जिसमें अब सभी प्रधानमंत्रियों का एक विशाल संग्रहालय है (जो वैश्विक स्तर पर पहली बार है!) और इसे प्रधान मंत्री संग्रहालय और पुस्तकालय कहा जाता है। जब भारत के लोग भारत छोड़ो आंदोलन में अपने प्राणों की आहुति दे रहे थे और जवाहरलाल नेहरू ने मौलाना आजाद, सरदार पटेल और अन्य कांग्रेस नेताओं के साथ अहमदनगर किले की जेल में लगभग तीन साल बिताए थे।

यहां तक कि ब्रिटिश, जो सांप्रदायिक ताकतों के मुख्य सहयोगी थे, ने भी नेहरू को इस तरह से शैतान नहीं बनाया, और यह तब है जबकि नेहरू ने अपने जीवन के 30 साल अंग्रेजों से लड़ते हुए बिताए, जिनमें से नौ साल ब्रिटिश जेलों में बिताए। हालांकि तीर्थंकर रॉय, मेघनाद देसाई आदि जैसे लोगों द्वारा नेहरू की नव-औपनिवेशिक आलोचना का पुनरुत्थान हुआ है, लेकिन यह सांप्रदायिक लोगों द्वारा की गई आलोचना जितनी भद्दी और अश्लील नहीं है।

❐

अध्याय-23

पुरस्कार, सम्मान और लोक संस्कृति

विश्व प्रसिद्ध नेता पंडित जवाहरलाल नेहरू की दुनिया में एक अलग पहचान थी। वह लोकप्रिय नेता थे। उन्हें अनेक मानद उपाधि प्रदान की गई। स्वतंत्रता संग्राम में अहम् भूमिका और नये भारत के निर्माता पंडित जवाहरलाल नेहरू को भारत रत्न से सम्मानित करना औचित्यपूर्ण था।

मानद उपाधि

सन् 1948 में नेहरू को मैसूर विश्वविद्यालय द्वारा डॉक्टरेट की मानद उपाधि प्रदान की गई। इसके बाद में उन्हें मद्रास विश्वविद्यालय, कोलंबिया विश्वविद्यालय और कीओ विश्वविद्यालय से डॉक्टरेट की मानद उपाधि मिली। हैम्बर्ग विश्वविद्यालय ने नेहरू को कानून और कृषि संकाय की दो मानद उपाधियाँ प्रदान की थीं। सन् 1955 में उन्हें यूगोस्लावियाई सरकार द्वारा बेलग्रेड के मानद नागरिक से सम्मानित किया गया।

भारत रत्न

सन् 1955 में, नेहरू को भारत के सर्वोच्च नागरिक सम्मान भारत रत्न से सम्मानित किया गया। राष्ट्रपति राजेंद्र प्रसाद ने प्रधानमंत्री की सलाह लिए बिना उन्हें यह सम्मान दिया और कहा-"मैं अपनी पहल पर यह कदम उठा रहा हूँ।"

विश्व शांति परिषद सम्मान

सन् 1970 में उन्हें मरणोपरांत विश्व शांति परिषद पुरस्कार से सम्मानित किया गया।

अफ्रीका द्वारा सम्मानित

उन्हें 2005 में दक्षिण अफ्रीका सरकार द्वारा मरणोपरांत ऑर्डर ऑफ द कम्पैनियंस ऑफ ओआर टैम्बो से सम्मानित किया गया।

लोकप्रिय संस्कृति

पंडित जवाहरलाल नेहरू के जीवन पर कई वृत्तचित्र बन चुके हैं। उन्हें काल्पनिक

फिल्मों में चित्रित किया गया है। रोशन सेठ ने उन्हें तीन बार पंडित नेहरू का किरदार निभाया। रोशन सेठ ने रिचर्ड एटनबरो की सन् 1982 में बनी फिल्म 'गांधी' में पंडित जवाहरलाल नेहरू का किरदार निभाया। इसके बाद द डिस्कवरी ऑफ इंडिया पर आधारित श्याम बेनेगल की सन् 1988 की टेलीविजन श्रृंखला 'भारत एक खोज' और सन् 2007 की टीवी फिल्म 'द लास्ट डेज ऑफ द राज' में पंडित जवाहरलाल नेहरू की भूमिका अदा की थी।

भारतीय फिल्म निर्देशक किरण कुमार ने पंडित नेहरू के बारे में एक फिल्म 'नेहरू: द ज्वेल ऑफ इंडिया' बनाई। इसमें प्रताप शर्मा ने मुख्य भूमिका निभाई थी। 'नौनिहाल' नामक फिल्म राज मार्ब्रोस ने सन् 1967 में बनाई थी। यह एक भारतीय हिंदी भाषा की ड्रामा फिल्म है। यह राजू नामक एक अनाथ की कहानी है, जो मानता है कि जवाहरलाल नेहरू उसके रिश्तेदार हैं और उनसे मिलने निकल पड़ता है।

इसी तरह अमर कुमार की सन् 1957 की फिल्म 'अब दिल्ली दूर नहीं' में, रतन, एक छोटा लड़का, दिल्ली की यात्रा करता है और प्रधानमंत्री पंडित जवाहरलाल नेहरू से मदद मांगकर अपने गलत तरीके से दोषी ठहराए गए पिता की मौत की सजा को टालना चाहता है।

सन् 1957 की अंग्रेजी भाषा की लघु डॉक्यूमेंट्री 'अवर प्राइम मिनिस्टर' का निर्माण, संकलन और निर्देशन एज्रा मीर ने किया था। जिन्होंने सन् 1962 में 'श्री वीक इन द लाइफ ऑफ प्राइम मिनिस्टर नेहरू' का भी निर्देशन किया था।

सन् 1962 में गिरीश कर्नाड का ऐतिहासिक नाटक तुगलक नेहरूवादी युग के बारे में एक रूपक है। इसका मंचन इब्राहिम अलकाज़ी ने नेशनल स्कूल ऑफ़ ड्रामा रिपर्टरी के साथ सन् 1970 के दशक में पुराना किला, दिल्ली में और बाद में 1982 में फेस्टिवल ऑफ़ इंडिया, लंदन में किया था।

❐

अध्याय-24

नेहरूजी से जुड़े रोचक प्रसंग

पंडित जवाहरलाल नेहरू के जीवन से जुड़े हुए अनेक रोचक प्रसंग हैं। कुछ प्रेरणादायक हैं तो कुछ हास्य व्यंग के रूप में सुने और सुनाए जाते हैं।

संपत्ति का दान

पंडित जवाहरलाल नेहरू ने 3 सितंबर 1946 को अंतरिम सरकार में शामिल होने का फैसला किया तो उन्होंने आनंद भवन को छोड़कर अपनी सारी संपत्ति देश को दान कर दी।

उधार मांगने की आदत

नेहरू को पैसे से कोई खास लगाव नहीं था। उनके सचिव रहे एम ओ मथाई अपनी किताब रेमिनिसेंसेज़ ऑफ़ नेहरू एज में लिखते हैं-"सन् 1946 के शुरू में उनकी जेब में हमेशा 200 रुपए होते थे, लेकिन जल्द ही यह पैसे ख़त्म हो जाते थे क्योंकि नेहरू यह रुपए पाकिस्तान से आए परेशान शरणार्थियों में बांट देते थे। ख़त्म हो जाने पर वह और पैसे मांगते थे। इस सबसे परेशान होकर मथाई ने उनकी जेब में रुपए रखवाने ही बंद कर दिए। पंडित नेहरू की भलमनसाहत इस पर भी नहीं रुकी। वह लोगों को देने के लिए अपने सुरक्षा अधिकारी से पैसे उधार लेने लगे।"

ईमानदारी की मिसाल

मथाई ने एक दिन सभी सुरक्षा अधिकारियों का आगाह किया कि वह पंडित नेहरू को एक बार में दस रुपए से ज़्यादा उधार न दें। मथाई नेहरू की इस आदत से इतने आजिज़ आ गए कि उन्होंने बाद में प्रधानमंत्री सहायता कोष से कुछ पैसे निकलवा कर उनके निजी सचिव के पास रखवाना शुरू कर दिए ताकि नेहरू की पूरी तनख़्वाह लोगों को देने में ही न खर्च हो जाए। जहाँ तक सार्वजनिक जीवन में ईमानदारी का सवाल है जवाहरलाल नेहरू का कोई सानी नहीं था।

जब पंडित नेहरू ने बहन का बिल किस्तों में चुकाया

पंडित जवाहरलाल नेहरू की बहन विजय लक्ष्मी पंडित के शौक बहुत ख़र्चीले थे। एक बार वह शिमला के सर्किट हाउस में ठहरीं। वहाँ रहने का बिल 2500 रुपए आया। वह बिल का भुगतान किए बिना वहाँ से चली आईं। तब हिमाचल प्रदेश नहीं बना था और शिमला पंजाब का हिस्सा होता था। तब भीमसेन सच्चर पंजाब के मुख्यमंत्री होते थे। उनके पास राज्यपाल चंदूलाल त्रिवेदी का पत्र आया कि 2500 रुपये की राशि को राज्य सरकार के विभिन्न खर्चों के तहत दिखला दिया जाए। सच्चर के गले यह बात नहीं उतरी। उन्होंने विजय लक्ष्मी पंडित से तो कुछ नहीं कहा लेकिन झिझकते हुए नेहरू को पत्र लिख डाला कि वही बताएं कि इस पैसे का हिसाब किस मद में डाला जाए। पंडित जवाहरलाल नेहरू ने तुरंत जवाब दिया कि इस बिल का भुगतान वह स्वयं करेंगे।

उन्होंने यह भी लिखा कि वह एक मुश्त इतने पैसे नहीं दे सकते इसलिए वह पंजाब सरकार को पांच किश्तों में यह राशि चुकाएंगे। नेहरू ने अपने निजी बैंक खाते से लगातार पांच महीनों तक पंजाब सरकार के पक्ष में पांच सौ रुपए के चेक काटे।

शोर मचाने वाला पंखा

पंडित जवाहरलाल नेहरू सोलह शयन कक्षों के तीन मूर्ति भवन में रहते ज़रूर थे लेकिन वहाँ भी सादगी से रहने पर ही ज़ोर रहता था। उनके शयन कक्ष में एयरकंडीशनर नहीं था। गर्मी के दिनों में जब वह दिन के भोजन के लिए तीन मूर्ति भवन आते थे तो मुख्य बैठक के सोफ़े पर बैठ कर आराम करते थे। वहाँ पर आगंतुकों के आराम के लिए एयरकंडीशनर लगा हुआ था। इसके बाद वह थोड़ी देर लेटने के लिए अपने शयन कक्ष में चले जाते थे।

उनके बड़े से शयन कक्ष में छत के पंखे के अलावा एक बहुत पुराना टेबल फैन लगा हुआ था जो बहुत आवाज़ करता था। एक दिन इंदिरा गाँधी की सचिव उषा भगत ने पंडित नेहरू की देखभाल करने वाले शख्स से कहा कि इस पंखे को तुरंत बदल दीजिए। पंखा बदल दिया गया।

दूसरे दिन पंडित नेहरू का अर्दली दौड़ा हुआ उषा भगत के पास आया कि उन्होंने नया पंखा देखकर कोहराम मचा दिया है। अंततः नेहरू पुराने शोर मचाने वाले पंखे को दोबारा लगवा कर ही माने।

कैडलक कार

पंडित जवाहरलाल नेहरू ने विदेशी दौरे में भेंट मिली कार राष्ट्रपति के वी आई पी कार बेड़े में शामिल करवा दी।

सन् 1956 में नेहरू सऊदी अरब की राजकीय यात्रा पर गए। उन्हें रियाद में शाह सऊद के महल में ठहराया गया। उनके दल के सदस्य के हर बाथरूम में शैनल 5 परफ्यूम की एक बड़ी बोतल रखी गई। पंडित नेहरू रात में कोई किताब पढ़ना चाहते थे। इसलिए उन्होंने पूछा कि क्या उनके कमरे में टेबिल लैंप लगाया जा सकता है? महल के लोगों ने समझा कि शायद कमरे में रोशनी पर्याप्त नहीं है। इसलिए अगले दिन नेहरू के कमरे में और तेज़ रोशनी वाला लैंप और बल्ब लगा दिया गया। उसकी चमक को कम करने के लिए पंडित नेहरू के साथ गए मोहम्मद यूनुस ने उसके चारों तरफ कपड़ा लपेट दिया। रोशनी तो कम हो गई लेकिन उससे निकलने वाली गर्मी ने कपड़े को करीब-करीब जला ही दिया। जब नेहरू वहां से वापस आने लगे तो शाह सऊद ने उनके लिए एक कैडलक कार और उनके दल के सदस्यों के लिए स्विस घड़ियाँ उपहार में भिजवाईं। पंडित नेहरू इससे थोड़ा असहज हो गए। वह नहीं चाहते थे कि वह विदेशी दौरे से कार उपहार में लेकर लौटें।

मोहम्मद यूनुस उनकी परेशानी समझ गए। उन्होंने कहा-"इनके पास और क्या है? अगर मोटर न दें तो फिर क्या दें? तेल का पीपा या रेत का बोरा?" नेहरू इस पर ज़ोर से हंसे। उन्होंने कार का तोहफ़ा स्वीकार कर लिया और शाह सऊद को अपना धन्यवाद भिजवाया।

शाह जानना चाहते थे कि नेहरू को कार के लिए कौन सा रंग पसंद है। वैसे उन्होंने पहले से ही उनके लिए हरे रंग की कैडलक पसंद कर रखी थी। पंडित जवाहरलाल नेहरू ने कहा-"आपकी पसंद मेरी पसंद।" भारत आते ही उन्होंने यह कार राष्ट्रपति भवन के वी आई पी कार बेड़े में शामिल करवा दी। 57 साल पहले भेंट दी गई यह कार आज भी राष्ट्रपति भवन के कार बेड़े में मौजूद है।

हाज़िरजवाबी

बहुत व्यस्त होने के बावजूद पंडित जवाहरलाल नेहरू अपने दोस्तों की चुटकियां लेने से पीछे नहीं हटते थे। एक बार नाश्ते की मेज़ पर पंडित नेहरू छूरी से सेब छील रहे थे। इस पर उनके साथ बैठे रफ़ी अहमद किदवई ने कहा-"आप तो छिलके के साथ सारे विटामिन

फेंके दे रहे हैं।" नेहरू सेब छीलते रहे और सेब खा चुकने के बाद उन्होंने सारे छिलके रफ़ी साहब की तरफ बढ़ा दिए और कहा-"आपके विटामिन हाज़िर हैं। नोश फ़रमाएं।"

उदास पंडित नेहरू

सन् 1962 के भारत-चीन युद्ध के बाद को ग्रहण लग गया। उनकी आँखों की चमक न जाने कहाँ चली गई। वह अपने आप में घुटने लगे।

27 मई,1964 को सुबह नौ बजे जाने माने लेखक और ब्लिट्ज़ के स्तंभकार ख़्वाजा अहमद अब्बास का फ़ोन बजा। ब्लिट्ज़ के संपादक रूसी करंजिया लाइन पर थे।

'हेलो अहमद।'

'गुड मॉर्निंग रूसी।'

'कुछ बहुत खराब या तो हो चुका है या होने जा रहा है।' अब्बास ने पूछा-'पंडित नेहरू ठीक ठाक तो हैं।'

करंजिया ने कहा-'नहीं उनको एक और स्ट्रोक हुआ है। तुम तुरंत दफ़्तर आ जाओ। तुम्हें उन पर चार पेज का फ़ीचर लिखना है।'

जैसे ही अब्बास ब्लिटज़ के दफ़्तर पहुंचे करंजिया ने कहा तुम्हारे पास पंडित नेहरू के ऊपर लेख लिखने के लिए चार घंटे हैं।

ख़्वाजा अहमद अब्बास ने लिखना शुरू किया। आर्ट विभाग का एक व्यक्ति उनके पास आकर कहने लगा-'पहले हेडलाइन लिखिए ताकि मैं उस पर काम करना शुरू कर दूँ।'

अब्बास ने कांपते हाथों से लिखा-'...नेहरू...थोड़ी देर सोचा और फिर लिखा.... लिव्स। दो बजे नेहरू का देहांत हो गया। अगले दिन ब्लिटज़ की तीन इंच की बैनर हेड लाइन थी....नेहरू लिव्स...!

एक बार में दो सीढ़ियां चढ़ते थे नेहरू

8 सितंबर 1962 को कॉमनवेल्थ देशों के प्रधानमंत्री सम्मेलन के लिए नेहरू इंदिरा के साथ लंदन पहुंचे थे। नेहरू के सुरक्षा अधिकारी रहे केएम रुस्तमजी अपनी किताब 'आई वॉज़ नेहरूज़ शैडो' में लिखते हैं-"जब मैं उनके स्टाफ़ में शामिल हुआ तो वो 63 साल के थे, लेकिन 33 के लगते थे। लिफ़्ट का इस्तेमाल बिल्कुल नहीं करते थे। और-तो-और एक बार में दो सीढ़ियां चढ़ा करते थे।"

उन्होंने लिखा है-"एक बार डिब्रूगढ़ की यात्रा के दौरान मैं उनका सिगरेट केस लेने

उनके कमरे में घुसा तो देखा कि उनका सहायक हरि उनके फटे मोज़ों की सिलाई कर रहा है। उन्हें चीज़ों को बर्बाद करना पसंद नहीं था। एक बार सऊदी अरब की यात्रा के दौरान वो उस महल के हर कमरे में जाकर बत्तियाँ बुझाते रहे, जिसे ख़ास तौर से उनके लिए बनवाया गया था।"

'ब्राह्मणज़ादे में शाने दिलबरी ऐसी तो हो'

उसी यात्रा के दौरान नेहरू को रसूल-अस-सलाम कह कर पुकारा गया था जिसका अरबी में अर्थ होता है 'शांति का संदेश वाहक।' लेकिन उर्दू में यह शब्द पैग़म्बर मोहम्मद के लिए इस्तेमाल होता है। पंडित नेहरू के लिए यह शब्द इस्तेमाल करने के लिए पाकिस्तान में शाह सऊद की काफ़ी आलोचना भी हुई थी।

तब जाने माने कवि रईस अमरोहवी ने एक मिसरा लिखा था। जो कराची से छपने वाले अख़बार 'डॉन' में भी छपा था-"जप रहे हैं माला एक हिंदू की अरब, ब्राह्मणज़ादे में शाने दिलबरी ऐसी तो हो। हिक़्मते पंडित जवाहरलाल नेहरू की क़सम, मर मिटे इस्लाम जिस पर क़ाफ़िरी ऐसी तो हो।"

नाई के लिए लाए घड़ी

पंडित जवाहरलाल नेहरू के निजी सहायक के तौर पर काम करने वाले डॉ. जनकराज जय ने एक दिलचस्प किस्सा सुनाया-"नेहरू के बाल काटने के लिए राष्ट्रपति भवन से एक नाई आया करता था। एक बार नेहरू ने उससे कहा हम विलायत जा रहे हैं। बोलो तुम्हारे लिए क्या लाएं?"

नाई ने शर्माते हुए कहा-"हज़ूर कभी-कभी आने में देर हो जाती है। अगर घड़ी ले आएं तो अच्छा होगा।"

जब पंडित नेहरू विलायत से लौटे। तो नाई फिर उनके बाल काटने आया। नेहरू बोले-"तुम पूछोगे नहीं कि मैं तुम्हारे लिए घड़ी लाया हूं या नहीं? जाओ शेषन (उनके निजी सहायक) से जाकर घड़ी ले लो।"

सरदार टैक्सी वाला

डॉ. जनकराज जय एक और क़िस्सा सुनाते हैं- "एक बार जब जवाहरलाल दफ़्तर जा रहे थे तो साउथ एवेन्यू के पास उनकी कार पंक्चर हो गई। दूर से एक सरदार टैक्सी वाले ने देख लिया। वह अपनी टैक्सी लेकर पहुंचा और बोला मेरा सौभाग्य होगा अगर आप मेरी टैक्सी में बैठ जाएं।"

सरदार ने कहा-"मैं आपको दफ़्तर ले चलूँगा। नेहरू बिना किसी की सुने उसकी टैक्सी में बैठ गए। दफ़्तर पहुँचकर वह अपनी जेब टटोलने लगे लेकिन उनकी जेब में पैसे तो होते नहीं थे। टैक्सी वाला बोला-"आप क्यों शर्मिंदा कर रहे हैं। क्या मैं आपसे पैसे लूँगा? अब तो मैं पाँच दिनों तक किसी को इस सीट पर बैठाऊंगा भी नहीं।"

चार्ली चैपलिन ने गिलास उनके होंठों से लगा दिया

पूर्व विदेश सचिव दिनशॉ गुंडेविया ने अपनी आत्मकथा 'आउटसाइड आर्काइव्स' में लिखा है-"एक बार मशहूर अभिनेता चार्ली चैपलिन ने पंडित नेहरू को स्विट्ज़रलैंड में अपने घर खाने पर बुलाया। खाने से पहले एक ट्रे में शैम्पेन की कई बोतलें लाई गई। चैपलिन ने एक गिलास उठाकर पंडित नेहरू के हाथ में दे दिया। नेहरू बोले-"क्या आपको पता नहीं कि मैं पीता नहीं हूँ।"

चैपलिन ने कहा-"प्रधानमंत्री महोदय! मेरी शैंपेन पीने के सम्मान से आप मुझे कैसे वंचित कर सकते हैं?"

नेहरू फिर भी झिझके। चार्ली झुके और उन्होंने शैम्पेन से भरा गिलास नेहरू के होंठों से लगा दिया। पंडित नेहरू ने गिलास से एक सिप लिया और पूरे वक़्त तक उस गिलास को अपने बगल में रखे बैठे रहे।

रुस्तमजी भी लिखते हैं-"उन्होंने कभी पंडित नेहरू को शराब पीते नहीं देखा। हाँ, वो सिगरेट ज़रूर पिया करते थे। वो भी 'स्टेट एक्सप्रेस 555' जो कि उस ज़माने का ख़ासा मशहूर ब्रैंड होता था।"

इंडिया से जाते थे नेहरू के प्रेम पत्र

ऐसा माना जाता है कि पंडित जवाहरलाल नेहरू को लॉर्ड माउंटबेटन की पत्नी एडविना माउंटबेटन से इश्क था। मशहूर पत्रकार कुलदीप नैयर ने बीबीसी को बताया-"जब वो ब्रिटेन में भारत के उच्चायुक्त थे तब उनको पता चला कि एयर इंडिया की फ्लाइट से पंडित नेहरू रोज एडविना को पत्र भेजा करते थे। एडविना उसका जवाब देती थीं। उच्चायोग का आदमी उन पत्रों को एयर इंडिया के विमान तक पहुंचाया करता था।

नैयर ने एक बार एडविना के नाती लार्ड रैमसे से पूछ ही लिया-"क्या उनकी नानी और पंडित नेहरू के बीच इश्क था?"

रैमसे का जवाब था-"उनके बीच आध्यात्मिक प्रेम था।"

इसके बाद नैयर ने उन्हें नहीं कुरेदा। पंडित नेहरू के एडविना को लिखे पत्र तो छपे हैं लेकिन एडविना के पंडित नेहरू को लिखे पत्रों के बारे में किसी को कुछ भी पता नहीं हैं।

कुलदीप नैयर ने एक बार इंदिरा गाँधी से उन पत्रों को देखने की इजाज़त मांगी थी लेकिन उन्होंने इससे साफ़ इनकार कर दिया था।

नेहरू ने पद्मजा से शादी नहीं की क्योंकि...

एडविना ही नहीं सरोजिनी नायडू की बेटी पद्मजा नायडू के लिए भी पंडित नेहरू के दिल में सॉफ़्ट कॉर्नर था। कैथरिन फ्रैंक इंदिरा गाँधी की जीवनी में लिखती हैं-"विजयलक्ष्मी पंडित ने उन्हें बताया था कि पंडित नेहरू और पद्मजा का इश्क 'सालों' चला।"

पंडित नेहरू ने उनसे इसलिए शादी नहीं की क्योंकि वह अपनी बेटी इंदिरा का दिल नहीं दुखाना चाहते थे। इंदिरा नेहरू के जीवनीकार एस गोपाल से इस बात पर नाराज़ भी हो गई थीं क्योंकि उन्होंने नेहरू के 'सिलेक्टेड वर्क्स' में उनके पद्मजा के लिखे प्रेम पत्र प्रकाशित कर दिए थे। सन् 1937 में पंडित नेहरू ने पद्मजा को लिखा था-"तुम 19 साल की हो (जबकि वह उस समय 37 साल की थीं)... और मैं 100 या उससे भी से ज़्यादा। क्या मुझे कभी पता चल पाएगा कि तुम मुझे कितना प्यार करती हो?"

एक बार और मलाया से पंडित नेहरू ने पद्मजा को लिखा था-"मैं तुम्हारे बारे में जानने के लिए मरा जा रहा हूँ...मैं तुम्हें देखने, तुम्हें अपनी बाहों में लेने और तुम्हारी आँखों में देखने के लिए तड़प रहा हूँ।" (सिलेक्टेड वर्क्स ऑफ़ नेहरू, सर्वपल्ली गोपाल, पृष्ठ 694)

जानवरों से लगाव

पंडित जवाहरलाल नेहरू को पालतू जानवर बहुत पसंद थे। एक बार उनके कुत्ते सोना ने एडविना माउंटबेटन का उस समय हाथ काट लिया था जब वो उसे सहलाने की कोशिश कर रही थीं। पंडित नेहरू को दुःखी मन से उस कुत्ते को प्रधानमंत्री निवास से बाहर भेजना पड़ा था।

ख्रुश्चेव ने एक बार नेहरू को एक घोड़ा भेंट किया था। सऊदी शाह ने भी नेहरू को दो शानदार घोड़ियाँ भेंट में दी थीं जिन्हें कुछ दिन रखने के बाद नेहरू ने सेना को दे दिया था।

पंडित नेहरू के पास पिंजड़े में बाघ और तेंदुए के बच्चे भी रहा करते थे जो उन्हें मध्य प्रदेश के कुछ लोगों ने भेंट में दिए थे। छह महीने तक रखने के बाद नेहरू ने उन्हें दिल्ली चिड़ियाघर भिजवा दिया था।

मथाई ने अपनी किताब 'माई डेज़ विद नेहरू' में लिखा है-"एक बार नेहरू बीमार पड़ गए और पालतू पांडा भीमसा को खाना खिलाने के लिए उनके बाड़े में नहीं जा पाए। मैं भीमसा को घर के दरवाजे पर ले आया। वह सीढ़ियाँ चढ़ कर नेहरू के शयन कक्ष में पहुंच

गया। मैंने नेहरू को बांस की पत्तियाँ दीं जिसे उन्होंने अपने हाथों से भीमसा को खिलाया और बहुत ख़ुश हुए।"

एयरकंडीनर नहीं था नेहरू को पसंद

पंडित जवाहरलाल नेहरू को अपनी फिटनेस पर बहुत गर्व था। वह सुबह जल्दी उठते थे। देर से सोते थे। जब वह मीटिंग में भी झपकी लेने लग जाते थे तो उनके सचिव को उनसे क्या कहना पड़ा।

एयरकंडीनर नहीं था। मथाई लिखते हैं कि नेहरू को एयर कंडीशनर बिल्कुल पसंद नहीं था। वे गर्मियों में भी अपने शयनकक्ष या कार्यालय में इसका इस्तेमाल नहीं करते थे। गर्मी के दिनों में वे अक्सर बरामदे में सोना पसंद करते थे, क्योंकि उन्हें मिट्टी की खुशबू अच्छी लगती थी। विदेश यात्रा के दौरान भी जब उनके कमरे में एयर कंडीशनर लगवाया गया, तो उन्होंने उसका कभी इस्तेमाल नहीं किया।

वह क्या खाते थे? नेहरू को सादा खाना पसंद था। जिसमें कम मसाले होते थे। वह नाश्ते में टोस्ट, मक्खन, एक अंडा और बहुत गर्म कॉफी लेते थे। कितने घंटे सोते थे? वह केवल पांच घंटे सोते थे। कैसी थी उनकी फिटनेस? बरसों तक उनके निजी सचिव रहे एम ओ मथाई ने इस बारे में विस्तार से लिखा है। उन्होंने अपनी किताब में लिखा है कि रोजाना के जीवन में नेहरू क्या करते थे?

मथाई ने अपनी किताब "रेमिनिसेंसेज ऑफ द नेहरू एज" में लिखा है-"नेहरू ने आजादी मिलने के पहले से ही सितंबर 1946 से अपने सेक्रेट्रिएट में रविवार ही नहीं छुट्टी के दिनों में भी काम करना शुरू कर दिया था।"

किताब में लिखा है-"नेहरू जबरदस्त मेहनत करते थे। उनकी रात की नींद इतनी कम होती थी कि हमें लगता था कि उन्हें कम से कम रविवार को तो कुछ आराम करना ही चाहिए, जिससे वो हफ्ते के बाकी दिनों में ज्यादा उर्जावान रहें।"

मथाई लिखते हैं-"मैने घुमा फिराकर कई बार पंडित नेहरू से ये बात कही, लेकिन वो इसे अनसुना कर दिया कर दिया करते थे। इसका असर ये होता था कि कई बार उन्हें अपने स्टाफ को डिक्टेट करते समय जितना सचेत रहना होता था, उसमें वो कुछ बोझिल लगने लगते थे। कई बार उन्हें झपकी भी आ जाती थी।"

इससे उनकी नींद और कम हो गई

मथाई लिखते हैं-"नेहरू रात में मुश्किल से पांच घंटे सोते थे। जब उन्होंने रविवार को

भी सेक्रेटिएट आना शुरू कर दिया तो उनकी नींद और कम हो गई। पहले वो रविवार या छुट्टी के दिन आराम कर लिया करते थे, अब वो भी बंद हो गया। अब कई बार वो मीटिंग में झपकी लेने लगते थे।"

नेहरू बहुत कम सोने वाले प्रधानमंत्रियों में थे। वह छुट्टी के दिन भी अपने सेक्रेटिएट चले आते थे। मथाई के अनुसार उन्होंने नेहरू से कहा-"उन्हें रविवार और छुट्टी के दिन दोपहर में कुछ सोना चाहिए, ये उनके लिए जरूरी है। इसका कोई फायदा नहीं हुआ, क्योंकि नेहरू को अपने स्वास्थ्य पर बहुत फख्र था।"

तब वह रोजाना आधे घंटे की झपकी लेने लगे।

अब मथाई ने दूसरा रास्ता तलाशा। उन्होंने नेहरू से कहा-"उनके जो पीए और अन्य स्टाफ के लोग हैं, वो सभी विवाहित और बच्चे वाले हैं, उन्हें कम से कम एक दिन तो चाहिए कि वो अपने परिवार के साथ समय बिता पाए, सिनेमा जाए या शॉपिंग कर सकें। उनके लिए कम-से-कम आपको रविवार और छुट्टी वाले दिन सेक्रेट्रिएट जाना बंद कर देना चाहिए। मैं उस दिन घर पर ही आपके लिए एक दो पीए या स्टाफ अरेंज कर दूंगा, जिससे आप अपना काम वहां से ही कर पाएं..और मैं तो वहां रहूंगा ही।"

वह आगे लिखते हैं-"मेरी बात पूरी होने से पहले ही नेहरू ने कहा-काम कभी किसी को नहीं मारता। मेरा जवाब था, ज्यादा काम थका देता है और आप थकान अफोर्ड नहीं कर सकते।" ये बात नेहरू के समझ में आ गई और वह रविवार और छुट्टियों के दिन लंच के बाद कुछ आराम करने लगे। बाद में वह रोज लंच के बाद आधे घंटे की झपकी लेने लगे।

पंडित नेहरू का दिन सुबह चार बजे शुरू होता था

अगर रिपोर्ट्स और किताबों की मानें तो पंडित जवाहरलाल नेहरू सुबह करीब चार बजे उठ जाते थे। वह योगासन करते थे। जिसमें शीर्षासन शामिल होता था। फिर वह कुछ देर प्रधानमंत्री हाउस के लान में टहलते थे। दिन में उनके लंच का टाइम आमतौर पर तय था लेकिन रात का डिनर अक्सर लेट होता था। वह देर से सोने वाले लोगों में थे। वह दिन में करीब 16 घंटे से ज्यादा काम करते और फाइलों को देखते हुए बिताते थे।

किस तरह की ड्राफ्टिंग कराते थे

मथाई ने किताब में कहा है-"नेहरू को दुनिया में बेहतरीन अंग्रेजी गद्य लिखने वाले प्रधानमंत्री के रूप में माना जाता था। वह दिन पांच ऐसे पत्र जरूर लिखाते थे, जो गद्य के

हिसाब से वाकई बेहतरीन होते थे। वह इसे डिक्टेट कराते थे। वह अपना काफी समय लेटर्स, बयान और भाषण डिक्टेट करने में लगा देते थे।"

चीज़ों की बर्बादी से नफ़रत

पंडित जवाहरलाल नेहरू के सुरक्षा अधिकारी रहे के एम रुस्तम जी अपनी पुस्तक 'आई वाज़ नेहरूज़ शैडो' में लिखते हैं-"एक बार डिब्रूगढ़ की यात्रा के दौरान मैं उनका सिगरेट केस लेने कमरे में घुसा तो मैंने देखा कि उनका सहायक हरि उनके फटे मोजों को सिल रहा है। उन्हें चीज़े बर्बाद करना पसंद नहीं था। एक बार सऊदी अरब की यात्रा के दौरान वो उस महल के हर कमरे में जाकर बत्तियां बुझाते रहे, जिसे ख़ासतौर से उनके लिए तैयार किया गया था।" नेहरू को बर्बादी बहुत नापसंद थी। कई बार वह कार रुकवाकर अपने ड्राइवर को भेजते थे कि वह बगीचे में चल रहा पानी का पाइप बंद करके आए।

अंग्रेज़ी दस्तख़त

एक कार्यक्रम में एक छात्र ने उनसे ऑटोग्राफ़ लेने के लिए अपनी कॉपी उनकी ओर बढ़ाते हुए कहा-"इसमें सिग्नेचर कर दीजिए।" नेहरू ने भी उसमें अपने दस्तख़त अंग्रेज़ी में कर दिए। छात्र को पता था कि नेहरू जी आमतौर पर हिंदी में ही हस्ताक्षर करते हैं। उसने पूछ लिया-"आप तो हिंदी में हस्ताक्षर करते हैं। फिर मेरी कॉपी में आपने अंग्रेज़ी में हस्ताक्षर क्यों किए?" नेहरूजी ने मुस्कराकर जवाब दिया-"भाई, तुमने सिग्नेचर करने को बोला था, हस्ताक्षर करने को नहीं।"

चांदी का फावड़ा

भाखड़ा बांध से सिंचाई परियोजना के उद्घाटन का समय था। योजना के व्यवस्थापकों ने नेहरू को उद्घाटन करने के लिए चांदी का फावड़ा दे दिया। इस पर नेहरू बहुत झुंझला गए। उन्होंने पास में पड़ा लोहे का फावड़ा उठाया और उसे ज़मीन पर चलाते हुए कहा-"भारत का किसान क्या चांदी के फावड़े से काम करता है?"

प्रतिभा के धनी

गाँधी की हत्या पर दिया गया उनका मशहूर भाषण (द लाइट हैज़ गॉन आउट ऑफ़ अवर लाइफ़) लिखित भाषण नहीं था और उसी समय आकाशवाणी के स्टूडियो में बिना किसी तैयारी या नोट्स के उन्होंने संबोधित किया था।

बर्नाड शॉ से मुलाकात

पंडित नेहरू के सचिव एम ओ मथाई अपनी किताब 'रेमिनेंसेस ऑफ़ नेहरू एज' में

लिखते हैं-"जब नेहरू मशहूर लेखक जॉर्ज बर्नाड शॉ से मिलने गए थे तो बर्नाड शॉ ने उन्हें अपनी पुस्तक 'सिक्सटीन सेल्फ़ स्केचेज़' पर अपना हस्ताक्षर कर भेंट की।

उन्होंने उस पर नेहरू का नाम जवाहरलाल की जगह जवाहरियल लिखा। मथाई ने तुरंत इस ग़लती की तरफ़ उनका ध्यान दिलाया। शॉ अपनी लाइब्रेरी में गए और नेहरू की आत्मकथा निकाल कर लाए। उन्हें अपनी ग़लती का अहसास हुआ, लेकिन शरारती अंदाज़ में बोले-"इसको ऐसे ही रहने दो। इट साउंड्स बेटर।"

नेहरू ने उन्हें कुछ चौसा आम खाने के लिए दिए। शॉ ने पहली बार आम देखा था। वह समझे कि आम की गुठलियाँ खाई जाती हैं। पंडित नेहरू ने उन्हें आम काट कर दिखलाया और बताया कि कैसे आम का गूदा खाया जाता है।

'कंजूस' नेहरू

पंडित जवाहरलाल नेहरू अपनी सुरुचियों के लिए जितना जाने जाते थे उतने मितव्ययी भी थे।

पंडित नेहरू अपने ऊपर बहुत कम पैसे ख़र्च करते थे। मथाई कहते हैं-"कुछ मामलों में तो उन्हें कंजूस कहा जा सकता था। लेकिन एक बार उन्होंने सेस ब्रूनर की गाँधी जी की गहन सोच की मुद्रा में बनाई गई पेंटिंग ख़रीदने के लिए पाँच हज़ार रुपए ख़र्च करने में एक सेकेंड का भी समय नहीं लिया।

555 सिगरेट के शौकीन

एक बार किसी ने रुस्तमजी से पूछा क्या नेहरू शराब पीते हैं। उनका जवाब था, कभी नहीं। हाँ उन्हें सिगरेट पीने की ज़रूर आदत थी। वह स्टेट एक्सप्रेस 555 पिया करते थे। पहले वह दिन भर में 20-25 सिगरेट पी जाते थे लेकिन बाद में वह दिन भर में सिर्फ़ पाँच सिगरेट पिया करते थे।

पंडित नेहरू के समय में सभी विदेशी शासनाध्यक्ष या तो राष्ट्रपति भवन में ठहरा करते थे या पंडित नेहरू के निवास स्थान तीन मूर्ति भवन में। उस दौरान इन विदेशी अतिथियों के कमरों में विदेश मंत्रालय के तरफ़ से तरह-तरह की चुनिंदा शराब रखवा दी जाती थी और उन्हें सर्व करने के लिए एक अंग्रेज़ी बोलने वाला सेवक तैनात कर दिया जाता था।

पंडित जवाहरलाल नेहरू द्वारा दिए गए किसी सरकारी भोज में कोई भी शराब कभी भी परोसी नहीं की जाती थी। एक बार ज़रूर 1955 की रूस यात्रा के दौरान उन्होंने वहाँ तैनात राजदूत के पी एस मेनन के कहने पर ख्रुशचेव को दिए गए भोज में शेरी और वाइन

परोसने की इजाज़त दी थी और तब भी यह शर्त रखी थी कि भोज में मौजूद कोई भी भारतीय उनका सेवन नहीं करेगा।

'मौलाना' नेहरू

सरदार वल्लभभाई पटेल पंडित नेहरू से तेरह साल बड़े थे। गाँधी से सात साल छोटे थे। इंदर मल्होत्रा जिक्र किया करते थे कि पंडित नेहरू और वल्लभभाई पटेल के घर आस-पास थे। पंडित नेहरू ने उन्हें कह रखा था कि जब भी कोई मंत्रणा करनी हो वह स्वयं उनके घर आएंगे। उन्हें उनके यहाँ आने की ज़हमत करने की ज़रूरत नहीं है।

वह हमेशा उनके यहाँ पैदल जाते थे। मौलाना आज़ाद ज़रा दूर रहते थे। इसलिए पंडित नेहरू उनके घर मोटर में बैठकर जाते थे और गपशप करते थे। टेलिफोन पर पंडित नेहरू की कर्टसी होती थी कि वह खुद अपने हाथ से मौलाना को फोन मिलाते थे।

एक दिन उन्होंने अपने निजी सचिव एम ओ मथाई से कहा-"मौलाना साहब से फोन पर बात कराइए। जब मौलाना ने फोन लिया और नेहरू आए तो उनका पहला जुमला था- "जवाहर लाल तुम्हारी उंगलियों में दर्द हो गया है कि तुम दूसरे से फोन मिलवा रहे हो।" नेहरू मौलाना का आशय समझ गए और बोले आइंदा से यह ग़लती कभी नहीं होगी।

एक बार पटेल से किसी ने पूछा-"इस समय भारत में सबसे बड़ा राष्ट्रवादी मुस्लिम कौन है।" सब सोच रहे थे कि वल्लभभाई पटेल मौलाना आज़ाद या रफ़ी अहमद किदवई का नाम लेंगे। लेकिन पटेल का जवाब था-"मौलाना नेहरू।"

अविश्वासी नेहरू

पंडित नेहरू को अपने आप को अविश्वासी कहने में मज़ा आता था। उन्होंने कभी भी किसी मूर्ति के सामने सिर नहीं झुकाया, कभी कोई व्रत नहीं रखा और न ही किसी ज्योतिषी से सलाह ली। एक बार 1954 में कुंभ के दौरान लाल बहादुर शास्त्री ने उन्हें मनाने की कोशिश की कि मौनी अमावस्या पर वो गंगा में डुबकी लगाएं।

उन्होंने कहा-"भारत के करोड़ों लोग ऐसा करते हैं।" पंडित नेहरू को उनकी भावना और गंगा का सम्मान करते हुए ऐसा करना चाहिए। पंडित नेहरू का जवाब था-

"गंगा मेरे अस्तित्व का हिस्सा है। मेरे लिए ये इतिहास की नदी है। लेकिन फिर भी मैं इसमें कुंभ के दौरान नहीं नहाऊंगा। वैसे इसमें नहाना मुझे पसंद है, लेकिन कुंभ के दौरान हरगिज़ नहीं।"

ओवरकोट, मफलर और दस्ताने

घाना के नेता क्वामे न्क्रूमा ने अपनी आत्मकथा में नेहरू के बारे में एक दिलचस्प किस्सा लिखा है। एक बार न्क्रूमा जाड़े के मौसम में भारत की यात्रा पर आए। वह ट्रेन से उत्तर भारत की यात्रा पर निकल रहे थे कि अचानक प्रधानमंत्री नेहरू स्टेशन पर पहुंच गए। वह अपने साइज़ से बड़ा एक ओवर कोट पहने हुए थे। उन्होंने न्क्रूमा से कहा-"ये कोट मेरे लिए बहुत बड़ा है, लेकिन आपके लिए बिल्कुल ठीक साइज़ का है। इसको पहन कर देखिए।"

न्क्रूमा ने उस कोट को पहना और वह बिल्कुल उनके साइज़ का निकला।

जब ट्रेन चल पड़ी तो उन्होंने कोट की जेब में हाथ डाला। एक जेब में एक गर्म मफ़लर और दूसरी जेब में एक जोड़ी गर्म दस्ताने थे। अपने मेहमान के आराम के बारे में सिर्फ नेहरू ही इस तरह सोच सकते थे।

आगबबूला नेहरू

पंडित नेहरू को जब गुस्सा आता था तो वह सभी हदें पार कर जाते थे। उनके सुरक्षा अधिकारी रह चुके के एफ़ रुस्तम जी अपनी किताब 'आई वाज़ नेहरूज़ शैडो' में लिखते हैं-"1953 में जब पाकिस्तान के प्रधानमंत्री मोहम्मद अली अपनी पत्नी के साथ दिल्ली हवाई अड्डे पर उतरे तो उन्हें पंडित नेहरू के मशहूर गुस्से का नज़ारा अपनी आँखों से देखने का मौका मिला।"

हुआ यह कि जैसे ही जहाज की सीढ़ियाँ लगाई गईं। वहाँ मौजूद करीब पचास कैमरामैन मक्खियों की तरह जहाज़ के चारों तरफ़ खड़े हो गए। जैसे ही पाकिस्तानी प्रधानमंत्री उतरे, पीछे खड़ी भीड़ भी आगे आ गई और धक्का मुक्की होने लगी। नेहरू का पारा चढ़ा तो चढ़ता ही चला गया। उन्होंने गुस्से में चिल्लाते हुए कैमरामैन के पीछे दौड़ना शुरू कर दिया। किसी एक शख़्स ने पंडित नेहरू के लिए कार का दरवाज़ा खोला। पंडित नेहरू ने गुस्से में वह दरवाज़ा बंद कर दिया और फूल के एक बड़े बूके से लोगों की पिटाई करने दौड़े। रुस्तम जी ने बहुत मुश्किल से उन्हें जीप पर सवार होने के लिए मनाया। नाराज़ नेहरू और पाकिस्तानी प्रधानमंत्री जीप पर राष्ट्रपति भवन गए और उनकी लंबी कार जीप के पीछे-पीछे बिना किसी सवारी के आई।

नेहरू के लिए राजनीति और निजी संबंध के मायने

भारत को आज़ादी मिल चुकी है और पंडित जवाहरलाल नेहरू प्रधानमंत्री बन चुके

थे। यह बात है सन् 1949 की। नेहरू ने दिल्ली जेल में बंद डॉक्टर राममनोहर लोहिया के लिए आम की एक टोकरी भिजवाई थी।

उस समय भारत के गृहमंत्री रहे सरदार वल्लभभाई पटेल को यह बात पसंद नहीं आई। लेकिन पंडित नेहरू ने यह कहते हुए बात ख़त्म कर दी कि राजनीति और निजी संबंधों को अलग-अलग नज़रिए से देखा जाना चाहिए।

मामला यह था कि नेपाल में राणाओं ने सत्ता पर कब्ज़ा कर लिया था। इसके विरोध में डॉक्टर राममनोहर लोहिया ने अपने समाजवादी साथियों के साथ दिल्ली स्थित नेपाली दूतावास के पास प्रदर्शन किया था। दिल्ली पुलिस ने उन लोगों को गिरफ़्तार कर जेल भेज दिया था। गिरफ़्तार नेताओं में जस्टिस राजेंद्र सच्चर (1923-2018) भी थे।

जस्टिस सच्चर ने ही आम भिजवाने वाली बात लिखी है। उनके अनुसार आम भिजवाने का फ़ैसला तो नेहरू ने किया था लेकिन उसे लोहिया तक पहुंचाने की ज़िम्मेदारी इंदिरा गांधी की थी।

लोहिया और नेहरू कांग्रेस में एक साथ काम कर चुके थे। लोहिया नेहरू को अपना हीरो मानते थे लेकिन आज़ादी के बाद नेहरू और लोहिया के रास्ते अलग हो गए थे। ये वही लोहिया थे जिन्होंने नेहरू की मौत के बाद उन्हें श्रृद्धांजलि देते हुए कहा था-"1947 के पहले के नेहरू को मेरा सलाम।" बावजूद इसके दोनों के निजी संबंध कभी ख़राब नहीं हुए।

पाकिस्तान ने भी झुकाए थे झंडे

पंडित जवाहरलाल नेहरू की उम्र 73 साल हो गई थी। वहीं चीन युद्ध के बाद वह काफी गुमसुम और शांत रहने लगे थे। उन्होंने पद से इस्तीफे की पेशकश तक कर दी थी। सन् 1964 में उन्हें दिल का दौरा पड़ा। उस वक्त वह भुवनेश्वर में थे। इसके बाद उन्हें चलने-फिरने में भी परेशानी होने लगी। 26 मई 1964 को वह देहरादून से लौटे थे। वह जल्दी आराम करने चले गए। इसके बाद भी उन्हें नींद नहीं आई। 27 मई की सुबह उन्हें पैरालिटिक अटैक आ गया और दोपहर करीब दो बजे उन्हें मृत घोषित कर दिया गया। पंडित नेहरू के निधन के बाद पाकिस्तान की नेशनल असेंबली में भी शोक जताया गया और पाकिस्तान के झंडे आधे झुका दिए गए। यह पाकिस्तान के प्रोटोकॉल से हटकर था। ❐

अध्याय-25

उपसंहार

हम नेहरू के कार्यकाल व उनके व्यक्तित्व के मूल्यांकन के आधार पर कह सकते हैं कि उन्होंने देश के सामाजिक, राजनीतिक एवं आर्थिक आधार की नींव रखी। उनके महान कार्यों व गुणों के कारण ही उनका भारतीय राजनीतिक व समाजिक जीवन में महत्वपूर्ण स्थान है। अपने व्यवहार, बुद्धिमत्ता एवं संतुलित विचारों के द्वारा नेहरू ने विभिन्न क्षेत्रों में परिवर्तन करने का प्रयास किया, जिससे वे राष्ट्रीय व अंतरराष्ट्रीय दोनों स्तरों पर सफल रहे।

हम कह सकते हैं की नेहरू ने भारत के निर्माण की आधारशिला रखी और समाज के प्रत्येक क्षेत्र के विकास के लिए योजना निर्माण का कार्य किया और उसे कार्य रूप में संपादित भी किया। इसलिए नेहरू को 'आधुनिक भारत का निर्माता' कहना कोई अतिशयोक्ति नहीं है।

स्टैनफोर्ड विश्वविद्यालय में अंतर्राष्ट्रीय इतिहास की रेमंड ए स्प्रुअंस प्रोफेसर प्रिया सतिया ने उल्लेख किया है कि यदि संघवाद, अंतर्राष्ट्रीयतावाद, समाजवाद और धर्मनिरपेक्षता के प्रति पंडित जवाहरलाल नेहरू की प्रतिबद्धताएं आंशिक रूप से सामरिक होने के बजाय विशुद्ध रूप से सैद्धांतिक होतीं, यदि उनमें यह दृष्टिकोण प्रस्तुत किया गया होता कि उत्तर-औपनिवेशिक विश्व में स्वतंत्र होने, भारतीय होने या सभ्य होने का क्या अर्थ है, तो उन्होंने एक संस्कृति को अमिट रूप से परिभाषित किया होता।

उन्होंने पंडित जवाहरलाल नेहरू के कथन का उल्लेख करते हुए लिखा है-"अतीत हमेशा हमारे साथ रहता है और हम जो कुछ भी हैं और जो कुछ भी हमारे पास है, वह सब अतीत से ही आता है। हम इसके उत्पाद हैं और हम इसमें डूबे रहते हैं। इसे न समझना और इसे अपने भीतर रहने वाली चीज़ के रूप में महसूस न करना वर्तमान को न समझना है।" द्वितीय विश्व युद्ध के दौरान अहमदनगर किले में कैद रहते हुए जवाहरलाल नेहरू ने ऐसा लिखा था।

नेहरू को "अतीत के बोझ" का गहरा अहसास था। वास्तव में वह एक गहरे मानवतावादी विचारक थे। भले ही वह विज्ञान के प्रति अपनी प्रतिबद्धता का लगातार विरोध करते रहे हों। लेकिन भारत और दुनिया भर में राजनेता के रूप में उनके करियर ने उनके बौद्धिक योगदान को लोकप्रिय स्मृति में ग्रहण लगा दिया है। शायद एक और गहरा कारण यह भी है कि पंडित नेहरू के विचार समय के साथ अन्य उपनिवेशवाद विरोधी कार्यकर्ताओं के विचारों की तरह प्रतिध्वनित नहीं हुए विचारों की वास्तविक दुनिया की प्रभावशीलता के साथ पंडित नेहरू की व्यस्तता ने उनके अपने विचारों को अपने समय से पूरी तरह से आगे बढ़ने से रोक दिया।

वर्तमान भारतीय सरकार द्वारा "चाचा नेहरू" की विरासत को धूमिल करने के प्रयासों के बावजूद, नेहरू को उनके साहस, उदारता, बलिदान, साहित्यिक प्रतिभा और उनके साथ जुड़े राष्ट्रीय मूल्यों, सैन्यवाद-विरोध, धर्मनिरपेक्षता, समाजवाद, अंतरराष्ट्रीयता, संघवाद के लिए उचित रूप से सम्मानित किया जाता है।

जवाहरलाल नेहरू मिस्र की यात्रा पर, जून 1938

पंडित जवाहरलाल नेहरू ने ब्रिटिश लेबर पार्टी के नेताओं के नैतिक दिवालियापन को पहचाना। जिन्होंने भारत में ब्रिटिश शासन का समर्थन करने के बारे में अपनी "अंतरात्मा की आवाज़" को दबाने के लिए "सामान्य बुद्धि के व्यावहारिक व्यक्ति" की स्थिति अपनाई।

पंडित नेहरू ने उपनिवेशवाद से मुक्त हुई राजनीति के कई अन्य नेताओं की तरह औपनिवेशिक व्यवस्था के बदलने से पहले ही राजनेता की भूमिका निभाई थी। दुनिया में पैंतरेबाज़ी करना उस दुनिया में पैंतरेबाज़ी करना था जिसमें भारत के मुख्य व्यापारिक साझेदार अभी भी ब्रिटेन और अमेरिका थे। वास्तव में कोई गुटनिरपेक्षता नहीं थी।

जब अंतर्राष्ट्रीयता, धर्मनिरपेक्षता, संघवाद, सैन्य-विरोधीवाद भारत के हित में "काम" करने की संभावना नहीं लग रही थी, तो राजनेता पंडित नेहरू ने उन प्रतिबद्धताओं को एक तरफ रख दिया, क्योंकि वह औपनिवेशिक राज्य से विरासत में मिले भारत के हित को औद्योगिक पकड़ के रूप में समझते रहे। यदि यह उपमहाद्वीप को पुनः उपनिवेशीकरण के खिलाफ मजबूत करने की इच्छा से प्रेरित था, तो इसने ऐसा इस तरह से किया कि भारत सभ्यता के पश्चिमी उपायों का गुलाम बना रहे। लेकिन यह पंडित नेहरू और उनकी गलतियों का कोई महापुरुष इतिहास नहीं है।

उन्होंने दुनिया भर में एक अमिट छाप छोड़ी क्योंकि उन्होंने हमेशा आम जनता, सामाजिक रूप से वंचित और दलितों की भाषा बोली और समझी और भारत में लोकतंत्र

की ठोस नींव रखी। अपनी मृत्यु के बाद भी नेहरू न केवल भारत में बल्कि पूरी दुनिया में विद्वानों, सामाजिक कार्यकर्ताओं, मीडिया, नीति निर्माताओं और सपने देखने वालों का ध्यान आकर्षित करते रहे। इतिहास ने उन्हें मोहित किया। इसने उन्हें अतीत पर एक अंतर्दृष्टिपूर्ण नियंत्रण, वर्तमान की गहरी और तत्काल समझ और सभी के भविष्य के बारे में सोचने और योजना बनाने की एक दुर्लभ दूरदर्शिता दी। खुद एक महान इतिहासकार होने के नाते, नेहरू ने वैज्ञानिक सोच और समस्याओं के प्रति वैज्ञानिक दृष्टिकोण के आधार पर नए लोकतांत्रिक भारत के निर्माण में इतिहास की समझ का इस्तेमाल किया, जिससे भारत को आर्थिक दुख और सामाजिक अन्याय से मुक्ति मिली। वास्तव में उनका बौद्धिक मिश्रण अद्भुत था-विज्ञान और इतिहास, आदर्शवाद और यथार्थवाद, साहित्य और राजनीति, स्वामी विवेकानंद का वेदांत, मार्क्स की क्रांति और गांधी की अहिंसा-ये सभी नेहरू के अद्वितीय व्यक्तित्व में समाहित थे। जैसा कि नॉर्मन कजिन्स ने कहा-नेहरू 'एक व्यक्ति नहीं बल्कि व्यक्तियों का एक समूह थे'।

पंडित नेहरू ने अपने स्वतंत्र भारत की तस्वीर उसके मूल में खोजी और जो सामने आया, वह उनके सपनों के भारत की तस्वीर थी। भारत में शासन का उद्देश्य उन्होंने 14-15 अगस्त, 1947 की मध्यरात्रि को अपने भावपूर्ण भाषण में निर्धारित किया था। यह था 'गरीबी, अज्ञानता, बीमारी और अवसर की असमानता का अंत।' इसे प्राप्त करने के लिए नेहरू ने ईंट-दर-ईंट संस्थाओं का निर्माण किया और उसके अनुसार नीतियां बनाईं और परिणाम हमारे सामने हैं। नेहरू की भविष्यदर्शी दृष्टि और नेतृत्व भारतीय राजनीति में अद्वितीय और बेमिसाल है। यह हम और आने वाली पीढ़ियों के लिए है कि वह इन नींवों पर निर्माण करें या फिर समस्याओं का सामना करने के लिए तैयार रहें। पंडित जवाहरलाल नेहरू सचेत थे। जब उन्होंने कहा-

"नेता और व्यक्ति चले जाते हैं। वे थक सकते हैं और ढीले पड़ सकते हैं। वे समझौता कर सकते हैं और विश्वासघात कर सकते हैं लेकिन शोषित और पीड़ित जनता संघर्ष जारी रखती है, क्योंकि उनकी ड्रिल सार्जेंट भूख है, लोग आ सकते हैं।"

पंडित नेहरू को आज भारत का एक वैचारिक समूह लगातार आरोपित करते हुए भारत की प्रत्येक समस्या जो आज हमें दिखाई दे रही है, के लिये उन्हें ही दोषी ठहरा रहा है। इस प्रक्रिया में अन्ततः वह समूह न सिर्फ गलत सिद्ध हुआ है बल्कि हास्यास्पद भी बनता चला गया। जवाहरलाल नेहरू एक असाधारण मगर सहज व्यक्तित्व रहें हैं। उनका

परिवार भारत का एक अनूठा परिवार है। एक ऐसा परिवार जिसके कमोवेश प्रत्येक सदस्य ने न केवल भारतीय स्वतंत्रता संग्राम में सीधी भागीदारी की बल्कि अधिकांश ने लंबी जेल यात्रा भी की। शुरुआत उनके पिता पंडित मोतीलाल नेहरू से।

नेहरू ने साफ समझा दिया था कि अन्तरराष्ट्रीयतावाद अंततः विश्व या आंचलिक शांति पर ही निर्भर रहता है। वह अपना एक पृथक अस्तित्व बना पाने में असफल ही रहा है। वह कहते हैं-"लोग सोचते हैं कि अंतरराष्ट्रीयतावाद वास्तविक रूप से भविष्य की चीज है और राष्ट्रवाद निश्चित रूप से धुंधला पड़ेगा। मैं भी मानता हूँ कि इसमें काफी हद तक सच्चाई है। लेकिन जब भी कोई देश या दुनिया संकट का सामना करती है तो वहां राष्ट्रवाद तुरंत हावी हो जाता है। विश्वयुद्ध के दौरान के पिछले पांच-छः वर्षों में कई बड़े-बड़े संकट देखे हैं। इन संकटों से एक अहम् सीख यह मिलती है कि कैसे और कब अन्दर से उत्तेजित लोग राष्ट्रवाद की ओर मुड़ गए हैं। इस युद्ध में जिन-जिन देशों ने हिस्सा लिया था वे अत्यधिक राष्ट्रवादी होकर निकले। देश अपने अन्तरराष्ट्रीयतावाद को भूल गए।"

उनके कट्टर विरोधी भी कहते थे कि संकट के समय नेहरू कभी सहायता करने से पीछे नहीं हटेंगे। इतना सम्मान शायद ही अन्य राजनीतिज्ञ ने कभी पाया हो। उनका लिखा एक एक शब्द हमारी सभ्यता के लिये धरोहर है। हमें समझना होगा कि भारत के लिये वह "ध्रुवतारा" के मानिंद हैं। यदि अँधेरे में संकट में भी सही राह पकड़ना है तो पंडित नेहरू एक ऐसी पगडंडी हैं जो हमें अपनी तरह से मंजिल तक पहुँचने का भरोसा दिलाती है। वे जो भी सृष्टि में सुन्दरतम है, उससे सबको जोड़ते हैं। अंत में उनकी पसंदीदा एक पुरानी यूनानी कविता की पंक्तियाँ-

बुद्धि और क्या है? इनसान के प्रयत्न या ईश्वर की सबसे बडी शोभा क्या है?
बेहद प्यारी और बेहद महान?
डर से दूर खड़ा होईये, आज़ादी तय कीजिए।
साँस लीजिये और इंतज़ार कीजिए।
घृणा से इतर खुद को खड़ा करें।
और क्या मनोरमता हमेशा प्यारी नहीं रहेगी?

पंडित जवाहरलाल नेहरू और एशियाई खेल

आजादी के पहले से नेहरू चाहते थे एशियाई देशों के बीच ओलंपिक की तरह की खेल प्रतियोगिता हो। भारत ने 1948 में लंदन ओलंपिक खेलों के दौरान एशियाई खेलों

के आयोजन का प्रस्ताव रखा था। ओलंपिक खेलों में भारतीय टीम को भेजने से पहले तत्कालीन प्रधानमंत्री जवाहर लाल नेहरू एक समारोह में भारतीय टीम और इसके साथ जा रहे अधिकारियों से मिले। वहां अंतरराष्ट्रीय ओलंपिक संघ के सदस्य भारत के प्रोफेसर गुरु दत्त सोंधी भी थे। बातचीत में नेहरू ने इच्छा जाहिर की कि ओलंपिक की तरह एशियाई देशों को भी मिलकर एक खेल आयोजन करना चाहिए। पंडित नेहरू चाहते थे कि एशियाई खेल शुरू होने से खेलों के माध्यम से एशियाई देशों को एक और मंच पर साथ आने का मौका मिलेगा। कुछ एशियाई खेल नए-नए आजाद भी हुए थे।

सोंधी का जन्म 10 दिसंबर 1890 को लाहौर में एक प्रभावशाली परिवार में हुआ था। उनके पिता जालंधर में बैरिस्टर थे। वह पढ़ाई के साथ खेलों में भी अच्छा रहते थे। खेल के प्रति उनका प्रेम उन्हें खेल प्रशासन में ले गया। उन्हें सन् 1928, 1932 और 1936 नामक तीन ओलंपिक खेलों में भारत की हॉकी टीम का मैनेजर बनाया गया। हर बार भारत ने स्वर्ण पदक जीता। सोंधी भारतीय ओलंपिक संघ के महासचिव, एथलेटिक्स महासंघ के अध्यक्ष और एफआईएच (अंतर्राष्ट्रीय हॉकी महासंघ) के उपाध्यक्ष बने।

लंदन ओलंपिक के दौरान एशियाई खेल अधिकारियों के सामने यह सुझाव प्रोफेसर सोंधी ने रखा। फिलीपीन्स के जार्ज बी वर्गेस ने इसका भरपूर समर्थन किया। तब वहीं एशियाई स्पोर्ट्स फेडरेशन की एक मीटिंग में इस पर गंभीरता से विचार किया गया। यह तय हुआ कि पहले एशियाई खेल होने चाहिए। पहले एशियाई खेल तब चीन में कराने का फैसला किया गया। भारत का पूरा समर्थन इसको हासिल था। चीन के सिविल वार के कारण ये महसूस किया गया कि शायद वहां पहले एशियाई खेलों का कराना मुश्किल होगा। अब ये संकट था कि इसको कहां कराएं। सोंधी ने मीटिंग में वादा कर लिया कि यह आयोजन भारत में भी हो सकता है।

12-13 फरवरी 1949 में नई दिल्ली के पटियाला हाउस में एक मीटिंग हुई, जिसमें एशियाई गेम्स फेडरेशन का गठन हुआ। इसका मसौदा तय हुआ। इस मीटिंग में अफगानिस्तान, बर्मा अब म्यांमार, श्रीलंका, इंडोनेशिया, नेपाल, पाकिस्तान, फिलीपींस और थाईलैंड के खेल प्रतिनिधियों ने शिरकत किया। प्रधानमंत्री पंडित जवाहरलाल नेहरू से हरी झंडी मिलने के बाद सोंधी ने सभी से कहा कि एशियाई खेल होंगे और पहली बार इसकी शुरुआत भारत से ही होगी।

भारत की आजादी से पहले ही नेहरू की अध्यक्षता में नई दिल्ली में आयोजित एशियाई संबंध सम्मेलन में भी पहले एशियाई खेलों की अवधारणा पर चर्चा हो चुकी थी।

ये विचार 1948 के लंदन ओलंपिक खेलों के दौरान वास्तविकता में बदला। जब चीन में एशियाई खेलों का कराना संभव नहीं दिखा तो फिर इसे नेहरू की ही रजामंदी से भारत में कराना सुनिश्चित हो गया।

भारत में नई दिल्ली ने सन् 1951 में पहली बार एशियाई खेलों की मेजबानी की। 4 मार्च, 1951 को शुरू हुए खेल एक सप्ताह तक चले। बेहद सफल रहे। भारत ने पहले कभी इस स्तर का कोई आयोजन नहीं किया था। ब्रिटिश शासन के अधीन रहते हुए भी, देश ने कभी भी इतनी बड़ी मेजबानी नहीं की थी। लेकिन इतने बड़े आयोजन की मेजबानी करने की स्वतंत्र भारत की क्षमता को अन्य एशियाई देशों ने व्यापक रूप से स्वीकार किया।

जापानी एथलीटों ने सबसे ज्यादा 60 पदक जीते लेकिन मेजबान भारत 51 पदकों के साथ दूसरे स्थान पर रहा। पंडित जवाहरलाल नेहरू द्वारा अपने भाषण में कही गई एक पंक्ति "खेल को खेल की भावना से खेलें" खेलों का आदर्श वाक्य बन गई।

पंडित जवाहरलाल नेहरू की भूल

डॉ. बलदेव राज चावला पंडित जवाहरलाल नेहरू की गलियों का उल्लेख करते हुए लिखते हैं कि पंडित नेहरू ने गलतियां नहीं की होती तो भारत की तस्वीर और तकदीर कुछ अलग होती।

पहली बड़ी भूल

हमारा देश 15 अगस्त 1947 को स्वतंत्र हुआ था और पाक ने 22 अक्तूबर 1947 को भारत पर आक्रमण करके हमारी 83000 वर्ग किलोमीटर भूमि पर कब्जा कर लिया। उसमें लगभग 50 हजार हिंदू-सिख मारे गए थे। भारत की सेना जब आगे बढ़ रही थी तो देश के प्रधानमंत्री पंडित नेहरू ने एक भयंकर भूल की तथा एक तरफा युद्ध विराम की घोषणा करके सेना के बढ़ते कदमों को रोक दिया और कश्मीर समस्या को यू.एन.ओ. में ले गए। जो भू-भाग पाकिस्तान के कब्जे में है उसे पाक अधिकृत कश्मीर कहते हैं जो अब तक पाकिस्तान के कब्जे में है। जहां पर उग्रवादी सरेआम प्रशिक्षण शिविर चला रहे हैं।

दूसरी भूल धारा 370 कश्मीर में लागू करना

जब कश्मीर का पूर्ण विलय हो गया तब पंडित ने कश्मीर को शेख अब्दुल्ला को सौंप कर और उन्हीं के कहने पर धारा 370 संविधान में जोड़ कर कश्मीर को विशेष दर्जा दे दिया था। इस धारा के अनुसार कश्मीर को अपना अलग संविधान बनाने की अनुमति दे दी गई। भारत सरकार का कोई कानून वहां लागू नहीं हो सकता था। भारत का नागरिक

कश्मीर का नागरिक नहीं हो सकता था। जम्मू-कश्मीर के लोगों को एक तरफ से दोहरी नागरिकता हासिल थी। यह लिखते हुए मुझे प्रसन्नता हो रही है कि प्रधानमंत्री मोदी जी और गृहमंत्री अमित शाह जी के नेतृत्व में यह धारा हटाई गई है और कश्मीर भारत का अभिन्न अंग बन गया है।

तीसरी भूल नेपाल का भारत में विलय न करना

नेपाल पहले हिंदू राष्ट्र था। बाद में कम्युनिस्ट राष्ट्र बना। सन् 1952 में नेपाल के राजा विक्रमशाह थे। नेपाल के राजा ने पंडित नेहरू जी से नेपाल को भारत में विलय की बात कही थी। उस समय पंडित नेहरू ने विलय के लिए इंकार कर दिया।

चौथी बड़ी भूल :

जब पंचशील समझौता (1954) हुआ तो पंडित जी ने तिब्बत को चीन का भाग करार दे दिया था। पंडित नेहरू जी की महान गलतियों में यह एक है। सन् 1962 में जब चीन ने भारत पर आक्रमण किया तो चीनी सेना इसी रास्ते से आक्रमण करने के लिए आई थी और हम हिंदी चीनी भाई-भाई के नारे लगा रहे थे। हम जानते हैं कि चीन युद्ध (1962) में भारत हार गया था। इस हार के कारणों को जानने के लिए लै. जनरल हैडरसन और कमांडर ब्रिगेडियर भारत सरकार की अगुवाई में एक समिति का गठन किया गया था जिसमें भारत के तत्कालीन प्रधानमंत्री पंडित नेहरू जी को जिम्मेदार ठहराया गया था। आज भी चीन ने भारत की 14000 वर्ग किलोमीटर भूमि पर अपना कब्जा किया हुआ है जिसको चीन से छुड़ाना है। मैं समझता हूं कि मोदी जी और अमित शाह जी हैं तो सब मुमकिन है।

रजनीकांत पुराणिक की पुस्तक 'नेहरू की 127 ऐतिहासिक गलतियां' स्वतंत्र भारत के प्रथम प्रधानमंत्री की ऐसी ही छोटी से लेकर बड़ी भूलों को रेखांकित करती है।

निधन

28 मई को पंडित जवाहरलाल नेहरू का यमुना के तट पर शांतिवन में हिंदू रीति-रिवाजों के अनुसार अंतिम संस्कार किया गया। जिसके साक्षी 1.5 मिलियन शोक संतप्त लोग थे। जो दिल्ली की सड़कों और श्मशान घाटों पर उमड़ पड़े थे। अमेरिकी राष्ट्रपति लिंडन बी जॉनसन ने उनकी मृत्यु पर टिप्पणी की-"इतिहास ने पहले ही एक मजबूत और स्वतंत्र भारत के निर्माण में उनके महान योगदान को दर्ज कर लिया है। और फिर भी, यह सिर्फ भारत के एक नेता के रूप में नहीं है कि उन्होंने मानवता की सेवा की है। शायद किसी भी अन्य विश्व नेता की तुलना में उन्होंने शांति के लिए मनुष्य की तड़प को

सबसे अधिक अभिव्यक्त किया है। यह हमारे युग का मुद्दा है। युद्ध से मुक्त दुनिया के अपने निडर प्रयास में उन्होंने पूरी मानवता की सेवा की है।"

सोवियत प्रधानमंत्री निकिता ख्रुश्चेव और भावी सोवियत प्रधानमंत्री लियोनिद ब्रेझनेव ने टिप्पणी की-"जवाहरलाल नेहरू का नाम सोवियत लोगों के बीच बहुत सम्मान और प्यार से भरा हुआ था, जो उन्हें राष्ट्रीय स्वतंत्रता और अपने देश के पुनर्जन्म के लिए भारतीय लोगों के संघर्ष के एक परखे हुए और बुद्धिमान नेता और उपनिवेशवाद के खिलाफ एक सक्रिय सेनानी के रूप में जानते थे। जवाहरलाल नेहरू आधुनिक समय के एक उत्कृष्ट राजनेता के रूप में जाने जाते हैं जिन्होंने अपना पूरा जीवन लोगों के बीच मित्रता और सहयोग को मजबूत करने और मानवता की प्रगति के लिए संघर्ष में समर्पित कर दिया। वह दुनिया में शांति के लिए एक भावुक सेनानी और राज्यों के शांतिपूर्ण सह-अस्तित्व के सिद्धांतों के एक उत्साही चैंपियन थे। वह भारत सरकार द्वारा प्रचारित गुटनिरपेक्षता नीति के प्रेरक थे। इस उचित नीति ने भारत को सम्मान दिलाया और इसके कारण, भारत अब अंतर्राष्ट्रीय क्षेत्र में एक योग्य स्थान प्राप्त कर रहा है।"

मिस्र, कंबोडिया, नेपाल, कुवैत, भूटान, सिक्किम साम्राज्य, नेपाल, पाकिस्तान, सीरिया, इराक, युगांडा, मलेशिया, यूगोस्लाविया, सीलोन (अब श्रीलंका), भारत और अन्य देशों ने नेहरू की मृत्यु पर राष्ट्रीय शोक घोषित किया।

नेहरू की मृत्यु के बाद भारत में उनके नेतृत्व का कोई स्पष्ट राजनीतिक उत्तराधिकारी नहीं बचा। बाद में लाल बहादुर शास्त्री प्रधानमंत्री बने।

उत्तर प्रदेश से तत्कालीन राज्यसभा सांसद अटल बिहारी वाजपेयी ने नेहरू को एक प्रशंसित स्तुति दी थी। नेहरू की मृत्यु के बाद वाजपेयी ने राज्यसभा में एक भाषण दिया। जिसमें उन्होंने नेहरू को भारत माता के "पसंदीदा राजकुमार" के रूप में सम्मानित किया और उनकी तुलना हिंदू भगवान राम से की।

उन्हें "भारत का वास्तुकार" कहा जाता है, उन्हें महात्मा गांधी के बाद आधुनिक भारत के सबसे महान व्यक्ति के रूप में व्यापक रूप से पहचाना जाता है। सन् 1965 में उनकी पहली पुण्यतिथि के अवसर पर, सर्वपल्ली राधाकृष्णन, लाल बहादुर शास्त्री और अन्य ने नेहरू को गांधी के बाद भारत का सबसे महान व्यक्ति बताया। तीन मूर्ति भवन में नेहरू का अध्ययन कक्ष, जिसे अब संग्रहालय में परिवर्तित कर दिया गया है।

2005 में लिखते हुए रामचंद्र गुहा ने लिखा-"कोई भी अन्य भारतीय प्रधानमंत्री पंडित जवाहरलाल नेहरू द्वारा सामना की गई चुनौतियों के करीब नहीं था और अगर नेहरू की

मृत्यु 1958 में हुई होती तो उन्हें 20वीं सदी के सबसे महान राजनेता के रूप में याद किया जाता। हालाँकि, हाल के वर्षों में, पंडित नेहरू की प्रतिष्ठा फिर से उभरी है और उन्हें भारत को एकजुट रखने का श्रेय दिया जाता है, जबकि कई लोगों ने भविष्यवाणी की थी कि देश टूट जाएगा।"

उनकी मृत्यु के बाद 29 मई 1964 को सीरिया की राजधानी दमिश्क से छपने वाले के समाचारपत्र "अल-बाथा" ने उन्हें श्रुद्धांजलि देते हुए लिखा था-"नेहरू में अगाध धैर्य था और विश्व को जब भी उस धैर्य (साहस) की आवश्यकता पड़ी वे वहाँ मौजूद थे। उनके पास विशाल मस्तिष्क, एक महान ह्रदय, धैर्यपूर्ण विचार, गहरी आत्मदृष्टि, विश्वास से भरे कदम और बेहतरीन समझ थी। जब भी विश्व को अपने आगे गहन अँधेरा महसूस हुआ और मानवता विध्वंस के कगार पर दिखी, वे उससे निपटने के लिए सदा वहां मौजूद दिखे। एक से अधिक बार उन्होंने न केवल विश्व को बल्कि इस सभ्यता का विनाश होने से बचाया।" यह उनकी समकालीन प्रतिष्ठा थी। क्या बीसवीं शताब्दी में किसी अन्य राजनीतिज्ञ के बारे में हमने सुना है कि उसने मानव सभ्यता को विनाश से बचाया हो?

अपने जीवनकाल में, जवाहरलाल नेहरू ने भारत में एक प्रतिष्ठित स्थिति का आनंद लिया और आमतौर पर दुनिया भर में उनके आदर्शवाद और राजनेता के लिए उनकी प्रशंसा की गई।

भारत भर में कई सार्वजनिक संस्थान और स्मारक नेहरू की स्मृति को समर्पित हैं। दिल्ली में जवाहरलाल नेहरू विश्वविद्यालय भारत के सबसे प्रतिष्ठित विश्वविद्यालयों में से एक है। मुंबई शहर के पास जवाहरलाल नेहरू पोर्ट एक आधुनिक बंदरगाह और गोदी है जिसे भारी माल और यातायात भार को संभालने के लिए डिज़ाइन किया गया है। दिल्ली में नेहरू के निवास को संरक्षित किया गया है क्योंकि तीन मूर्ति हाउस में अब नेहरू मेमोरियल संग्रहालय और पुस्तकालय है। मुंबई, दिल्ली, बैंगलोर, इलाहाबाद और पुणे में स्थापित पाँच नेहरू तारामंडल में से एक है। इस परिसर में जवाहरलाल नेहरू मेमोरियल फंड के कार्यालय भी हैं, जिसकी स्थापना 1964 में भारत के तत्कालीन राष्ट्रपति सर्वपल्ली राधाकृष्णन की अध्यक्षता में की गई थी। फाउंडेशन 1968 में स्थापित प्रतिष्ठित जवाहरलाल नेहरू मेमोरियल फेलोशिप भी देता है। आनंद भवन और स्वराज भवन 2012 में, उन्होंने आउटलुक के द ग्रेटेस्ट इंडियन के पोल में चौथा स्थान प्राप्त किया। 2010 में, उन्होंने ब्रिटानिका के सभी समय के 100 सबसे प्रभावशाली विश्व नेताओं में स्थान प्राप्त किया। ❐

परिशिष्ट

नेहरू का राजनीतिक सफर

1. सन् 1916 में पंडित नेहरू महात्मा गांधी से मिले और उनसे काफी प्रभावित हुए। इसके बाद सन् 1919 में वह इलाहाबाद के होम रूल लीग के सेक्रेटरी बने।
2. सन् 1920 में उन्होंनने उत्तर प्रदेश के प्रतापगढ़ में पहले किसान मार्च का आयोजन किया। सन् 1920-22 के असहयोग आंदोलन के दौरान नेहरू को दो बार जेल हुई।
3. सितंबर 1923 में वह ऑल इंडिया कांग्रेस कमेठी के जनरल सेक्रेटरी बने। सन् 1926 में नेहरू ने इटली, स्विट्जरलैंड, इंग्लैंड, बेल्जियम, जर्मनी और रूस का दौरा किया।
4. सन् 1928 में साइमन कमीशन के दौरान लखनऊ में उनपर लाठीचार्ज भी हुआ।
5. सन् 1930 से 1935 के बीच कांग्रेस ने नमक सत्याग्रह जैसे कई आंदोलनों की शुरुआत की। इससे जुड़े रहने के कारण नेहरू को कई बार जेल जाना पड़ा।
6. 14 फरवरी 1935 को उन्हों ने अल्मोड़ा जेल में अपनी ऑटोबायॉग्रफी पूरी की। जेल से छूटने के बाद वह अपनी बीमार पत्नीक को देखने स्विट्ज़रलैंड गए।
7. जुलाई 1946 में नेहरू चौथी बार कांग्रेस के अध्यनक्ष के रूप में चुने गए।

प्रधानमंत्री पंडित जवाहरलाल नेहरू के बड़े काम

1. प्रधानमंत्री बनने के बाद जवाहरलाल नेहरू ने आधुनिक मूल्यों और विचारों की बात की। उन्होंने सेक्युजलर और लिबरल अप्रोच पर जोर दिया।
2. उन्होंने भारत की बुनियादी एकता पर फोकस किया। उन्होंने लोकतांत्रिक समाजवाद की वकालत की और 1951 में पहली पंचवर्षीय योजनाओं को लागू करके भारत के औद्योगीकरण को प्रोत्साहित किया।
3. नेहरू ने उच्च शिक्षा की स्थापना करके वैज्ञानिक और तकनीकी प्रगति को बढ़ावा दिया।
4. उन्होंनने कई सामाजिक सुधारों की स्थापना की जैसे मुफ्त सार्वजनिक शिक्षा, भारतीय बच्चों 9 को मुफ्त खाना, महिलाओं के लिए कानूनी अधिकार, जाति के आधार पर भेदभाव को रोकने के लिए कानून आदि।

❐

संभाले गए पद

1. सन् 1946-1950 भारत की संविधान सभा के लिए निर्वाचित कार्यकारी परिषद के उपाध्यक्ष (2 सितम्बर 1946-15 अप्रैल 1952)
2. भारत के प्रधानमंत्री (15 अगस्त 1947-15 अप्रैल 1952)
3. केंद्रीय विदेशमंत्री (15 अगस्त 1947-15 अप्रैल 1952)
4. सन् 1952-1957 प्रथम लोक सभा के लिए निर्वाचित
5. भारत के प्रधानमंत्री (15 अप्रैल 1952-17 अप्रैल 1957)
6. केंद्रीय विदेशमंत्री (15 अप्रैल 1952-17 अप्रैल 1957)
7. सन् 1957-1962 दूसरी लोक सभा के लिए निर्वाचित
8. भारत के प्रधानमंत्री (17 अप्रैल 1957-2 अप्रैल 1962)
9. केंद्रीय विदेशमंत्री (17 अप्रैल 1957-2 अप्रैल 1962)
10. सन् 1962-1964 (तीसरी लोक सभा के लिए निर्वाचित)
11. भारत के प्रधानमंत्री (2 अप्रैल 1962-27 मई 1964)
12. केंद्रीय विदेशमंत्री (2 अप्रैल 1962-27 मई 1964)

❐

नेहरू ने भरी संसद में सांसद से मांगी थी माफी

संसद में ऐसी कई घटनाएं घटी हैं, जिनको सुनकर आज भी लोग हैरान हो जाते हैं। भारतीय लोकतंत्र के इतिहास में कई भावुक और ऐतिहासिक पल दर्ज हैं। लेकिन एक ऐसा भी वाकया है जिसे जानकर आज भी लोग भावुक हो जाते हैं। प्रधानमंत्री पंडित जवाहरलाल नेहरू ने एक बार भरी संसद में एक साधारण सांसद से माफी मांगी थी और वह सांसद अपनी जगह पर फूट फूटकर रो पड़ा था। यह घटना सन् 1961 की है जब पंडित नेहरू ने सागर से कांग्रेस सांसद ज्वाला प्रसाद ज्योतिषी को फटकार लगाई थी।

ऊषा भार्गव कांड जो जबलपुर में हुआ था उसके चलते सागर में भी दंगे भड़क गए थे। प्रधानमंत्री पंडित नेहरू इन दंगों से काफी खफा थे। जब संसद का सत्र शुरू हुआ था तो उनका सामना सागर कांग्रेस सांसद ज्वाला प्रसाद ज्योतिषी से हुआ जिनको देखकर पंडित नेहरू काफी गुस्से में हो गए और ज्वाला प्रसाद से कहा-"तुम्हारे होते हुए दंगे हो गए। तुम खुद क्यों नहीं मर गए।" प्रधानमंत्री के इस फटकार से ज्वाला प्रसाद को काफी आघात लगा और उन्होंने प्रधानमंत्री को अपना इस्तीफा सौंपकर दंगों की जांच करने की बात कही। इसके लिए जांच कमेटी बनाई गई जिसकी अध्यक्षता इंदिरा गांधी कर रही थीं। कमेटी ने सागर में हुए दंगों की जांच की और प्रधानमंत्री को रिपोर्ट सौंपी।

कमेटी की रिपोर्ट को संसद के पटल पर रखा गया तो पंडित नेहरू ने सदन के अंदर सांसद ज्वाला प्रसाद ज्योतिषी से मांफी मांगी। इस रिपोर्ट में था कि सागर में जो दंगे रुके थे वह सांसद के प्रयास से ही रुके थे। उन्होंने सेना के साथ मिलकर घर-घर जाकर शांति स्थापित करने के लिए काफी प्रयास किया, जिसके चलते सागर जो दंगों की आग में जल रहा था वह शांत हुआ था। पंडित नेहरू ने जब भरी सदन में ज्वाला प्रसाद से माफी मांगी

तो ज्वाला प्रसाद सदन में ही रो पड़े। उनको रोता देख पंडित नेहरू ने कहा-"मैं आपसे माफी मांग रहा हूं और आप रो रहे हो।"

इस पर जवाब देते हुए ज्वाला प्रसाद ने कहा-"पंडित जी! मेरे से देश का प्रधानमंत्री माफी मांग रहा है।"

साल 1961 में जबलपुर की 20 साल की युवती ऊषा भार्गव के साथ अपहरण और दुष्कर्म जैसी अमानवीय घटना हुई थी। इस भयावह हादसे से टूटकर ऊषा ने अंततः आत्महत्या कर ली थी। अस्पताल में इलाज के दौरान उसकी मौत हो गई। उषा भार्गव ने जिन्हें दोषी बताया था उनके परिवार का काफी रसूख था। जिसके चलते पुलिस कार्रवाई में काफी देरी हुई। पुलिस के इस ढीले रवैये के चलते जबलपुर में दंगा भड़क उठा था।

❑

जब एक महिला ने प्रधानमंत्री नेहरू का गिरेबान पकड़ लिया था

किसी राजनेता को अगर कोई काला झंडा दिखाए या विरोध प्रदर्शन करे तो ज़्यादातर मामलों में यह होता है कि नेता उनसे बात करते हैं और उनकी समस्या को सुनने और सुलझाने की कोशिश करते हैं। अगर सुरक्षा या दूसरे कारणों से राजनेता उसी वक्त विरोध प्रदर्शन कर रहे लोगों से मिल नहीं पाते हैं तो अमूमन पुलिस यह करती है कि विरोध प्रदर्शन कर रहे लोगों को वी आई पी के रास्ते से हटा देती है और मामला वहीं पर खत्म हो जाता है। लेकिन भारतीय राजनीति में हालात अब कुछ बदले-बदले से दिखने लगे हैं।

एक मज़ेदार क़िस्सा है। जब एक महिला पंडित नेहरू के सामने आ गई और उनका गिरेबान पकड़ लिया। लोहिया के कहने पर एक महिला संसद परिसर में आ गईं और पंडित नेहरू जैसे ही गाड़ी से उतरे महिला ने पंडित नेहरू का गिरेबान पकड़ लिया और कहा- "भारत आजाद हो गया, तुम देश के प्रधानमंत्री बन गए, मुझ बुढ़िया को क्या मिला?"

इस पर नेहरू का जवाब था-"आपको ये मिला है कि आप देश के प्रधानमंत्री का गिरेबान पकड़ कर खड़ी हैं।"

❑

विरोध प्रदर्शन का राजनीति से कोई संबंध नहीं

नेहरू की ज़िंदगी से जुड़े ऐसे कई किस्से हैं जो लोकतंत्र में उनके विश्वास को उजागर करते हैं।

यह बात है सन् 1955 की। बिहार में छात्रों पर पुलिस ने फायरिंग की थी। बाद में जब पंडित नेहरू पटना पहुंचे तो उस समय 20 साल के एक नौजवान सैय्यद शहाबुद्दीन ने 20 हज़ार छात्रों के साथ पटना हवाई अड्डे पर पंडित नेहरू के खिलाफ़ प्रदर्शन किया और उन्हें काले झंडे दिखाए।

केवल दो साल के बाद उसी नौजवान ने सिविल सेवा की परीक्षा में सफलता हासिल की। लेकिन ख़ुफ़िया विभाग ने उसी विरोध प्रदर्शन का हवाला देते हुए उन्हें वामपंथी करार दिया और उनकी नियुक्ति पर रोक लगा दी। बाद में जब फाइल पंडित नेहरू तक पहुंची तो पंडित नेहरू ने ख़ुद अपने हाथों से फ़ाइल पर लिखा-**"उस विरोध प्रदर्शन का राजनीति से कोई संबंध नहीं है और ये नौजवानी के उल्लास में किया गया काम था।"**

विदेश मंत्री रह चुके नटवर सिंह ने ख़ुद शहाबुद्दीन को यह बात बताई और पंडित नेहरू की फाइल नोटिंग की एक कॉपी भी शहाबुद्दीन को दी थी। शहाबुद्दीन विदेश सेवा के लिए चुन लिए गए और जब अटल बिहारी वाजपेयी जनता पार्टी की सरकार में विदेश मंत्री थे, उसी समय शहाबुद्दीन ने नौकरी से इस्तीफ़ा देकर राजनीति में आने का फ़ैसला किया। 80 के दशक में बाबरी मस्जिद और शाहबानो मामले को राजनीतिक मुद्दा बनाकर शहाबुद्दीन एक बड़े नेता बनकर उभरे थे।

वह एक बार राज्यसभा और दो बार लोकसभा के लिए चुने गए। पंडित नेहरू ने अगर शहाबुद्दीन को क्लीन चिट नहीं दी होती तो उनका क्या होता यह कहना मुश्किल है। ❑

नेहरू की सादगी, गुस्सा और आशिक़ी..!

उस छोटी सी मुलाकात में फ़ोरी ने पाया कि पंडित जवाहरलाल उनकी उम्मीद से कहीं ज़्यादा शरीफ़, विनम्र, स्नेही और मनमोहक शख्स हैं। वह अंग्रेज़ों से भी ज़्यादा बड़े अंग्रेज़ हैं। जब मुलाकात का समय समाप्त हुआ और जेल का दरवाज़ा बंद किया जाने लगा, तो फ़ोरी अपने आँसू नहीं रोक पाई।

जवाहरलाल की नज़र से यह छिपा नहीं रह सका। अगले ही दिन उन्होंने फ़ोरी को पत्र लिख कर कहा-**"अब जब तुम नेहरू परिवार का सदस्य बनने जा रही हो, तुम्हें परिवार के कायदे और क़ानून भी सीख लेने चाहिए।"**

उन्होंने लिखा था-**"सबसे पहली चीज़ जिस पर तुम्हें ध्यान देना चाहिए वो ये है कि चाहे जितना बड़ा दुख हो, नेहरू कभी भी किसी के सामने नहीं रोते।"**

फ़ोरी का असली नाम मेगडोलना फ्रीडमान था। उनका परिवार यहूदी धर्म को मानता था और उनका बच्चों के खिलौने बेचने का व्यवसाय था।

बी के नेहरू से शादी करने के बाद उनकी महात्मा गांधी से मुलाकात हुई। जब उनकी सास एक बार उनको गांधी से मिलवाने ले गईं तो गांधी ने उनसे कहा-"अपनी बहू के ख़र्चों पर नज़र रखो। क्योंकि ये विदेशी महिलाएं बहुत ख़र्चीली होती हैं।"

❐

जैकलीन की रेलयात्रा

तत्कालीन अमरीका के राष्ट्रपति की पत्नी जैकलीन अपनी बहन के साथ भारत भ्रमण पर आईं। जैकलीन और उनकी बहन ने पहली रात प्रधानमंत्री निवास में बिताई। पंडित नेहरू ने उनके सम्मान में ज़बरदस्त भोज दिया। खाना जल्दी खत्म हो गया और इन दोनों के पास अपने अपने कमरों में जाने के अलावा कोई विकल्प नहीं रहा। तभी परमाणु ऊर्जा आयोग के अध्यक्ष होमी भाभा ने सलाह दी कि आप हमारे साथ नाचती क्यों नहीं।

जैकलीन की बहन ली तो इसके लिए फ़ौरन तैयार हो गई लेकिन जैकलीन थोड़ा झिझक रही थीं। बी के नेहरू और भाभा ने जैकलीन को उनके कमरे में छोड़ा और ली के साथ उस समय के दिल्ली के बेहतरीन होटल इंपीरियल के 'द टैवर्न' में डांस करने चले गए।

अगले दिन जैकलीन और उनकी बहन ली, केन और किटी गालब्रेथ, बी के नेहरू और विदेश मंत्रालय की एक अधिकारी सूनू कपाडिया, जिन्हें जैकलीन का लियाज़ा अफसर बनाया गया था, एक विशेष रेलगाड़ी से आगरा के लिए रवाना हुए।

रेलवे बोर्ड ने जैकलीन के लिए भारत में उपलब्ध बेहतरीन रेल सैलून का बंदोबस्त किया था। खाने और वाइन का भी अच्छा प्रबंध था। जैकलीन को यह सब बहुत अच्छा लग रहा था, क्योंकि अमरीका में वह विमान से उड़ने की आदी थी और अर्से बाद वह ट्रेन से सफर कर रही थीं। जैकलीन ने फतहपुर सीकरी का अकबर का महल और ताज महल देखा। अगले दिन उन्हें विमान से अपनी यात्रा जारी रखनी थी, लेकिन जैकलीन ने इच्छा प्रकट की कि वो यहाँ से वाराणसी जाना चाहेंगी और वह भी ट्रेन से।

नेहरू लिखते हैं-

"सूनू मेरे पास दौड़ी दौड़ी आई और पूछने लगी कि क्या इतने कम

नोटिस पर वाराणसी की यात्रा आयोजित की जा सकती है। मैंने रेलवे बोर्ड के चेयरमैन करनैल सिंह को फ़ोन मिलाया। उन्होंने आनन फानन में इसकी व्यवस्था कराई और हम सब लोग ट्रेन से वाराणसी के लिए रवाना हो गए। लेकिन अपने उत्साह में मैं इसके बारे में विदेश मंत्रालय को बताना भूल गया। दिल्ली वापस लौटने पर मुझे इस बात की डांट पिलाई गई कि मैंने अमरीका के राष्ट्रपति की पत्नी की सुरक्षा के साथ खिलवाड़ किया है।"

वाराणसी से जैकी उदयपुर गईं जहाँ महाराणा के महल में दो रात रुकीं। महल इतना भव्य था कि जैकी ने अपने पति को चिट्ठी लिख कर कहा कि इसके एक विंग में पूरा का पूरा व्हाइट हाउस समा जाएगा।

बी के नेहरू लिखते हैं-"वहीं एक रात जैकी ने कहा कि हम लोग लेक की तरफ़ घूमने चलें। हम लोग वहाँ गए। चाँदनी रात में लेक का नज़ारा लिया और वापस लौट आए। अगले दिन सूनू ने मुझे बताया कि नाश्ते के वक्त हमारे सुरक्षा जवानों ने अमरीकी सुरक्षा जवानों से मज़ाक किया। 'हमारे साहब ने आपकी मेमसाहब को किडनैप कर लिया और आपको पता ही नहीं चला।' शायद हमारे सुरक्षा जवान हम पर दूर से नज़र रख रहे थे।"

महल में उस दौरान जैकलीन के अलावा बीकानेर के महाराजा कर्णी सिंह के अलावा अमरीका की एक बहुत सुंदर फ़ोटोग्राफ़र भी ठहरी हुई थी। उदयपुर की महारानी ने जैकलीन कैनेडी से शिकायत की कि उनके पति का इस फ़ोटोग्राफ़र से चक्कर चल रहा है। आप इस मामले में मेरी मदद करें।

नेहरू लिखते हैं-

"जैकलीन ने उस फ़ोटोग्राफ़र को बुला कर खूब झाड़ लगाई और उसके कैमरे को खोल कर उस महिला द्वारा खींची गई सारी फ़िल्म को एक्सपोज़ कर दिया। जाहिर था वो भारतीय जनता द्वारा उन्हें दिए गए 'अमरीकी महारानी' के ख़िताब को बहुत गंभीरता से ले रही थीं।"

जैकलीन का अगला पड़ाव जयपुर था। महाराजा जयपुर और महारानी गायत्री देवी दोनों जैकलीन की बहन ली रैद्ज़ीविल के निजी दोस्त थे।

उन्होंने दोनों मेहमानों को न्योता दिया था कि वह दोनों बहनें उनके साथ ही ठहरें और दोनों इसके लिए राज़ी भी थीं। लेकिन राज्य सरकार को इस पर ऐतराज़ था। कारण ये था

कि उस समय राज्य सरकार और महाराजा के बीच उनके अधिकारों को लेकर एक तरह की जंग छिड़ी हुई थी।

सरकार को इस बात पर आपत्ति थी कि अगर अमरीका के राष्ट्रपति की पत्नी राज भवन के बजाए महाराजा के साथ रुकती हैं तो इससे उनके रसूख में वृद्धि होगी। जैकलीन का तर्क यह था कि यह एक निजी यात्रा है और भारत सरकार को कोई अधिकार नहीं है कि वह यह तय करे कि उन्हें रहना कहाँ है? व्हाइट हाउस और भारत सरकार के बीच चले कई संवादों के बाद बीच का रास्ता ये निकाला गया कि जैकलीन एक रात राज भवन में रुकेंगी।

उस समय गुरुमुख निहाल सिंह राजस्थान के राज्यपाल हुआ करते थे। वह स्वतंत्रता सेनानी थे। शालीन और विनम्र भी थे। लेकिन उनमें इस पद के लिए ज़रूरी लालित्य और स्टाइल का अभाव था। रात में उन्होंने जैकलीन कैनेडी के लिए भोज का आयोजन किया। जैकलीन उनके दाएं और उनकी बहन ली उनके बाएं बैठी हुई थीं।

बी.के नेहरू लिखते हैं-"राज्यपाल महोदय कुछ भी नहीं खा रहे थे और डकारें ले रहे थे। वह भी ज़ोर-ज़ोर से। मैंने उनसे पूछा कि आप कुछ खा क्यों नहीं रहे हैं? उन्होंने जवाब दिया कि उनका हाज़मा ठीक नहीं है। इसलिए उन्होंने सात बजे ही दो उबले अंडों का अपना खाना खा लिया था। खाने के बाद जैकलीन ने अमरीकी राजदूत को सूचित किया कि वह अगले दिन राज्यपाल के साथ कार में बैठ कर आमेर का किला देखने नहीं जाएंगी।"

बी.के नेहरू आगे लिखते हैं-"अगली सुबह मुझे बताया गया कि मैं ली रैद्ज़ीविल के साथ कार में न बैठकर राज्यपाल और जैकलीन के बीच उनकी कार में बैठूंगा। उन्होंने यह साफ़ कर दिया कि वह किसी भी हालत में डकार लेते राज्यपाल की बगल में नहीं बैठेंगी। इसलिए मुझे उनके और राज्यपाल के बीच बैठाया गया। राज भवन से आमेर तक का सफ़र हम तीनों के लिए बहुत ही कष्टप्रद था, क्योंकि कार की दो लोगों की सीट पर हम तीन लोग बैठे हुए थे, और राज्यपाल को तंग करने के लिए जैकलीन ने सिगरेट भी सुलगा ली थी।"

दिल्ली लौटने पर मुख्य समारोह अमरीकी राजदूत के यहाँ था। उन्होंने एक रात्रि भोज का आयोजन किया था जिसमें प्रधानमंत्री नेहरू भी शामिल हुए थे। अगला दिन जैकलीन कैनेडी की भारत यात्रा का अंतिम दिन था और संयोग से उस दिन होली थी। हवाई अड्डे जाने से पहले जैकलीन पंडित जवाहरलाल नेहरू को गुड बाई कहने उनके निवास स्थान तीनमूर्ति भवन गईं।

उन्होंने हमेशा की तरह काफ़ी फ़ैशनेबल कपड़े पहन रखे थे। अमरीकी राजदूत

गालब्रैथ को होली के बारे में पता था, इसलिए वह कुर्ता पायजामा पहन कर आए थे।

बी.के नेहरू लिखते हैं-"मैंने भी होली के मिज़ाज के खिलाफ़ लाउंज सूट पहन रखा था। मुझे पता था कि पंडित नेहरू होली खेलने के शौकीन थे। जैसे ही जैकलीन पहुंची, एक चाँदी की ट्रे में छोटी छोटी कटोरियों में कई रंगों के गुलाल उनके सामने लाए गए। पंडित नेहरू ने जैकलीन के माथे पर गुलाल का टीका लगाया। उन्होंने भी पंडित नेहरू के माथे पर टीका लगा दिया। वहाँ मौजूद इंदिरा गांधी ने भी यही किया।"

बी.के नेहरू रंगों के त्योहार होली के रंगारंग उस कार्यक्रम के बारे में आगे लिखते हैं-"लेकिन जब मेरी बारी आई तो मैंने एक मुट्ठी भर हरा गुलाल ले कर जैकलीन की पूरी नाक रंग दी। जैकलीन पहले ही पंडित नेहरू से कह चुकी थी कि मुझे उस दिन इन कपड़ों में नहीं आना चाहिए था और गालब्रैथ की तरह ही कपड़े पहनने चाहिए थे। जैसे ही मैंने जैकलीन को रंग लगाया, वो बोली मैं आपको सबक सिखाती हूँ। उन्होंने हरे गुलाल की पूरी कटोरी उठा कर मेरे सूट पर पलट दी।"

रंग गीले नहीं थे। इसलिए बीके नेहरू का सूट ख़राब नहीं हुआ। थोड़े पानी की मदद से जैकलीन का चेहरा और बी.के नेहरू का सूट दोनों साफ़ हो गए। उन्होंने अमरीकी राजदूत गालब्रैथ के साथ पालम हवाई अड्डे पर जैकलीन कैनेडी को विदाई दी।

❐

नेहरू का ग़ुस्सा

नेहरू के ग़ुस्से पर पूर्व विदेश मंत्री नटवर सिंह ने एक क़िस्सा सुनाया कि एक बार नेहरू उनसे इस बात पर बहुत नाराज़ हो गए कि उन्होंने उनके नेपाल नरेश को लिखे गए पत्र को विदेश मंत्रालय के सेक्रेट्री जनरल को न दिखाकर अपनी अलमारी में रख लिया था।

उस ज़माने में नटवर सिंह सेक्रेट्री जनरल के सहायक हुआ करते थे। वह याद करते हैं- "शाम साढ़े छह बजे नेहरू का नेपाल नरेश महेंद्र को लिखा पत्र मेरे पास आया। मैंने सोचा कि सुबह इसे पढूंगा। सुबह मैं सेक्रेट्री जनरल को छोड़ने हवाई अड्डे चला गया जो सरकारी यात्रा पर मंगोलिया जा रहे थे। वहाँ उनका विमान लेट हो गया।"

नटवर सिंह आगे कहते हैं- "वहीं एक शख़्स मेरे पास आकर बोला कि आपको पंडित जी बुला रहे हैं। मैं तुरंत साउथ ब्लॉक पहुँचा। वहाँ नेहरू के निजी सचिव खन्ना ने मुझसे कहा कि प्रधानमंत्री के कमरे में मत घुसिएगा।"

सिंह ने बताया-"वो इतने ग़ुस्से में हैं कि कोई चीज़ फेंककर मार देंगे। हुआ ये कि अगले दिन जैसा कि उनकी आदत थी, नेहरू विदेश सचिव के कमरे में जा पहुंचे और पूछा कि नेपाल नरेश को जो पत्र मैंने लिखा है, क्या आपने देखा है? विदेश सचिव ने कहा कि नहीं क्योंकि वो पत्र तो मेरे पास आया ही नहीं।"

नटवर सिंह आगे बताते हैं- "बाद में पता चला कि पत्र तो नटवर सिंह के पास है। विदेश सचिव ने नटवर को बचाने के उद्देश्य से कहा कि शायद नटवर को वो पत्र बहुत पसंद आया है। उन्होंने पढ़ने के लिए रख लिया होगा।"

उन्होंने बताया-"ये सुनना था कि नेहरू का पारा सातवें आसमान पर पहुंच गया। बोले मैंने वो ख़त नटवर सिंह को ख़ुश करने के लिए नहीं लिखा है। फ़ौरन पुलिस बुलाइए। उनकी आलमारी तुड़वाइए और वो पत्र मेरे सामने पेश करिए। इस घटना के सात दिनों बाद तक मैं नेहरू के दफ़्तर के सामने से नहीं गुज़रा।"

बांडुंग सम्मेलन

बात बांडुंग सम्मेलन की है। श्रीलंका के प्रधानमंत्री सर जॉन कोटलेवाला भाषण दे रहे थे।

अचानक वह बोल उठे कि पोलैंड, हंगरी, बुलगारिया और रोमानिया जैसे देश सोवियत संघ के उपनिवेश हैं, उसी तरह जैसे एशिया और अफ़्रीका में पश्चिमी देशों के उपनिवेश हैं। यह सुनकर नेहरू आगबबूला हो उठे।

वह उनके पास गए और आवाज़ ऊँची करके बोले-"सर जॉन! आपने ऐसा क्यों किया? अपना भाषण देने से पहले मुझे दिखाया क्यों नहीं?"

सर जॉन ने छूटते ही जवाब दिया-"मैं क्यों दिखाता अपना भाषण आपको? क्या आप अपना भाषण देने से पहले मुझे दिखाते हैं?"

इतना सुनना था कि पंडित नेहरू का चेहरा गुस्से से और लाल हो गया। इंदिरा गाँधी ने उनका हाथ पकड़ कर उनके कान में फुसफुसाया कि 'आप शांत हो जाइए।' लेकिन दो पड़ोसी देशों के प्रधानमंत्री स्कूली बच्चों की तरह लड़ते रहे।

वहाँ मौजूद चू एन लाई ने अपनी टूटी-फूटी अंग्रेज़ी में सर जॉन को समझाना चाहा-'मी यॉर फ्रेंड!' सब लोगों ने स्तब्ध होकर देखा कि किस तरह महान लोग भी साधारण इंसानों की तरह व्यवहार कर सकते थे।

सुबह होने तक ये तूफ़ान निकल गया। सर जॉन ने बहुत गरिमापूर्ण ढंग से माफ़ी मांगते हुए कहा-"मेरा उद्देश्य इस सम्मेलन में व्यवधान पहुँचाने का कतई नहीं था।"

बाद में सर जॉन कोटलेवाला ने अपनी किताब 'एन एशियन प्राइम मिनिस्टर्स स्टोरी' में लिखा-"मैं और नेहरू हमेशा बेहतरीन दोस्त रहे। मुझे विश्वास है कि पंडित नेहरू ने मेरी उस धृष्टता को भुला दिया होगा।"

❐

भारतीय संस्कृति और नेहरू

बलिया जिले के बैरिया तहसील में स्थित मिल्की मठिया के महंत स्वामी महाराज बाबा के शिष्य होरिल बाबा का दो बार जन्म हुआ था। गुरु के वरदान के बाद 100 साल बाद उनका रघुवर दास के रूप में जन्म हुआ था।

एक ऐसे संत की कहानी, जिन्होंने अपने गुरु की सेवा के लिए दो बार जन्म लिया। यह वही सिद्ध संत थे, जिन्होंने दूसरी बार जन्म लेकर देश की आजादी के लिए एक शिष्य को तैयार किया। बलिया विरासत संत शिरोमणि स्वामी महाराज बाबा बलियायाय महर्षि जैसी पुस्तकों के मुताबिक होरिल बाबा का दूसरा जन्म गुरु सेवा के लिए रघुपति दास के रूप में हुआ था। बाबा से मिलने के लिए देश के प्रथम प्रधानमंत्री पंडित जवाहरलाल नेहरू भी बलिया आए थे।

प्रख्यात इतिहासकार डॉ. शिवकुमार सिंह कौशिकेय ने कहा-"बलिया जिले के बैरिया तहसील में स्थित मिल्की मठिया के महंत स्वामी महाराज बाबा के शिष्य होरिल बाबा का जन्म जिले के चकिया गांव में हुआ था। जब महाराज बाबा का अंतिम समय आया तो इन्होंने अपने गुरु महाराज बाबा से वरदान मांगा कि वो अगले जन्म में भी बाबा के शिष्य बने और सेवा करें।"

लगभग 100 साल बाद होरिल बाबा ने जिले के बांसडीह तहसील के केवड़ा गांव में एक कुशवाहा परिवार में जन्म लिया। बाबा जन्म से ही संत प्रवृत्ति के थे। होरिल बाबा के रूप में जन्मे यह महान संत रघुपति दास के रूप में प्रसिद्ध हुए। अंत में भटकते हुए आखिरकार अपने गुरु महाराज बाबा की मठिया पर पहुंच गए।

रघुपति दास बाबा ने गुरु महाराज बाबा की मठिया को इतना सिद्ध और प्रसिद्ध कर दिया कि भारत के प्रथम प्रधानमंत्री पंडित जवाहरलाल नेहरू और कांग्रेस नेता जे बी कृपलानी सन् 1923 ईस्वी में इनके दर्शन करने के लिए बलिया आए। रघुपति दास बाबा ने अपने शिष्य लक्ष्मण दास बाबा को देश की आजादी की लड़ाई के लिए भी तैयार किया और सन् 1942 में बलिया ने जो आजादी प्राप्त की, उसमें बाबा लक्ष्मण दास का बहुत बड़ा योगदान रहा। ❐

पंडित जवाहरलाल नेहरू का परिवारवाद

स्वतंत्रता संग्राम में पंडित जवाहरलाल नेहरू के पूर्वजों, स्वयं पंडित जवाहरलाल नेहरू और उनकी बेटी प्रियदर्शिनी इंदिरा का योगदान अत्यंत महत्वपूर्ण है। परिवार और भी हैं जिनकी अनेक पीढ़ियों ने महत्वपूर्ण योगदान दिया। भारत उन सभी परिवारों का ऋणी रहेगा। परिवारवाद का आरोप वही लोग लगाते हैं जिनके परिजनों ने आजादी की लड़ाई में कोई योगदान नहीं दिया। अंग्रेजों से समय-समय पर माफी मांगते रहे। वह संगठन, दल, व्यक्ति, और अज्ञानी लोग ही परिवारवाद का रोना रोते हैं जिनका स्वतंत्रता संग्राम से कोई लेना-देना नहीं है। उनके लिए आजादी का संघर्ष कोई मायने नहीं रखता।

पंडित मोतीलाल नेहरू को नमक सत्याग्रह में भाग लेने के कारण दो वर्ष जेल का दंड भोगना पड़ा। यहां से नेहरू परिवार का संघर्ष शुरू हुआ। पंडित जवाहरलाल नेहरू को नौं वर्ष से अधिक जेल में रहना पड़ा। एक समय तो मोतीलाल और जवाहरलाल दोनों बापलेक कारागृह में साथ बंद थे। उस समय पंडित जवाहरलाल नेहरू की माताश्री स्वरूपराणी नेहरू जी ने कांग्रेस के काम का धुरा संभाली थीं।

पंडित मोतीलाल नेहरू के निधन के बाद पंडित जवाहरलाल नेहरू कारागृह में बंद थे। तभी पुलिस के हल्ले से माता स्वरूपराणी नेहरू जख्मी होकर रास्ते पर बेशुद्ध स्थिति में पड़ी थीं। पुलिस हल्ले में उनके मृत होने की ख़बर फैल गयी थी। पंडित जवाहरलाल नेहरू कारागृह में बंद होने के कारण घायल मां को मिलने जा नहीं पाए। पंडित नेहरू जी की पत्नी कमला नेहरू की तबियत खराब होने के बावजूद एक वर्ष कारागृह बंद रहीं। बाद में तबियत ज्यादा बिगड़ने के कारण उनकी रिहाई हुई।

बेटी इन्दिरा जी गांधी को "भारत छोडो आंदोलन" में सहभागी होने के कारण उन्हें दो वर्ष की सजा हुई। उल्लेखनीय यह है कि उनकी शादी के ठीक छह महीने में नव दंपति जेल में थे। फिरोज गांधी को भी भारत छोडो आंदोलन में भाग लेने के कारण दो वर्ष जेल में रहना पड़ा।

जवाहरलाल जी की सबसे छोटी बहन कृष्णा हाठीसिंह भी देश की आजादी के लिए दो वर्षों तक कारावास में बंद रहीं। दूसरी बहन विजयालक्ष्मी पंडित भी आजादी के आंदोलन में तीन वर्ष कारावास में रहीं। विजया लक्ष्मी पंडित के पति रणजीत सीताराम पंडित को भी तीन वर्ष की सजा हुई थी। उसमें ढाई वर्ष वह कारावास में बिताए और वहीं कारागृह में ही 1944 में उनकी मृत्यु हो गयी। मोतीलाल नेहरू का भतीजा ब्रिज कुमार नेहरू और उनकी पत्नी रामेश्वरी नेहरू भी भारत छोडो' आंदोलन में सहभागी हुए थे।

इसके अलावा है आलोचना करने वाला कोई दल, संगठन और व्यक्ति जिसने स्वतंत्रता भारत को विकसित करने की कोई योजना तत्कालीन भारत सरकार के समक्ष प्रस्तुत की हो।

❐

एडविना माउंटबेटन

लॉर्ड माउंटबेटन भारत आये तो उनके साथ-साथ एडविना माउंटबेटन को भी इनकी पत्नी बनाकर भारत भेज दिया था। लॉर्ड माउंटबेटन ने अपनी डायरी में खुलासा किया था कि वह कभी भी पत्नी एडविना के साथ बिस्तर पर नहीं गये थे। जानकार लोगों का मानना है कि यह स्त्री सिर्फ और सिर्फ पंडित जवाहरलाल नेहरू और मोहम्मद अली जिन्ना के लिए भेजी गयी थी। अंग्रेज पंडित जवाहरलाल नेहरू और मोहम्मद अली जिन्ना की कमजोरी जानते थे। वह जानते थे कि दोनों एक ही औरत से प्यार करते हैं। मोहम्मद अली जिन्ना तो खुलेआम कई चीजों के लिए बदनाम था और उस समय में मुसलमान भाई, इसको अपना नेता नहीं मानते थे। भला एक सच्चा मुसलमान शराब कैसे पी सकता था?

❑

पंडित जवाहरलाल नेहरू और माउंटबेटन

पंडित नेहरू के बारे में ब्रिटिश पार्लियामेंट में एक बार एक विलियम बिल्बर्ड फोर्ट नाम के एक सांसद ने पंडित जवाहरलाल नेहरू के बारे में कहा था-"पंडित जवाहरलाल नेहरू शरीर से देखने में हिन्दुस्तानी है, लेकिन दिमाग से सौ प्रतिशत खरा अंग्रेज है इसलिए इसके हाँथ में सत्ता दो, बिलकुल सुरक्षित है। ऐसे आदमी के हाँथ में सत्ता दी गई और वह सत्ता देने का नाटक चला। उस आदमी के हाँथ में सत्ता देने के लिए ट्रांसफर ऑफ़ पॉवर के बहुत सारे अग्रीमेंट हुए। उनमें से दो-तीन अग्रीमेंट महत्वपूर्ण है। हिंदुस्तान में सन् 1947 तक अंग्रेजों की 127 ब्रिटिश कम्पनिया काम कर रही थी। लार्ड माउन्ट बैटन को चिंता यह थी कि अगर हिन्दुस्तानी आजाद होने के बाद सारी अंग्रेजी कम्पनियों को हिंदुस्तान से भगा देंगे तो यह जो लूट हो रही है, यह जो सम्पत्ति मिल रही है, यह जो पैसा आ रहा है यह बंद हो जाएगा।

पंडित नेहरू के साथ लार्ड माउन्ट बैटन की चर्चा हुई और पंडित नेहरू ने कहा कि आप चिंता मत करिए। हम अंग्रेजों की एक कंपनी को भगाएँगे। ईस्ट इंडिया कंपनी को बाकि 126 कम्पनियों को हिंदुस्तान में रख लेंगे। ईस्ट इंडिया कंपनी को भागना इसलिए जरूरी है क्योंकि सारे देश में ईस्ट इंडिया कंपनी के खिलाफ माहौल बना हुआ है। इसलिए सिर्फ ईस्ट इंडिया कंपनी को विदा कर दो, बाकि जो अंग्रेजी कम्पनिया है उनको हम रख लेंगे और उनमें से एक दो नाम मैं आपको बता दूं जिनको पंडित नेहरू ने जाने नहीं दिया, ब्रूक बांड इंडिया लिमिटेड, यह अंग्रेजों की कंपनी है, आज की नहीं है। सन 1890 की है। लिप्टन इंडिया लिमिटेड, यह अंग्रेजों की कंपनी है, आज की नहीं है। सन 1892 की है। आज से 100-150 साल पहले की कंपनी है।और ऐसी 126 कम्पनियों को पंडित नेहरू ने बाकायदा ट्रान्सफर ऑफ़ पॉवर की अग्रीमेंट करके अंग्रेजों की कम्पनियों को रखा। तो आज़ादी का मतलब क्या था? ईस्ट इंडिया कंपनी भगा देंगे और बाकि अंग्रेजी कम्पनिया जो इस देश को लुट रही है उसको नहीं भगाएँगे?

राष्ट्र का औद्योगीकरण करते समय आत्मनिर्भरता प्राप्त करने का पारंपरिक दृष्टिकोण इंपोर्ट सब्सटिट्यूशन इंडस्ट्रियलाइजेशन मॉडल का पालन करना होता। इससे पहले चरण में असेंबली गतिविधियों, दूसरे चरण में कंपोनेंट्स के उत्पादन, तीसरे चरण में कंपोनेंट्स और असेंबली गतिविधियों के उत्पादन के लिए आवश्यक मशीनों और चौथे चरण में मशीनों के उत्पादन के लिए सुरक्षा की आवश्यकता होती। ❐

संदर्भ

पुस्तक

1. भारत एक खोज-जवाहरलाल नेहरू
2. इंडिया ऑफ्टर गांधी-रामचंद्र गुहा
3. आज़ादी के बाद का भारत-विपिन चंद्र, मृदुला मुखर्जी, आदित्य मुखर्जी
4. पॉलिटिक्स इन इंडिया-रजनी कोठारी
5. जवाहरलाल नेहरू: ए बायोग्राफी-एस. गोपाल
6. कौन हैं भारत माता-पुरुषोत्तम अग्रवाल
7. इंडियन कॉन्स्टिट्यूशन: कार्नरस्टोन ऑफ ए नेशन-ग्रेनविल ऑस्टिन
8. नेहरू बेनकाब-रहबर

लेख :

1. 7 अप्रैल, 1949 को न्यूयॉर्क टाइम्स में रॉबर्ट ट्रंबल द्वारा लिखित एक लेख
2. प्रिया सातिया स्टैनफोर्ड विश्वविद्यालय में अंतर्राष्ट्रीय इतिहास की रेमंड ए. स्प्रुअंस प्रोफेसर हैं।
3. सोशल मीडिया पर नेहरू के बारे में फैलाए जाने वाले 5 झूठ और उसकी सच्चाई : अनिल कुमार, नवभारतटाइम्स.कॉम
4. डॉ. अनिल दत्ता मिश्रा एक प्रसिद्ध गांधीवादी विद्वान और 'रीडिंग गांधी' के लेखक हैं।
5. जवाहरलाल नेहरू: हमारे अतीत, वर्तमान और भविष्य में एक मार्गदर्शक शक्ति : (भारतीय इतिहास कांग्रेस के 82वें सत्र में दिया गया आदित्य मुखर्जी काअध्यक्षीय भाषण) 28-30 दिसंबर, 2023 को तेलंगाना के वारंगल में काकतीय विश्वविद्यालय में आयोजित किया गया था।
6. चिन्मय मिश्रा

सोशल मीडिया

1. निशांत शाह, डिजिटल मीडिया स्कॉलर
2. रामचंद्र गुहा, इतिहासकार

□□□

www.ingramcontent.com/pod-product-compliance
Lightning Source LLC
LaVergne TN
LVHW060617051026
849519LV00002B/645
* 9 7 8 9 3 7 1 2 2 0 9 1 0 *